岐阜東高等学校

〈収録内容〉

■ 2024年度入試の問題・解答解説・解答用紙・「合否の鍵はこの問題だ!!」、2024年度入試受験用の「出題傾向の分析と合格への対策」は、弊社HP の商品ページにて公開いたします。
■ 平成30年度は、弊社ホームページで公開しております。
本ページの下方に掲載しておりますQRコードよりアクセスし、データをダウンロードしてご利用ください。
■ 英語リスニング問題は音声の対応をしておりません。

2024 年度 ……………………… 2024 年 10 月 弊社 HP にて公開予定
※著作権上の都合により、掲載できない内容が生じることがあります。

2023 年度 ……………………… 一般（数・英・理・社・国）

2022 年度 ……………………… 一般（数・英・理・社・国）

2021 年度 ……………………… 一般（数・英・理・社・国）
※国語の大問三は、問題に使用された作品の著作権者が二次使用の許可を出していないため、問題を掲載しておりません。

2020 年度 ……………………… 一般（数・英・理・社・国）
※国語の大問二は、問題に使用された作品の著作権者が二次使用の許可を出していないため、問題を掲載しておりません。

2019 年度 ……………………… 一般（数・英・理・社・国）

平成 30 年度 ……………………… 一般（数・英・理・社）

解答用紙データ配信ページへスマホでアクセス！ ⇒

※データのダウンロードは 2024 年 3 月末日まで。
※データへのアクセスには、右記のパスワードの入力が必要となります。 ⇒ 675489

〈合格最低点〉

※学校からの合格最低点の発表はありません。

JN070578

本書の特長

実戦力がつく入試過去問題集

▶ 問題 …………… 実際の入試問題を見やすく再編集。

▶ 解答用紙 …… 実戦対応仕様で収録。

▶ 解答解説 …… 詳しくわかりやすい解説には、難易度の目安がわかる「基本・重要・やや難」の分類マーク つき（下記参照）。各科末尾には合格へと導く「ワンポイントアドバイス」を配置。採点に便利な配点つき。

入試に役立つ分類マーク

基本 確実な得点源！
受験生の 90%以上が正解できるような基礎的、かつ平易な問題。
何度もくり返して学習し、ケアレスミスも防げるようにしておこう。

重要 受験生なら何としても正解したい！
入試では典型的な問題で、長年にわたり、多くの学校でよく出題される問題。
各単元の内容理解を深めるのにも役立てよう。

やや難 これが解ければ合格に近づく！
受験生にとっては、かなり手ごたえのある問題。
合格者の正解率が低い場合もあるので、あきらめずにじっくりと取り組んでみよう。

合格への対策、実力錬成のための内容が充実

▶ 各科目の出題傾向の分析、合否を分けた問題の確認で、入試対策を強化！

▶ その他、学校紹介、過去問の効果的な使い方など、学習意欲を高める要素が満載！

解答用紙ダウンロード 解答用紙はプリントアウトしてご利用いただけます。弊社ＨＰの商品詳細ページよりダウンロードしてください。トビラのＱＲコードからアクセス可。

UD FONT 見やすく読みまちがえにくいユニバーサルデザインフォントを採用しています。

岐阜東高等学校

▶ 交通　ＪＲ高山本線「長森」駅下車徒歩10分
名鉄各務原線「手力」駅下車徒歩20分
岐阜バス「富田学園前」下車すぐ，「富田学園口」下車徒歩５分，「長森中学校前」下車徒歩２分ほか
スクールバス「関･美濃方面」，「高富方面」より

〒500-8765　岐阜県岐阜市野一色4-17-1
☎058-246-2956

沿　革

本校は1957年４月に，歴史と伝統を誇る富田学園（1906年創立）によって男子校として設立された。1993年に男女共学になり，普通科だけの，大学進学を目指す進学校として新たな出発をした。国公立大や難関私大への進学実績を着実に伸ばし，四年制大学への進学校として高い評価を得ている。卒業生は18,000名を超え，様々な分野で活躍している。

建学の精神

「やりぬく精神」

教育目標

1　知性と教養あふれる人間性を育成し，何ごとも最後までやりぬく人材を社会に送り出すこと。
2　合理的・能率的な学習指導を推進するとともに，個性と能力を伸ばし，国際社会で活躍できる有為な人材の育成に努めること。

教育課程

志望校に応じて以下の２つのコースに分かれ，入試科目に合った教科を中心に学習することができる。１年次は共通カリキュラムであり，２年生に進級する際，コース変更することもできる（成績条件あり）。大学入試改革に合わせ，共通テストに対応した授業や対策演習を実施している。また，本校独自のＷＩＮＧノートで学習習慣の効率化を図り，ＧＲＩＴルームやＷＩＮＧルームではタブレット授業やオンライン英会話を通して主体性や協働性を身につけることができる。また，医・歯・薬・看護を目指す生徒のための「スーパー医療人育成講座」を通年で開講している。（希望者対象）

●蛍雪コース

国公立大への進学を目指すコース。３年間を通して，平日７時間授業を行い，豊富な授業時間数で受験科目が多い国公立大受験に対応する。少人数による習熟度別学習や選択授業で，効率的に学習ができる。各種補習も充実しており，基礎から応用まで学ぶことができる。

●進学コース

難関私大への進学を目指すコース。文系は国語・英語・地歴公民，理系は数学・英語・理科といった受験の中心となる３教科に重点を置き，効果的に学習することができる。２年次からは平日６時間授業になり，補習やサテネット講座，家庭学習など自分のペースで学習する時間が充実している。指定校推薦大学枠が多数あり，希望に応じて紹介している。

部活動

●運動部

硬式野球（男），ハンドボール（男），サッカー

（男），テニス，バレーボール，バスケットボール，バドミントン，剣道，水泳同好会

●**文化部**

放送，フィールド探究，ギターマンドリン（富田学園），吹奏楽（富田学園），茶華道，将棋，eスポーツ，藝術書道

年間行事

４月／入学式，育友会総会
６月／球技大会
７月／三者懇談
８月／１・２年夏期補習
９月／文化祭，社会見学
10月／校内弁論大会
11月／芸術鑑賞会
12月／三者懇談
１月／大学入学共通テスト激励会
３月／卒業式，修学旅行

進　路

●**主な合格実績**

〈国公立大学〉

東京大，京都大，大阪大，一橋大，筑波大，東京外国語大，名古屋大，名古屋工業大，愛知教育大，岐阜大，静岡大，滋賀大，三重大，金沢大，富山大，福井大，信州大，神戸大，九州大，東京藝術大，東京都立大，愛知県立大，名古屋市立大，岐阜薬科大，岐阜県立看護大　ほか

〈私立大学〉

早稲田大，慶應義塾大，上智大，東京理科大，東京女子大，明治大，青山学院大，立教大，中央大，法政大，明治学院大，学習院大，成蹊大，同志社大，立命館大，関西学院大，関西大，南山大，愛知大，名城大，中京大，愛知淑徳大，金城学院大，椙山女学園大　ほか

〈医・歯・薬・看護〉

京都大（医），信州大（医），九州大（医），産業医科大（医），岐阜大（医・看護），金沢大（医・薬），防衛医科大学校（医・看護），山梨大（看護），高知大（医），名古屋市立大（医・薬），大阪市立大（医），岐阜薬科大（薬），岐阜県立看護大（看護），順天堂大（医），自治医科大（医），川崎医科大（医），金沢医科大（医），藤田保健衛生大（医・看護），愛知学院大（歯・薬），東京理科大（薬），立命館大（薬），東京薬科大（薬），名城大（薬），金城学院大（薬），北陸大（薬），横浜薬科大（薬），国立看護大学校（看護），愛知医科大（看護）　ほか

●**主な指定校推薦大学枠**

明治大，明治学院大，東京理科大，同志社大，立命館大，関西大，東京薬科大，國學院大，金沢工業大，南山大，愛知大，名城大，中京大，中部大，愛知学院大，愛知淑徳大，愛知工業大，金城学院大，椙山女学園大　ほか多数

◎2023年度入試状況◎

学　科	蛍　雪	進　学
募　集　数	90	150
応　募　者　数	163/1143	
受　験　者　数	非公表	
合　格　者　数	非公表	

※単願／併願
※推薦入試の募集人員は定員の50％程度

過去問の効果的な使い方

① **はじめに**　入学試験対策に的を絞った学習をする場合に効果的に活用したいのが「過去問」です。なぜならば，志望校別の出題傾向や出題構成，出題数などを知ることによって学習計画が立てやすくなるからです。入学試験に合格するという目的を達成するためには，各教科ともに「何を」「いつまでに」やるかを決めて計画的に学習することが必要です。目標を定めて効率よく学習を進めるために過去問を大いに活用してください。また，塾に通われていたり，家庭教師のもとで学習されていたりする場合は，それぞれのカリキュラムによって，どの段階で，どのように過去問を活用するのかが異なるので，その先生方の指示にしたがって「過去問」を活用してください。

② **目的**　過去問学習の目的は，言うまでもなく，志望校に合格することです。どのような分野の問題が出題されているか，どのレベルか，出題の数は多めか，といった概要をまず把握し，それを基に学習計画を立ててください。また，近年の出題傾向を把握することによって，入学試験に対する自分なりの感触をつかむこともできます。

過去問に取り組むことで，実際の試験をイメージすることもできます。制限時間内にどの程度までできるか，今の段階でどのくらいの得点を得られるかということも確かめられます。それによって必要な学習量も見えてきますし，過去問に取り組む体験は試験当日の緊張を和らげることにも役立つでしょう。

③ **開始時期**　過去問への取り組みは，全分野の学習に目安のつく時期，つまり，9月以降に始めるのが一般的です。しかし，全体的な傾向をつかみたい場合や，学習進度が早くて，夏前におおよその学習を終えている場合には，7月，8月頃から始めてもかまいません。もちろん，受験間際に模擬テストのつもりでやってみるのもよいでしょう。ただ，どの時期に行うにせよ，取り組むときには，集中的に徹底して取り組むようにしましょう。

④ **活用法**　各年度の入試問題を全問マスターしようと思う必要はありません。できる限り多くの問題にあたって自信をつけることは必要ですが，重要なのは，志望校に合格するためには，どの問題が解けなければいけないのかを知ることです。問題を制限時間内にやってみる。解答で答え合わせをしてみる。間違えたりできなかったりしたところについては，解説をじっくり読んでみる。そうすることによって，本校の入試問題に取り組むことが今の自分にとって適当かどうかが，はっきりします。出題傾向を研究し，合否のポイントとなる重要な部分を見極めて，入学試験に必要な力を効率よく身につけてください。

数学

各都道府県の公立高校の入学試験問題は，中学数学のすべての分野から幅広く出題されます。内容的にも，基本的・典型的なものから思考力・応用力を必要とするものまでバランスよく構成されています。私立・国立高校では，中学数学のすべての分野から出題されることには変わりはありませんが，出題形式，難易度などに差があり，また，年度によっての出題分野の偏りもあります。公立高校を含め，ほとんどの学校で，前半は広い範囲からの基本的な小問群，後半はあるテーマに沿っての数問の小問を集めた大問という形での出題となっています。

まずは，単年度の問題を制限時間内にやってみてください。その後で，解答の答え合わせ，解説での研究に時間をかけて取り組んでください。前半の小問群，後半の大問の一部を合わせて50%以上の正解が得られそうなら多年度のものにも順次挑戦してみるとよいでしょう。

英語

英語の志望校対策としては，まず志望校の出題形式をしっかり把握しておくことが重要です。英語の問題は，大きく分けて，リスニング，発音・アクセント，文法，読解，英作文の5種類に分けられます。リスニング問題の有無(出題されるならば，どのような形式で出題されるか)，発音・アクセント問題の形式，文法問題の形式(語句補充，語句整序，正誤問題など)，英作文の有無(出題されるならば，和文英訳か，条件作文か，自由作文か) など，細かく具体的につかみましょう。読解問題では，物語文，エッセイ，論理的な文章，会話文などのジャンルのほかに，文章の長さも知っておきましょう。また，読解問題でも，文法を問う問題が多いか，内容を問う問題が多く出題されるか，といった傾向をおさえておくことも重要です。志望校で出題される問題の形式に慣れておけば，本番ですんなり問題に対応することができますし，読解問題で出題される文章の内容や量をつかんでおけば，読解問題対策の勉強として，どのような読解問題を多くこなせばよいかの指針になります。

最後に，英語の入試問題では，なんと言っても読解問題でどれだけ得点できるかが最大のポイントとなります。初めて見る長い文章をすらすらと読み解くのはたいへんなことですが，そのような力を身につけるには，リスニングも含めて，総合的に英語に慣れていくことが必要です。「急がば回れ」ということわざの通り，志望校対策を進める一方で，英語という言語の基本的な学習を地道に続けることも忘れないでください。

国語

国語は，出題文の種類，解答形式をまず確認しましょう。論理的な文章と文学的な文章のどちらが中心となっているか，あるいは，どちらも同じ比重で出題されているか，韻文(和歌・短歌・俳句・詩・漢詩)は出題されているか，独立問題として古文の出題はあるか，といった，文章の種類を確認し，学習の方向性を決めましょう。また，解答形式は，記号選択のみか，記述解答はどの程度あるか，記述は書き抜き程度か，要約や説明はあるか，といった点を確認し，記述力重視の傾向にある場合は，文章力に磨きをかけることを意識するとよいでしょう。さらに，知識問題はどの程度出題されているか，語句(ことわざ・慣用句など)，文法，文学史など，特に出題頻度の高い分野はないか，といったことを確認しましょう。出題頻度の高い分野については，集中的に学習することが必要です。読解問題の出題傾向については，脱語補充問題が多い，書き抜きで解答する言い換えの問題が多い，自分の言葉で説明する問題が多い，選択肢がよく練られている，といった傾向を把握したうえで，これらを意識して取り組むと解答力を高めることができます。「漢字」「語句・文法」「文学史」「現代文の読解問題」「古文」「韻文」と，出題ジャンルを分類して取り組むとよいでしょう。毎年出題されているジャンルがあるとわかった場合は，必ず正解できる力をつけられるよう意識して取り組み，得点力を高めましょう。

数学

出題傾向の分析と合格への対策

●出題傾向と内容

本年度の出題数は，大問が6題，小問数18題で昨年と同様であった。

［1］，［2］は各4題の小問群で，［1］は，数・式の計算，平方根の計算で，［2］は，二次方程式，確率，平方根，式の値となっている。［3］以降の大問は，連立方程式の応用問題，図形と関数・グラフの融合問題，平面図形の計量問題，空間図形の計量問題がそれぞれテーマとなっている。

問題数は標準で，様々な分野からバランスよく出題されている。また，いずれも中学数学の基本的な知識や，計算の方法，方程式を解く力，図をイメージできる力などを確かめられるように工夫されている。

✔学習のポイント

基本が重視されているので，教科書内容の理解に全力をあげよう。ノートに，説明や例題をまとめながらの学習を心がけること。

●2024年度の予想と対策

来年度も，問題の量・質ともに大きく変わることはなく，中学数学の全範囲から小問数にして18～20題程度が，バランスよく出題されるものと思われる。

基本的な計算力がついているか，重要事項を正しく理解しているかを確認するような工夫された問題が大半を占めているが，思考力・応用力が試されるような問題も混じっている。

まずは，教科書内容の確実な理解と演習に力を入れよう。重要な計算法則，関数についての基本的な考え方，図形に関しての定義や定理などをしっかりと身につけ，教科書準拠問題などにあたって学力を定着させておこう。

▼年度別出題内容分類表 ……

出題内容			2019年	2020年	2021年	2022年	2023年
数と式	数の性質		○	○	○	○	
	数・式の計算		○	○	○	○	○
	因数分解						
	平方根		○	○	○	○	○
方程式・不等式	一次方程式		○	○	○	○	○
	二次方程式		○	○		○	○
	不等式						
	方程式・不等式の応用		○	○	○	○	○
関数	一次関数		○	○	○	○	○
	二乗に比例する関数			○		○	○
	比例関数						○
	関数とグラフ		○	○	○	○	○
	グラフの作成		○				
図形	平面図形	角度	○	○		○	○
		合同・相似	○		○		
		三平方の定理					
		円の性質	○			○	
	空間図形	合同・相似					
		三平方の定理					
		切断					
	計量	長さ	○		○		
		面積		○	○	○	○
		体積			○	○	○
	証明						
	作図						
	動点						
統計	場合の数			○		○	
	確率				○		○
	統計・標本調査						
融合問題	図形と関数・グラフ		○	○	○	○	○
	図形と確率						
	関数・グラフと確率						
	その他						
その他							

英語

出題傾向の分析と合格への対策

●出題傾向と内容

本年度は，会話文問題，資料問題，語彙問題，メール文問題，リスニング問題の計7題が出題され，出題構成は昨年度と同じである。

長文を用いた問題は，例年，総合問題形式である。会話文問題は，本年度は文補充問題と会話の内容を確認するものだった。

文法問題は標準的な出題内容である。

メール文問題はやや短めの文章を使っており，設問のレベルは標準的なものだった。

リスニング問題は，英文と質問を聞いて，その答えとして適切なものを答える形式だった。

✓学習のポイント

リスニング・文法・長文読解の各分野をまんべんなく学習しよう。

●2024年度の予想と対策

ここ数年，ほぼ同様の出題形式が続いているので，来年度も本年度同様の構成になると予想される。

リスニング対策には，CDやインターネットを利用し，少し長めの会話を聞き取る練習をしよう。

文法問題は標準問題集を使い，入試頻出の典型的問題を確実に解けるようにしよう。

例年，会話文読解問題が出題されているので，必ず事前に練習しておこう。

総合問題形式(文法・内容理解など，様々な問いを含む形式)の長文読解練習を十分行おう。

▼年度別出題内容分類表 ……

出題内容		2019年	2020年	2021年	2022年	2023年
話し方・聞き方	単語の発音					
	アクセント					
	くぎり・強勢・抑揚					
	聞き取り・書き取り	○	○	○	○	○
語い	単語・熟語・慣用句	○	○	○	○	○
	同意語・反意語					
	同音異義語					
読解	英文和訳(記述・選択)					
	内容吟味	○	○	○	○	○
	要旨把握	○				
	語句解釈	○				
	語句補充・選択	○	○	○	○	○
	段落・文整序					
	指示語			○		
	会話文	○	○	○	○	○
文法・作文	和文英訳					
	語句補充・選択	○	○	○	○	○
	語句整序	○	○	○	○	○
	正誤問題					
	言い換え・書き換え	○	○	○	○	
	英問英答					
	自由・条件英作文				○	○
文法事項	間接疑問文	○	○		○	
	進行形		○			
	助動詞	○		○	○	○
	付加疑問文					
	感嘆文					
	不定詞	○	○	○	○	
	分詞・動名詞	○	○	○		○
	比較	○	○	○	○	○
	受動態	○	○		○	
	現在完了	○	○	○	○	○
	前置詞	○	○	○	○	
	接続詞		○	○	○	
	関係代名詞	○				○

理科

出題傾向の分析と 合格への対策

●出題傾向と内容

大問数は4題，小問数は35問前後であり，ほぼ適量であるが，年度によってはやや多いこともある。中学3年間の内容が幅広く出題されている。また，物理，化学，生物，地学の分野から，バランスよく出題されており，特定の分野に偏っていない。つまり，全分野の学習が必要である。

出題形式は，記号選択問題，語句を答える問題，計算で数値を求める問題などさまざまである。特に，化学式や化学反応式は，入念な学習が必要である。文章記述や作図などの問題は多くないが出題される場合もある。出題内容は，どの分野も基礎的な理解が重視されており，丸暗記だけで答えられる問題は少ない。基本的な考え方をしっかりと身につけていれば，合格点は十分に取れる問題である。

✔学習のポイント

基本的な問題をていねいに解く学習を心がけよう。特に，基本的な計算や化学反応式は，よく練習しておこう。

●2024年度の予想と対策

出題分野が広いので，特定の分野に偏らず，全分野をバランスよく学習する必要がある。丸暗記だけの学習にならないよう，図や表などを重視して学習したい。

多くの問題は，標準的な問題集の類題である。見るだけ読むだけの学習はやめて，手を動かし頭を使って，やさしい問題から順々に，どんどん解く学習をしなければならない。

計算問題は多めだが，複雑な計算は少なく，ほとんどは典型的な計算である。基本的な問題を解く練習をすれば恐れることはない。化学式や化学反応式を書く問題も頻出なので，すらすら書けるように練習しておきたい。

▼年度別出題内容分類表 ……

	出題内容	2019年	2020年	2021年	2022年	2023年
第一分野	物質とその変化		○			
第一分野	気体の発生とその性質	○	○	○		○
第一分野	光と音の性質			○		
第一分野	熱と温度					
第一分野	力・圧力		○			
第一分野	化学変化と質量	○			○	○
第一分野	原子と分子	○		○		○
第一分野	電流と電圧	○				○
第一分野	電力と熱	○				○
第一分野	溶液とその性質		○			○
第一分野	電気分解とイオン		○	○	○	○
第一分野	酸とアルカリ・中和		○		○	○
第一分野	仕事		○		○	
第一分野	磁界とその変化					○
第一分野	運動とエネルギー		○		○	
第一分野	その他					
第二分野	植物の種類とその生活	○		○	○	
第二分野	動物の種類とその生活				○	
第二分野	植物の体のしくみ	○		○		
第二分野	動物の体のしくみ				○	
第二分野	ヒトの体のしくみ		○			○
第二分野	生殖と遺伝					
第二分野	生物の類縁関係と進化					
第二分野	生物どうしのつながり					
第二分野	地球と太陽系					
第二分野	天気の変化	○		○		
第二分野	地層と岩石		○			○
第二分野	大地の動き・地震		○		○	
第二分野	その他					

社会　出題傾向の分析と合格への対策

●出題傾向と内容

出題数は大問が6題で小問数は50問程度。分野別では地理が2題で歴史が3題，公民が1題，配点的には例年同様歴史の割合が高いと思われる。解答形式では6割以上が語句記入でそのほとんどが漢字指定などとなっている。また，本年度も40～50字の正解のない記述が1問あることも注意を要する。

地理は環境問題など公民と融合したものと，日本のエネルギー問題などを問うもの。歴史は古代文明や鎌倉の執権政治，日米修好条約や五か条の御誓文などの資料を題材にしたものなどからの出題。公民はSDGsのロゴから現代社会のさまざまな問題などを問うものとなっている。

✔学習のポイント

- ●統計資料には十分注意しよう！
- ●時代ごとの要点を分野ごとにまとめよう！
- ●言葉の意味をしっかり確認しよう

●2024年度の予想と対策

分野を問わず教科書を中心に基本的な知識の定着を目指すことから始めよう。その後は過去の入試問題を繰り返しチェックし，出題分野の把握に努めることが大切である。

地理は地図帳を用いて日本や世界の自然の把握をすることから始めよう。農業や工業などをまとめた後は環境問題などにも注意してほしい。

歴史はまずは大きな流れを確認することが大切である。年号といった細かなことは後回し。歴史的な事象相互の関連を中心に，日本と世界の関係をつかむことである。

公民は憲法や政治のしくみだけでなく，ニュースなどを利用して国際政治にも関心を持ってほしい。

▼年度別出題内容分類表 ……

出題内容			2019年	2020年	2021年	2022年	2023年
地理的分野	(日本)	地形図					
		地形・気候・人口	○	○	○	○	
		諸地域の特色		○	○	○	
		産業	○	○	○	○	○
		交通・貿易					○
	(世界)	人々の生活と環境		○	○		○
		地形・気候・人口	○	○	○	○	
		諸地域の特色	○	○	○	○	
		産業			○	○	○
		交通・貿易	○				
	地理総合						
歴史的分野	(日本史)	各時代の特色					
		政治・外交史	○	○	○	○	○
		社会・経済史	○	○	○	○	○
		文化史	○	○	○	○	○
		日本史総合					
	(世界史)	政治・社会・経済史	○	○	○	○	○
		文化史	○			○	○
		世界史総合					
	日本史と世界史の関連			○	○	○	○
	歴史総合						
公民的分野	家族と社会生活				○		○
	経済生活						
	日本経済						
	憲法（日本）		○	○	○	○	○
	政治のしくみ		○	○			
	国際経済		○				○
	国際政治		○	○	○		○
	その他				○		
	公民総合						
各分野総合問題							

岐阜東高等学校

国語

出題傾向の分析と 合格への対策

●出題傾向と内容

本年度は，国語の知識問題，論理的文章の読解問題1題，文学的文章の読解問題1題，古文の読解問題1題の計4題の大問構成であった。

[一]の国語の知識問題は，漢字の読み書き，品詞・用法，語句の意味，文学史などが問われた。[二]は論説文で，脱文脱語補充を通した文脈把握が中心に問われている。[三]は小説が採用され，心情理解の設問が，文脈把握や内容吟味とともに出題されている。[四]の古文は『徒然草』からの出題で，仮名遣い，文脈把握，口語訳などが出題された。

解答形式は，記号選択式と記述式が併用されており，記述式は抜き出しのみ。

学習のポイント

ふだんから指示語や接続語を意識しながら文章を読み進めるよう意識しよう。文脈を把握することで，筆者の主張がとらえやすくなる。

●2024年度の予想と対策

近年の傾向から，国語の知識問題，続いて論説文の読解問題，小説の読解問題，古文の読解問題という計大問4題の傾向が予想される。

国語の知識問題は広範囲にわたって出題されるので，ふだんから幅広い学習を心がけたい。

論説文の読解問題では，文脈把握や内容吟味を通して筆者の考えをとらえる練習をしておく。小説の読解問題では，心情理解が中心となる。

古文の読解問題では，教科書や問題集を使った基本的な内容の文章を用いて，読み取りの練習をしておくことが効果的だ。

▼年度別出題内容分類表 ……

出題内容			2019年	2020年	2021年	2022年	2023年
内容の分類	読解	主題・表題					
		大意・要旨	○	○	○	○	○
		情景・心情	○	○	○	○	○
		内容吟味	○	○	○	○	○
		文脈把握	○	○	○	○	○
		段落・文章構成			○		
		指示語の問題			○		○
		接続語の問題	○	○	○	○	
		脱文・脱語補充	○	○	○	○	○
	漢字・語句	漢字の読み書き	○	○	○	○	○
		筆順・画数・部首					
		語句の意味		○	○		○
		同義語・対義語				○	
		熟語			○		
		ことわざ・慣用句	○	○	○		○
	表現	短文作成					
		作文(自由・課題)					
		その他					
	文法	文と文節					
		品詞・用法	○	○	○	○	○
		仮名遣い	○	○	○	○	○
		敬語・その他					
	古文の口語訳			○	○	○	○
	表現技法		○	○	○	○	○
	文学史		○	○	○	○	○
問題文の種類	散文	論説文・説明文		○	○	○	○
		記録文・報告文					
		小説・物語・伝記	○		○	○	○
		随筆・紀行・日記	○				
	韻文	詩					
		和歌(短歌)	○				
		俳句・川柳					
	古文			○	○	○	○
	漢文・漢詩						

岐阜東高等学校

2023年度 合否の鍵はこの問題だ!!

数 学 [4]

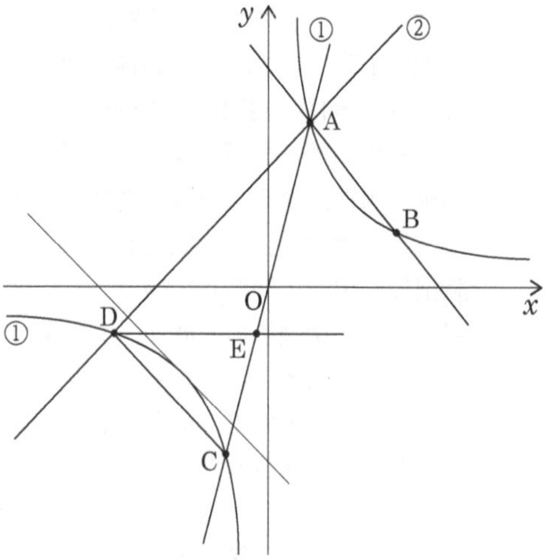

(1) ①に$x=1$を代入すると，$y=\frac{6}{1}=6$　A(1, 6)
②に点Aの座標を代入して，$6=1+b$　$b=5$

(2) ①に$x=3$を代入すると，$y=\frac{6}{3}=2$　B(3, 2)
直線ABの傾きは，$\frac{2-6}{3-1}=-2$　直線ABの式を$y=-2x+c$として点Aの座標を代入すると，$6=-2\times1+c$
$c=8$　よって，直線ABの式は，$y=-2x+8$

(3) 直線AOの式は，$y=6x$…③　①と③からyを消去すると，$\frac{6}{x}=6x$，$6x^2=6$，$x^2=1$，$x=\pm1$　$x\neq1$から，$x=-1$　①に$x=-1$を代入して，$y=\frac{6}{-1}=-6$
C(−1, −6)
【別解】 点Cは原点に関して点Aと対称な点になるから，C(−1, −6)

(4) ①と②からyを消去すると，$\frac{6}{x}=x+5$，$6=x(x+5)$，$x^2+5x-6=0$，$(x+6)(x-1)=0$，$x=-6$，1
$x\neq1$から，$x=-6$　①に$x=-6$を代入して，$y=\frac{6}{-6}=-1$　D(−6, −1)　点Dからx軸に平行な線をひき直線AOとの交点をEとする。③に$y=-1$を代入して，$-1=6x$，$x=-\frac{1}{6}$　E$(-\frac{1}{6}, -1)$
$\mathrm{ED}=-\frac{1}{6}-(-6)=\frac{35}{6}$　$\triangle\mathrm{ACD}=\triangle\mathrm{ADE}+\triangle\mathrm{CDE}=\frac{1}{2}\times\frac{35}{6}\times\{6-(-1)\}+\frac{1}{2}\times\frac{35}{6}\times\{(-1)-(-6)\}$
$=\frac{35}{12}\times(7+5)=\frac{35}{12}\times12=35$

◎ (4)の△ACDのような面積は，$\frac{1}{2}\times\mathrm{DE}\times$(点Aと点Cの$y$座標の差)で求められる。なるべく簡単に計算できる解法を身につけておこう。

英 語 〔1〕

このテストは制限時間と照らし合わせて問題数が多いと言える。よって，より早く問題を解いていくことが求められ，特に長文を用いた問題に多くの時間をかけるような余裕は持てない。

〔1〕の会話文問題は，このテストで最も長い文章を用いた問題である。またレベルも一番高い。さらに，詳細な資料がつけられているので，すべてを読み取るには相応の時間がかかると言える。用いられている語彙はごく標準的なものなので，その点は心配する必要はない。また，用いられている文法も特に難しくはない。設問を見るといずれも長文の内容を確認するためのものになっている。設問そのもののレベルは決して高くないので，長文さえしっかり読めれば高得点が期待できよう。

他の問題を見るとややややさしいものが多く，あまり点数差がつきにくいように思える。よって，この

〔1〕のような問題でいかに得点を取るかが必要だと言える。

このような問題を解くには，日頃から多くの長文を読むようにしておくことが大切である。内容を正しく読み取ることはもちろん，より早く読みこなすことができるよう，トレーニングをつんでおくべきである。そしてそうできるようになるためには，まず語彙力を高めることが求められる。教科書巻末の単語一覧でよいので，すべての単語をきちんと覚えることが高得点への第一歩である。

理 科 [3]

［1］で，電力や電磁誘導や陰極線に関する知識問題が多く出され，［2］で，呼吸器官や血液循環に関して知識問題や計算問題が出され，［3］で，ボルタ電池や硫酸と水酸化バリウムの中和に関する知識問題や計算問題が出された。このように，当校においては，物理や化学の分野だけではなく，生物や地学の分野においても，思考力を試す計算問題や知識問題が多く出されるので，しっかりとした対策が必要である。

［3］の問1は，水溶液の濃度と溶質の質量から，含まれている水の質量を求める計算問題であった。問2では，電解質と非電解質の区別がつくようにしておく必要があった。問3は，ボルタ電池の＋極と－極で起こる変化について，詳しいしくみについて問われた。問4は，さまざまな電池のしくみについて理解しておく必要があった。特に，一次電池と二次電池の区別が重要であった。問5は，中和の反応を理解しておく必要があった。問6・問7では，いろいろな気体の発生方法や性質を覚えておく必要があった。問8では，マグネシウムと酸化マグネシウムの質量の比を利用すればよかった。問9では，化学変化のしくみをしっかり理解しておく必要があった。

社 会 [4] 問5

設問は「教育勅語の発布と同じ時期に起こった出来事を次のア～エの中から1つ選べ」というもの。教育勅語は戦前の教育の根本方針を示した勅語(天皇の言葉，詔)で1890年に発布，すべての法令を超えた絶対的な性格を持っていた。まさに教育に関する憲法のようなもので天皇制を支える柱でもあった。戦後日本国憲法や教育基本法の成立に伴い1948年に失効することになった法律である。

アは「20歳になった男子への兵役の義務」である。武士を解体した明治政府は1873年に徴兵令を布告し20歳以上の男子に兵役の義務を課すことになる。国民皆兵をうたったが，当初は大幅な免除規定が存在し，貧しい農家の次男・三男を中心としたものであったことはよく知られている。イは「足尾銅山の鉱毒による公害問題」である。足尾銅山は幕府の直轄で17世紀後半に最盛期を迎えた。明治以降は民間に払い下げられ最新の採掘方法を導入した古河財閥により明治後半には全国の採掘量の3分の1を占めたといわれる。1880年代後半からは渡良瀬川流域の農地汚染が問題となり農民の抗議運動は大きな社会問題となっていった。1901年には議員を辞した田中正造の天皇への直訴問題が起こるなど日本の公害第1号ともいわれている。ウは「女性差別からの解放を目指す女性運動」である。「元始女性は太陽であった」という巻頭の辞で知られる『青鞜』が創刊されたのは1911年，まさに明治の最後の年である。平塚らいてうや市川房枝などによる初の女性運動団体「新婦人協会」が設立されたのは1920年，大正デモクラシーの真っただ中である。エは「普通選挙法の成立」である。1924年，憲政擁護や普通選挙の実施などを要求する国民運動により成立した加藤高明内閣は，翌年の1925年に25歳以上の男子に選挙権を与える普通選挙法を成立させ有権者の数は一挙に4倍に拡大することとなる。足尾鉱毒事件は富国強兵を推し進める明治政府の政策推進の中で発生，日清戦争(1894年)を前後して軽工業部門，日露戦争(1904年)前後して重工業部門での産業革命が進展していた時期である。

いずれにしても時代の並び替えに類するものは受験生を悩ます問題である。単純に発生した年を暗記するのではなく，常に時代の背景を考える習慣をつけることが歴史を学習するうえでのポイントである。

国語 [二] 問一

★ なぜこの問題が合否を分けたのか

本文を精読する力が試される設問である。隅々までよく読んで解答しよう！

★ こう答えると「合格できない」!

直後には,「国際学力調査」の説明と調査結果が示されており,「理由」にあてはまる記述は見られない。直後の内容に着目するだけでは解答できないので注意しよう。「ここでは，「読解力」の向上に腰を据えて取り組みたい，と述べていることを押さえ，「読解力」の育成について言及している部分を探してみよう！

★ これで「合格」!

傍線部①と同様のことは，最終段落で「読解力育成」と言い換えられていることに着目する。直前に「読解力は，多様な養分を吸収して育つ木のような力なのだろう」と，「読解力育成」の重要性が示されているので,「理由」として,「読解力は，多様な養分を吸収してゆっくり育つ木のような力(だから。)」とする。

MEMO

大切なことはメモしておこうネ！

ダウンロードコンテンツのご利用方法

※弊社 HP 内の各書籍ページより，解答用紙などのデータダウンロードが可能です。

※巻頭「収録内容」ページの下部 QR コードを読み取ると，書籍ページにアクセスが出来ます。（ Step 4 からスタート）

Step 1 東京学参 HP（https://www.gakusan.co.jp/）にアクセス

Step 2 下へスクロール『フリーワード検索』に書籍名を入力

Step 3 検索結果から購入された書籍の表紙画像をクリックし，書籍ページにアクセス

Step 4 書籍ページ内の表紙画像下にある『ダウンロードページ』を クリックし，ダウンロードページにアクセス

Step 5 巻頭「収録内容」ページの下部に記載されている パスワードを入力し，『送信』をクリック

解答用紙・+αデータ配信ページへスマホでアクセス！ ⇒

＊データのダウンロードは 2024 年 3 月末日まで。

＊データへのアクセスには、右記のパスワードの入力が必要となります。 ⇒ ●●●●●●

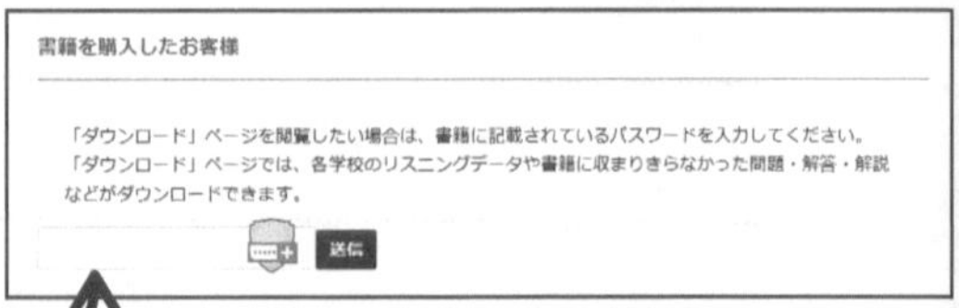

Step 6 使用したいコンテンツをクリック

※ PC ではマウス操作で保存が可能です。

2023年度

★★★★★★★★★★★★★★★★★★★★★★★★

入　試　問　題

2023年度

岐阜東高等学校入試問題

【数　学】（40分）　＜満点：100点＞

［1］次の計算をしなさい。

(1)　$-2^4-3\times(-2)^4$　　(2)　$6ab\div(-2b)\times5a^3b^2$

(3)　$\dfrac{2x-1}{5}-\dfrac{x+3}{4}$　　(4)　$\sqrt{27}-\sqrt{15}\times\sqrt{5}$

［2］次の問いに答えなさい。

(1)　2次方程式 $(x-3)^2-36=0$ を解きなさい。

(2)　2個のさいころを同時に投げるとき，目の和が10である確率を求めなさい。

(3)　540を自然数 a で割るとある数の2乗になる。このような a のうち最小のものを求めなさい。

(4)　$x=2$，$y=-3$ のとき，$xy+8x+3y+24$ の式の値を求めなさい。

［3］60分間録音ができるCDがあります。このCDに曲の長さが3分20秒と4分10秒の曲を合わせて15曲録音します。そのとき，最初の曲の前に5秒，次からは曲と曲の間に5秒の間をあけるようにすると，15曲目の終わりが最初から56分15秒のところでした。3分20秒の曲数を x，4分10秒の曲数を y とするとき，次の問いに答えなさい。

(1)　x，y についての連立方程式を以下のように作った。［ア］，［イ］に適する式をかき，連立方程式を完成させなさい。

$$\begin{cases} \boxed{\quad ア \quad} = 15 \\ \boxed{\quad イ \quad} = 3375 \end{cases}$$

(2)　x と y の値をそれぞれ求めなさい。

［4］2つの関数のグラフ $y=\dfrac{6}{x}$ …①と，$y=x+b$ …②がある。①と②の x 座標が正となる交点をAとする。Aの x 座標を1とするとき，次の問いに答えなさい。

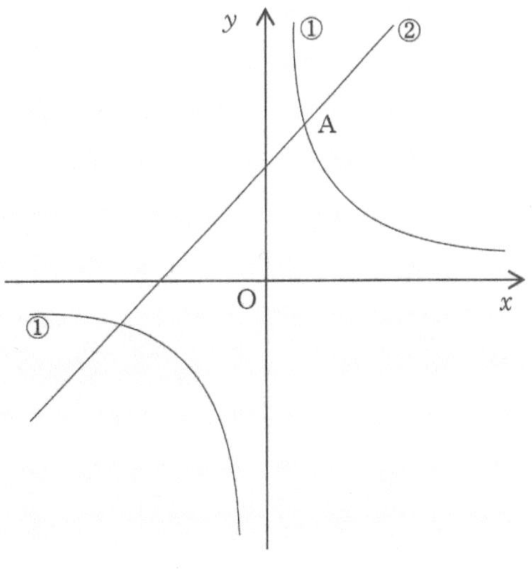

(1)　b の値を求めなさい。

(2)　①上に，x 座標が3となる点Bをとります。直線ABの方程式を求めなさい。

(3)　直線AOを引くとき，直線AOと①の交点で，Aとは異なる点をCとする。
このとき，Cの座標を求めなさい。

(4)　①と②の交点で，Aとは異なる点をDとする。このとき，△ACDの面積を求めなさい。

［５］ 次の問いに答えなさい。

(1) １つの内角が172.8° となるのは正□角形です。□にあてはまる数字を答えなさい。

(2) 立方体の切り口として表れるものを次の(ア)~(エ)の中からすべて選びなさい。

(ア) 正三角形　　(イ) 正方形　　(ウ) 正五角形　　(エ) 正六角形

［６］ 底面の半径５ cm，高さ12cm，母線の長さ13cm の円すいについて，次の問いに答えなさい。ただし円周率をπとして計算しなさい。

(1) この円すいの体積を求めなさい。

(2) この円すいの表面積を求めなさい。

【英　語】（40分）　<満点：100点>

〔1〕 次の会話文と表を読んで，後の問いに答えなさい。

ユキが留学生のAmyと話しています。

Yuki : We have "SAKURA Saturday School" next month.

Amy : What is "SAKURA Saturday School"? Do we have to go to school on Saturday?

Yuki : We don't have regular classes like mathematics or English. We have special classes on that day. Not only teachers but students, their parents and even people in neighborhood can have classes and teach "students". Everybody can be a teacher, and a student, too. Perhaps our teachers can be one of our students!

Amy : That sounds interesting. How can I be a teacher?

Yuki : Unfortunately, the entry for teachers has already closed. You can apply for the classes as a student.

(Yuki takes out her smartphone and shows the screen to Amy.)

This is the website for "SAKURA Saturday School". You can check the information about classes, teachers, time and place.

Amy : There are so many interesting classes, 'Enjoy Karaoke', 'Be a Guitarist', 'Love J-Pop', 'Men's Kitchen', 'Yoga for beginners', 'World history', and so on. Do you have a class, Yuki?

Yuki : Yes. I have two classes, 'Hip Hop Dance for kids' and 'Kids' dance with Mom and Dad'. I like children, so I want many children to join my classes. What class are you interested in?

Amy : It has been two months since I came to Sakura city. I want to know more about this city, so I am interested in (①).

Yuki : That's nice. I think this one is also good for you. You sing very well, and you can make friends with people loving to sing. Singing together in a big group of more than 100 members is a lot of fun!

Amy : That's a good idea. I will join ②<u>the class</u>. Thank you for telling me.

Yuki : You're welcome. Let's enjoy "SAKURA Saturday School"!

注） regular：通常の　neighborhood：近所　perhaps：もしかすると

Unfortunately：残念ながら　entry：参加　apply for ～：～に申し込む

SAKURA Saturday School @ Sakura High School

March 4th, 2023

timetable

title	place	teacher	age of students
class information			

(1) 9:00~10:30

Be a Guitarist	music room	Kazuyoshi Saito	over 15
Let's start playing the guitar! This lesson is for beginners. Start with how to hold the guitar, learn how to use fingers and basic guitar chords. You can play an easy song with basic chords. You don't need to have your own guitar.			

beginner：初心者　　chord：コード

(2) 9:00~10:30

Hip Hop Dance for kids	gym	Yuki Kawase	5-10
Do you like dancing? Do you like music? Dance to the music! Enjoy dancing and be happy!			

(3) 9:00~12:30

Historical Walking Tour around Sakura city	main gate	Hiroshi Yano	over 13
Walk and visit historical spots in Sakura city. Professor Yano from Sakura University will guide you around the city. Learn about history and culture in Sakura city. We spend about two hours walking around. Bring your drinking water and wear clothes and shoes suited for walking.			

(4) 11:00~12:30

Men's Kitchen	school kitchen	Kei Ozawa	over 15 men
This cooking class is for beginners. In this lesson, you will learn basic cooking skills and recipes. After the lesson, you will be able to prepare simple, delicious, healthy meals for your family. You can also find good friends here.			

(5) 11:00~12:30

Modern history of Asia	1-C classroom	Kento Yasuda	over 13
TV dramas made in Korea and China are popular. Japan has had a strong relationship with Korea and China for a long time. In this class, we learn and discuss the modern culture and history about Korea and China. When you learn much about Asian history, you will enjoy dramas more.			

modern：近代の

(6) 13:30~15:00

Join our Chorus!	music room	Sakura City Chorus	over 10
Welcome to Sakura City Chorus. More than 100 members aged 10-84 enjoy singing together. At "SAKURA Saturday School", we have a small concert and a demo-lesson. Let's sing together.			

chorus：合唱団　demo-lesson：体験レッスン

1．本文の内容に合う英文を３つ選び，記号で答えなさい。

ア．Yuki and Amy have regular classes every Saturday.

イ．Yuki's mother can study at "SAKURA Saturday School".

ウ．Yuki will give dance lessons to children at "SAKURA Saturday School".

エ．Amy will be a teacher at "SAKURA Saturday School".

オ．If you take 'Be a Guitarist', you will be a professional guitar player.

カ. If you are a junior high school student, you cannot take ‘Hip Hop Dance for kids’.

キ. ‘Men’s Kitchen’ starts at nine at school kitchen.

ク. You will watch Korean dramas in ‘Modern history of Asia’ class.

2．会話文中の（①）に入れるのに最も適切なものを選びなさい。

ア. Yoga for beginners　　イ. Historical Walking Tour around Sakura city

ウ. Modern history of Asia　　エ. World history

3．下線部②に最もよく当てはまるものを選びなさい。

ア. Enjoy Karaoke　　イ. Be a Guitarist

ウ. Love J-Pop　　エ. Join our Chorus!

4．あなたなら，表の(1)～(6)のどの講座に参加したいですか。選んだ講座と選んだ理由を伝える英文を下の形式で書きなさい。

I want to join ‘(　　　　)’ because (　　　　　　　　).

5．本文の内容に合うように，次の英文の空所に適切な英単語を入れなさい。

(1) ‘Be a Guitarist’ class is (　　　) minutes long.

(2) Amy has (　　　) in Sakura city for two months.

〔2〕 次の文章を読み，図を参考にして，次のページの英文の（　）に入れるのに適切なものを選びなさい。

Momoka’s brother, Kento is a member of Aoba City Orchestra. They had a concert last week. Kento invited Momoka to the concert and gave her five tickets. Momoka and her classmates, Yuka, Sota, Hana and Kengo went to the concert. This is how they sat.

(1) All of them sat in the three lines of seats numbered 4, 5 and 6.

(2) Three of them sat in row B.

(3) The other two sat in row C.

(4) Kengo sat between Momoka and Yuka.

(5) Momoka sat on Kengo’s left.

(6) Yuka sat in front of Sota.

(7) There were four seats between Hana’s seat and the left aisle.

<table>
<tr><td colspan="9">STAGE</td></tr>
<tr><td rowspan="5">AISLE (LEFT)</td><td>A1</td><td>A2</td><td>A3</td><td>A4</td><td>A5</td><td>A6</td><td>A7</td><td rowspan="5">AISLE (RIGHT)</td></tr>
<tr><td>B1</td><td>B2</td><td>B3</td><td>B4</td><td>B5</td><td>B6</td><td>B7</td></tr>
<tr><td>C1</td><td>C2</td><td>C3</td><td>C4</td><td>C5</td><td>C6</td><td>C7</td></tr>
<tr><td>D1</td><td>D2</td><td>D3</td><td>D4</td><td>D5</td><td>D6</td><td>D7</td></tr>
<tr><td>E1</td><td>E2</td><td>E3</td><td>E4</td><td>E5</td><td>E6</td><td>E7</td></tr>
</table>

注）orchestra：オーケストラ
aisle：通路

1．(　　　) sat in front of Hana.

ア．Momoka　　イ．Yuka　　ウ．None of the classmates　　エ．Kengo

2．Sota sat in seat (　　　).

ア．B5　　イ．B6　　ウ．C5　　エ．C6

〔3〕 職場で真由がマイクの故郷について質問しています。次の会話文を読んで，後の問いに答えなさい。

Mayu: Where are you from, Mike?

Mike : I'm from Denver, Colorado in the USA. It is at the southern part of the Rocky Mountains.

Mayu: What's it like there?

Mike : It's a medium sized city.

Mayu: What is it famous for?

Mike : It is famous for outdoor sports like skiing.

Mayu: What can we see and do as tourists?

Mike : As I said before, outdoor sports are very ①(人気のある). Some people believe that ski slopes there are the best in the United States. Also, many people ②(～に乗る) bicycles, go ア[climb], and enjoy hiking.

Mayu: Please tell me more about the history.

Mike : Colorado was originally a silver mining ③(地域). Many people moved to the ④(西) to look for jobs in the mining business. Later, Denver became famous as a cowboy town. People brought their cows to be イ[eat].

Mayu: 【 ア the best　イ do　ウ you　エ food　オ what　カ like 】 in Colorado?

Mike : I think Colorado's Mexican Food is the best. Especially, Tamales, a steamed corn dish. It's a very ウ[tradition] food.

注）Denver, Colorado：コロラド州デンバー　　southern：南の
the Rocky Mountains：ロッキー山脈　　slope：傾斜面・スロープ　　hike：ハイキングをする
silver：銀　　cowboy：カウボーイ　　Mexican：メキシコの　　steamed：蒸した

1．本文中のア～ウの［　］内の語を適切な形に直しなさい。

2．本文中の①～④の（　）内の日本語を英語に直しなさい。

3．本文の内容に合うように【　】内の語（句）を並べかえ，2番目と5番目に来る語（句）の記号を答えなさい。ただし文頭に来る語（句）も小文字にしてあります。

4．本文の内容に合うものをア～オから2つ選び，記号で答えなさい。

ア．Mike is from a big city of the United States.

イ．Mike's hometown is famous for outdoor sports like snowboarding.

ウ．Once many people moved to Colorado to get jobs in the mining business.

エ．Ski slopes in Colorado are the best in the United States.

オ．Mike thinks Colorado's Mexican Food like Tamales is better than any other food.

5．あなたの生まれ育った市，あるいは町で有名なもの（こと）を本文の表現を使って簡単に紹介しなさい。

〔4〕 次の英文で説明される単語として最も適当なものを，指示された文字数で答えなさい。

1．a game for two teams of five players. There is a net high up at each end of the court and the players try to throw a ball through the other team's net to score points
(10文字)

2．the coldest season of the year between autumn and spring
(6文字)

3．a person who offers or agrees to do something without being forced or paid to do it
(9文字)

4．a mixture of vegetables, usually not cooked, that you often eat together with other foods
(5文字)

5．a large musical instrument that you play by pushing down black and white keys
(5文字)

6．the first month of the year, coming after December
(7文字)

〔5〕 次の会話文を読んで，（1）～（5）に入る最も適当なものをア～カの中からそれぞれ1つずつ選び，答えなさい。

Woman : (1) This is Tomita Company.
Man : Hello, this is Thomas Hendley from Gito Company. (2)
Woman : All right. I'll check it. (3)
Man : Sure.
Woman : Sorry. (4) But he is going to be back by 2 o'clock.
Man : I see. (5)
Woman : Yes, of course.
Man : Please tell him that I'll call him again after 2 o'clock.
Woman : I'll make sure to tell your message when he returns.
Man : Thank you. Goodbye.
Woman : Thank you. Bye.

ア．May I speak to Mr. Yamada?　　イ．Could I leave him a message?
ウ．Thank you for calling.　　エ．He is not here now.
オ．How have you been?　　カ．Hold on a minute, please.

〔6〕 次の英文は，イギリスからの留学生アリス（Alice）と日本の高校生のさくら（Sakura）が夏休みの予定についてやり取りしたメールです。それぞれの（　）に合う適切な英語を1語書きなさい。ただし，（　）内に示された文字で始めること。

From : Alice
To : Sakura
Subject : My plan for the summer vacation

Hi, Sakura. I'm having a great time here in Japan. But summer in Japan is ①(h　　) than summer in the U.K.

By the way, my sister is coming to Japan to see me during the summer vacation. She has never been to Japan, so it will be her ②(f　　) visit to Japan. I want to take her to good places but I don't know so much about Japan. My sister is interested in Japanese food and fashion. Do you have any good idea?

From : Sakura
To : Alice
Subject : Re: My plan for the summer vacation

Hi, Alice. Is your sister coming to Japan!? That's great! I want to see her.

When will she come to Japan? There is a summer festival in my town on ③ (A　　) 15th. In the summer festival, you can try many good Japanese foods and see beautiful fireworks. Why don't you go there with me? Moreover, my grandmother has some yukatas, so you can ④(b　　) them from her. You will enjoy the Japanese-style summer clothes.

I'm looking ⑤(f　　) to going to the summer festival with you!

〔7〕 Listening Test

英文と質問を聞いて，その答えとして適切なものを次のア～エの中からそれぞれ1つずつ選び，記号で答えなさい。なお，英文と質問は2回読まれます。

1．ア．She walks.　　イ．She goes by bicycle.
　ウ．She goes by bus.　　エ．She goes by train.

2．ア．Curry.　　イ．Rice.
　ウ．Vegetables.　　エ．Meat.

3．ア．Science.　　イ．Math.
　ウ．Japanese.　　エ．English.

4. ア. At a restaurant. イ. In an airplane.
 ウ. At school. エ. At a hospital.

5.

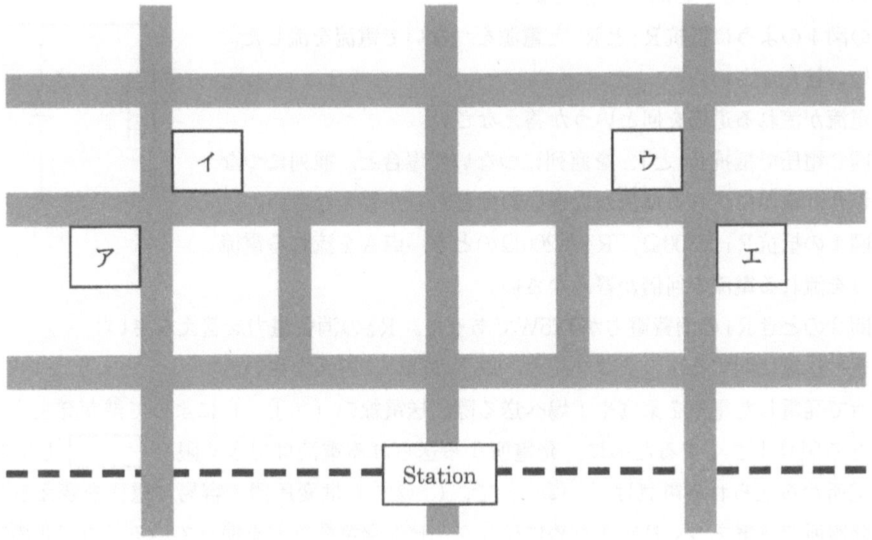

＜リスニング　スクリプト＞

1. Aya is a high school student. When she was a junior high school student, she walked to school. But her high school is too far to walk or ride her bicycle, and she doesn't live near the train station. So she takes a bus.
 Question: How does Aya go to high school?

2. Chika is going to make curry and rice tonight. She bought vegetables yesterday and she already has some rice. She will go to the supermarket this afternoon because she forgot to get some meat yesterday.
 Question: What will Chika buy this afternoon?

3. Satoshi asked his classmates which subject they liked the best. English was as popular as Japanese. Math was more popular than English and Japanese, and Science was more popular than Math.
 Question: Which subject was the most popular in Satoshi's class?

4. Hello, everyone. Thank you for taking the flight from Singapore to Nagoya. We will arrive there at 3:00p.m. local time. It takes about 7 hours to arrive at the Nagoya International Airport. We will leave soon. Please enjoy your flight.
 Question: Where is the man talking?

5. You are going to your friend's house. You are at the station now. Turn left at the first corner, then turn right at the second corner. Go straight, and you can see your friend's house on your right.
 Question: Where is your friend's house?

【理　科】（40分）　＜満点：100点＞

［1］ 次の〔Ⅰ〕,〔Ⅱ〕の問いに答えなさい。

〔Ⅰ〕 右の図1のように抵抗R_1とR_2と電源をつないで電流を流した。次の問いに答えなさい。

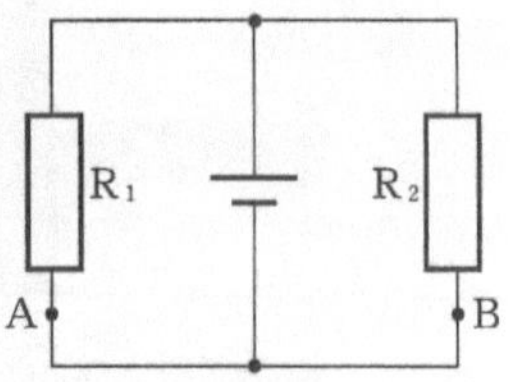

図1

問1　電流が流れる道筋を何というか答えなさい。

問2　同じ電圧で抵抗R_1とR_2を直列につないだ場合と，並列につないだ場合，電源に流れる電流が大きいのはどちらか答えなさい。

問3　図1の抵抗R_1が100Ω，R_2が200Ωのとき，点Aを流れる電流は点Bを流れる電流の何倍か答えなさい。

問4　問3のときR_1の消費電力が0.25Wであった。R_2の消費電力を答えなさい。

〔Ⅱ〕 電気や送電に関する次の文章を読み，以下の問いに答えなさい。

発電所で発電した電気を家庭や工場へ送る際，送電線の（　①　）によって熱が発生する。この熱をできる限り小さくするために，発電所から送られる電流はできる限り □ して電気を送る。発電所から送られる電気は（　②　）で，（　②　）は変圧器で容易に電圧を変えることができる。発電所で電気をつくり出すためには，タービン発電機などを使っている。コイルの内部の磁界を変化させると，電圧が生じ発電させることができる。こうして発電されると，電圧の大きさが絶えず変化する。1秒あたりの繰り返しの数を（　③　）という。逆にモーターは電流と磁石の磁界との間でおよぼし合う力を利用している。電流の様子を調べるには，クルックス管で（　④　）させる。（　④　）は管内の圧力を小さくすると電流が流れる現象である。

問5　発電機は磁石やコイルを使って電流をつくり出している。コイル内の磁界が磁石やコイルを動かすことで変化し，コイルには電流が生じる。この現象を何というか答えなさい。

問6　文中の（①）～（④）に入る言葉を，それぞれ答えなさい。

問7　文中の □ に入る言葉として正しいものを，次の(ア)～(エ)から1つ選び，記号で答えなさい。

(ア)　大きく，電圧も大きく　　(イ)　小さく，電圧は大きく

(ウ)　大きく，電圧は小さく　　(エ)　小さく，電圧も小さく

問8　発光ダイオードを交流の電源に接続するとどうなるか答えなさい。

問9　陰極線について正しいものを，次の(ア)～(エ)から<u>すべて</u>選び，記号で答えなさい。

(ア)　陰極線はマイナスの電気を帯び，プラス極に向かっていく。

(イ)　陰極線は目に見えない。

(ウ)　陰極線には電子や電磁波も含まれる。

(エ)　陰極線は曲げることはできない。

［2］ 動物のからだのつくりとはたらきに関する次の文を読み，以下の問いに答えなさい。

ヒトでは，鼻や口から吸いこまれた空気は，気管を通って肺に入る。気管は枝分かれして気管支となり，その先には①小さなふくろがたくさんある。そこまで送られた酸素の一部は，まわりにある毛細血管とよばれる細い血管を流れる血液へとりこまれ，全身の細胞へと送られる。②全身の細胞では，届いた酸素を使い，養分からエネルギーがとり出される。一方，③血液中の二酸化炭素は，毛細血管から肺へと受け渡されて，鼻や口から体外に放出される。

血液の循環には，心臓が大きな役割をはたしている。④ヒトの心臓は筋肉でできており，規則正しく収縮する運動によって血液を送り出す。心臓から出る血液の流れは，⑤心臓から肺に向かい，肺から心臓にもどってくるものと，心臓から肺以外の全身に向かい，全身から心臓にもどってくるものとに分けることができる。

問１　文中の下線部①を何というか。**漢字で答えなさい**。

問２　問１のつくりがたくさんある利点を簡単に説明しなさい。

問３　文中の下線部②のような細胞の活動によってできる物質を，**化学式で２つ**答えなさい。

問４　文中の下線部③に関連して，次の表１は，吸気（吸う息）の，水蒸気を除いた気体の体積の割合を示している。

気体	窒素	酸素	二酸化炭素	その他
割合〔％〕	78.09	20.94	0.03	0.94

表１

呼気（はく息）では，どのような割合になるか。最も適当な組み合わせを，下の(ア)～(エ)から１つ選び，記号で答えなさい。

気体	窒素	酸素	二酸化炭素	その他
(ア)	78.19	16.2	4.6	0.94
(イ)	78.09	20.94	0.94	0.03
(ウ)	78.19	4.6	16.2	0.94
(エ)	78.09	0.03	20.94	0.94

問５　文中の下線部④に関連して，右の図１は，ヒトの心臓とそのまわりの血管を模式的に示したものである。以下の問いに答えなさい。

(1)　図１中の(オ)の空間の名称を答えなさい。

(2)　図１中の(カ)の血管を流れる血液は，どのような血液か。「酸素」と「二酸化炭素」という語句を使って，簡単に説明しなさい。

図１

問６　文中の下線部⑤のような血液の流れを何というか答えなさい。

問７　次の表２は，ある動物の血液１Ｌあたりの酸素量，１分間あたりの酸素消費量および心拍数をまとめたものである。以下の問いに答えなさい。

心臓から全身に向かう血液１Ｌあたりの酸素量〔mL〕	195
全身から心臓にもどる血液１Ｌあたりの酸素量〔mL〕	140
１分間あたりの酸素消費量〔mL〕	99
１分間あたりの心拍数〔回〕	80

表２

(1)　全身で消費される酸素量は，血液１Ｌあたり何mLか。

(2)　心臓から送り出される血液は，心拍数１回あたり何mLか。

［3］ 次の問いに答えなさい。

問1　質量パーセント濃度が1.6％の食塩水をつくりたい。2gの食塩を何gの水に溶かせばよいかを答えなさい。

問2　身のまわりの水溶液の中で，異なる金属板を入れモーターなどをつないでも，電流が取り出せないものを，次の(ア)～(エ)から1つ選び，記号で答えなさい。

(ア) レモン汁　　(イ) 食塩水　　(ウ) 食酢　　(エ) 砂糖水

問3　右の図1のように，うすい塩酸に亜鉛板と銅板を入れて，モーターを回転させた。その時の水素発生の様子を述べた，次の文の（A）～（D）に入る数値や語句の組み合わせとして最も適当なものを下の(ア)～(ク)から1つ選び，記号で答えなさい。

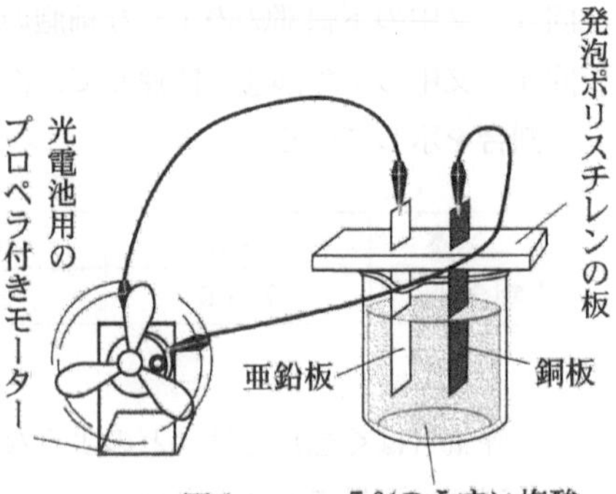

図1

（A）板の表面では，塩酸中の1個の水素イオンが（B）個の電子を（C）水素原子になり，水素原子が2個結びついて，水素が発生する。このとき，電子は（D）移動している。

	(A)	(B)	(C)	(D)
（ア）	亜鉛	1	受け取って	銅板からモーターを通って亜鉛板へ
（イ）	銅	1	受け取って	亜鉛板からモーターを通って銅板へ
（ウ）	銅	1	放出して	銅板からモーターを通って亜鉛板へ
（エ）	亜鉛	1	放出して	亜鉛板からモーターを通って銅板へ
（オ）	亜鉛	2	受け取って	銅板からモーターを通って亜鉛板へ
（カ）	銅	2	受け取って	亜鉛板からモーターを通って銅板へ
（キ）	銅	2	放出して	銅板からモーターを通って亜鉛板へ
（ク）	亜鉛	2	放出して	亜鉛板からモーターを通って銅板へ

問4　身のまわりで使われている電池について述べた文として正しいものを，次の(ア)～(オ)からすべて選び，記号で答えなさい。

(ア) 水の電気分解とは逆の化学反応を利用する電池を燃料電池という。

(イ) ニッケル水素電池は一次電池である。

(ウ) アルカリ乾電池には，たくさんの電気を充電できるため，太陽光発電でつくった電気をためておく設備に利用される。

(エ) 鉛蓄電池は価格が安く，高電圧が得られるが，鉛を使用しているために重い。自動車のバッテリーなどに利用される。

(オ) 空気電池は大きな電流が取り出せて，連続使用ができる充電できない電池である。

問5　うすい水酸化バリウム水溶液40cm^{3}をビーカーにとり，メスシリンダーを用いてうすい硫酸10cm^{3}を加えた。このとき，ビーカー内に白い沈殿が生じた。この沈殿した物質を化学式で答えなさい。

問６　次の(ア)～(オ)のうち，酸素，窒素，水素，二酸化炭素のいずれにも**当てはまらないもの**を１つ選び，記号で答えなさい。

(ア)　ロケットの燃料に使われ，燃料電池自動車にも使用されている。

(イ)　空気中に最も多く存在する。

(ウ)　水溶液がアルカリ性を示す。

(エ)　有機物を燃やしたとき，水とともに発生する。

(オ)　光合成によって，デンプンなどの養分とともにつくられる。

問７　次の(ア)～(オ)のうち，正しいものを**すべて**選び，記号で答えなさい。

(ア)　酸化銀を加熱すると発生する気体は，ものをよく燃やす気体と同じである。

(イ)　ふくらし粉（ベーキングパウダー）に酢を加えると発生する気体は，空気より軽い。

(ウ)　鉄にうすい塩酸を加えると発生する気体は，空気より軽い。

(エ)　塩酸を電気分解すると陽極に発生する気体の元素は，食塩にも含まれている。

(オ)　二酸化マンガンにオキシドールを加えて発生する気体は，温室効果ガスの１つである。

問８　マグネシウムの粉末を加熱すると酸素と結びつく。1.86 g のマグネシウムを完全に酸素と反応させると，加熱後は何 g の酸化マグネシウムができるか答えなさい。ただし，マグネシウムと酸素が結びつくときの質量の比は，マグネシウム：酸素＝３：２とする。

問９　２種類の原子でできている化合物が化学反応を起こした。１種類目の原子１個をⒶ，２種類目の原子１個をⒷと表すモデルを使って，この化学変化を記すと次のようになった。

ⒶⒷⒶ
ⒶⒷⒶ　→　ⒶⒶⒶⒶ＋ⒷⒷ

ここで，ⒶⒷⒶはⒶ２個とⒷ１個が結びついているようすを，ⒷⒷはⒷ２個が結びついているようすをそれぞれ表している。Ⓐの原子の種類を表す記号をA，Ⓑの原子の種類を表す記号をBとすると，上の化学変化を化学反応式で表したものとして最も適当なものを，次の(ア)～(オ)から１つ選び，記号で答えなさい。

(ア)　A_4B_2　→　4A　→　2B

(イ)　A_4B_2　→　A_4　→　B_2

(ウ)　$4AB_2$　→　4A　→　B_2

(エ)　$2A_2B$　→　A_4　→　2B

(オ)　$2A_2B$　→　4A　→　B_2

［４］　大地の変化に関する次の文を読み，以下の問いに答えなさい。

かたい岩石でも，長い年月のうちに気温の変化や風雨のはたらきによってもろくなり，侵食され，川などの水の流れによって下流へと運ばれる。そして，運ばれてきた土砂は，平野や海岸など流れがゆるやかになったところに堆積する。土砂は流れる水のはたらきで運ばれることで，粒の大きさのちがいによって，れき・砂・泥に分けられる。ある場所の崖を調べたところ次のページの図１のようになっていて，地層の逆転はなかった。

地層A　砂でできた地層で，ビカリアの化石が入っていた。
地層B　粒子の細かい火山灰の層で，厚さは1㎝だった。
地層C　砂でできた地層で，シジミの化石が入っていた。
地層D　$\frac{1}{16}$㎜以下の小さな粒からなる地層だった。
地層E　同じくらいの大きさの鉱物の結晶からできている火成岩だった。

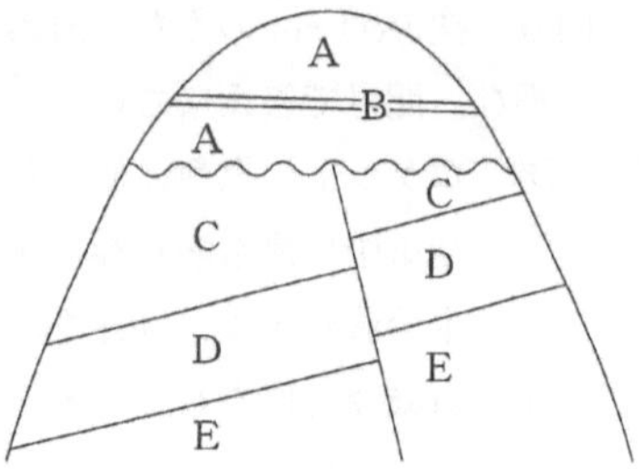

図1

問1　前のページの文の下線部の現象を何というか。**漢字で答えなさい**。
問2　川が山地から平野に出たところで形成される地形を何というか答えなさい。
問3　問2の地形に堆積する主な粒子は，れき・砂・泥のうちどれか答えなさい。
問4　次の文の空欄（①），（②）に適する語句を，それぞれ答えなさい。

砂でできた地層Aに含まれていたビカリアは，地球上の広い範囲に生息し，（　①　）だけに生息していた生物である。したがって，ビカリアの化石が発見された地層Aは，（　①　）に堆積したと考えられる。ビカリアの化石のように，地層の堆積した年代を決めるのに役立つ化石を（　②　）という。

問5　地層Bのように火山灰をふくむ地層は，離れた地域の地層の関係や，年代を調べるために利用される。このような地層を何というか答えなさい。
問6　地層Bのような，火山灰が堆積してできた堆積岩を何というか答えなさい。
問7　地層Dのような，$\frac{1}{16}$㎜以下の小さな粒からなる堆積岩を何というか答えなさい。
問8　図2は地層Eの火成岩を，ルーペで観察しスケッチしたものである。図2に見られるような，火成岩のつくりを何というか答えなさい。

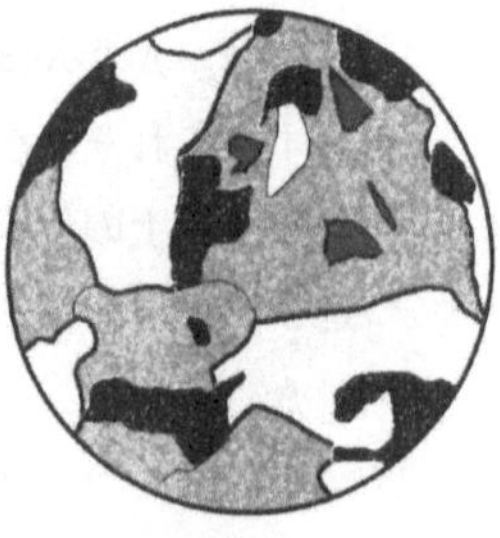
図2

問9　図2に見られるようなつくりの火成岩ができる場所と，その火成岩ができるときのマグマの冷え方を正しく表したものはどれか。最も適当な組み合わせを(ア)～(エ)から1つ選び，記号で答えなさい。

	（ア）	（イ）	（ウ）	（エ）
場所	地表や地表に近いところ	地表や地表に近いところ	地下の深いところ	地下の深いところ
マグマの冷え方	ゆっくり冷える	急に冷える	ゆっくり冷える	急に冷える

問10　次の①～⑤の文は，環境の変化やできごとを表したものである。これらを用いて，図1の地層から読みとれることを古いものから順に並べた。最も適当なものを次のページの(ア)～(ク)から1つ選び，記号で答えなさい。
①　海岸から離れた深い海底であった。
②　河口近くの海水と淡水の混ざる場所だった。
③　すぐ近くで火山活動があった。

④　遠方で火山活動があった。

⑤　断層が形成された。

(ア)　③ → ① → ② → ④ → ⑤

(イ)　③ → ① → ② → ⑤ → ④

(ウ)　③ → ② → ① → ④ → ⑤

(エ)　③ → ② → ① → ⑤ → ④

(オ)　④ → ① → ② → ⑤ → ③

(カ)　④ → ① → ② → ③ → ⑤

(キ)　④ → ② → ① → ⑤ → ③

(ク)　④ → ② → ① → ③ → ⑤

【社　会】（40分）　＜満点：100点＞

［1］ 世界の環境問題，持続可能な開発，社会への取り組みについて，後の各問に答えなさい。

写真1

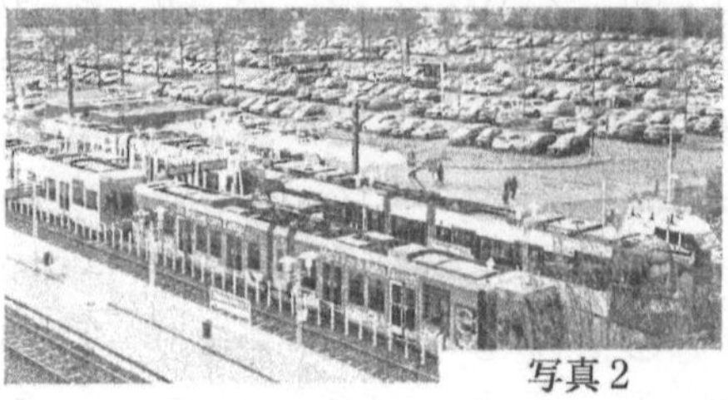
写真2

問1　写真1は再生可能エネルギーを利用した発電です。この発電を何といいますか。漢字2字で答えなさい。また，再生可能エネルギーに当てはまらないものを下の(ア)～(エ)の中から1つ選び，記号で答えなさい。

(ア)　原子力　　(イ)　地熱　　(ウ)　太陽光　　(エ)　バイオマス

問2　写真2は大きな駐車場を備えた鉄道駅の様子です。このように大気汚染や交通渋滞の対策として，最寄りの鉄道駅に駐車し，そこから列車などで通勤・通学する取り組みのことを何といいますか。カタカナ9字で答えなさい。

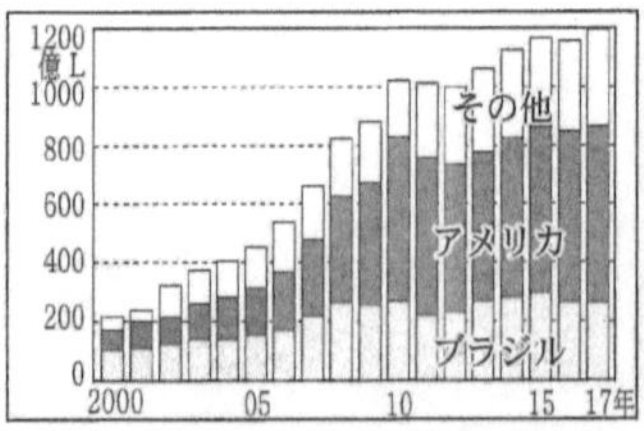

グラフ1　(OECD-FAO資料)

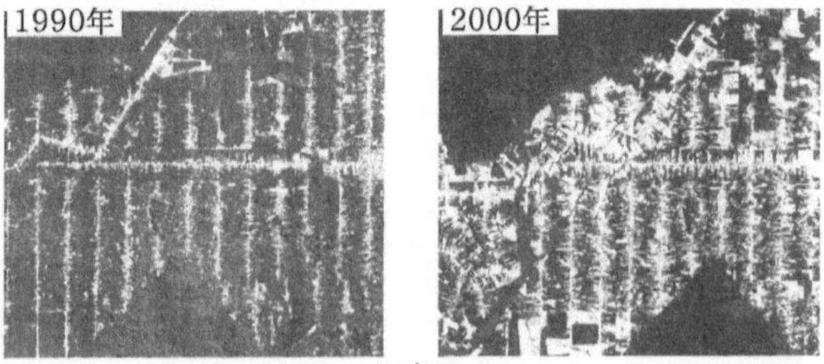

写真3

問3　グラフ1は世界のバイオエタノールの生産量の移り変わりを示したグラフです。グラフ中のアメリカとブラジルでつくられるバイオエタノールの主な原料の組み合わせとして正しいものを(ア)～(エ)の中から1つ選び，記号で答えなさい。

(ア)　アメリカ－バナナ　　　ブラジル－いも

(イ)　アメリカ－さとうきび　ブラジル－とうもろこし

(ウ)　アメリカ－いも　　　　ブラジル－バナナ

(エ)　アメリカ－とうもろこし　ブラジル－さとうきび

問4　写真3の2枚はアマゾン川流域の大規模な森林伐採を写したものです。南アメリカでは持続可能な開発を進めるためには「自然環境を守り，経済の発展と（ａ）させる」ことが求められています。（ａ）に入る語句を漢字2字で答えなさい。

問5　次のページの写真4を見比べると，北九州市の環境が大きく改善された様子がわかります。この背景には1967（昭和42）年に制定された法律が関係しています。この法律を何といいますか。漢字6字で答えなさい。

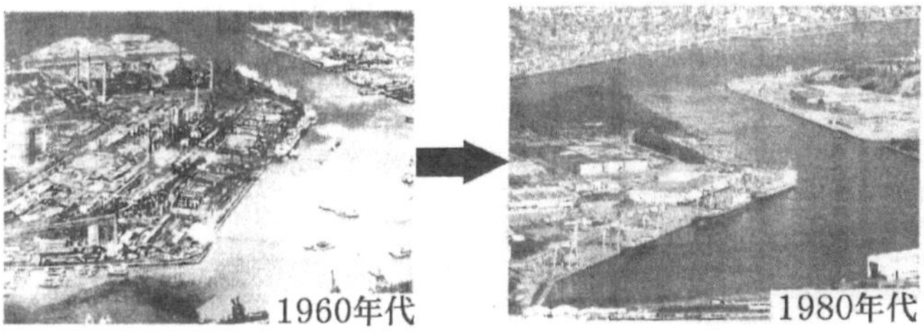

写真４

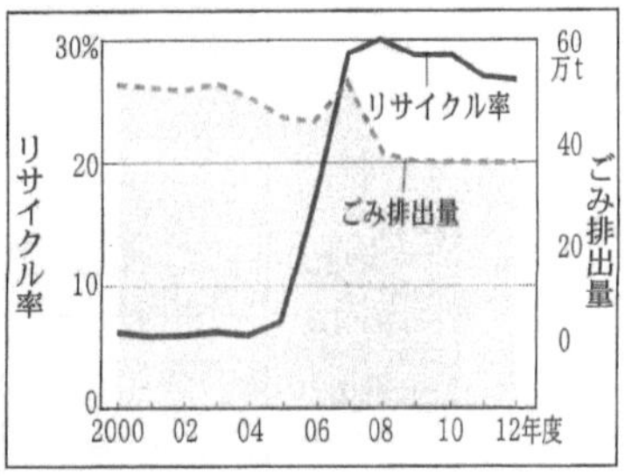

グラフ２（「一般廃棄物処理実態調査結果」平成24年度ほか）

問６　北九州市は廃棄物をリサイクルする工場や，大学や企業が環境について研究する施設が集まっています。このような地域を何といいますか。カタカナ５字で答えなさい。

問７　グラフ２は，北九州市のリサイクル率とごみ排出量の移り変わりのグラフです。グラフ２を見て，下の①・②に当てはまる語句の組み合わせとして正しいものを㋐～㋓の中から１つ選び，記号で答えなさい。

北九州市はリサイクル率の①にともない，ごみの排出量が②している

㋐　①減少 ②上昇　　㋑　①減少 ②減少

㋒　①上昇 ②上昇　　㋓　①上昇 ②減少

［２］　TG学園の社会の授業での先生と生徒の会話です。後の各問に答えなさい。

先　生：昨年の７月から９月にかけて政府から家庭や企業に対して節電をお願いするという意味で「節電要請」が出されましたね。

生徒Ａ：そうでしたね。「節電要請」が全国規模で出されるのは，2015年以来７年ぶりだったそうですよ。

生徒Ｂ：なぜ「節電要請」が出されたのですか。

先　生：それは電力需要がひっ迫していて，電力の安定供給が極めて厳しい状況にあったからですね。

生徒Ａ：電力需要がひっ迫する理由って何かな。

先　生：大きく分けると供給力不足，電力需要の増加，不安定な燃料調達などがありますね。

生徒Ｂ：日本の発電の中心は火力発電ですよね。相次ぐ火力発電の休廃止などで，電力の供給力が低下しているかもね。

生徒Ａ：またコロナ禍でリモートワークなど，おうち時間が増え，電気がより必要になったのもあるよね。

先　生：国際，社会情勢により，エネルギー資源の輸入が非常に厳しくなっているのもありますね。特に日本はエネルギー資源に乏しい国なので，エネルギー資源をほとんど他の国からの輸入に頼っているのが現状ですね。

問１　次のページのグラフは会話文中の火力発電の原料（燃料）となる鉱産資源の，日本の主な輸入相手国のグラフです。グラフ中の（ア）・（イ）に当てはまる国名を次のページの①～⑥の中からそれぞれ１つ選び，記号で答えなさい。

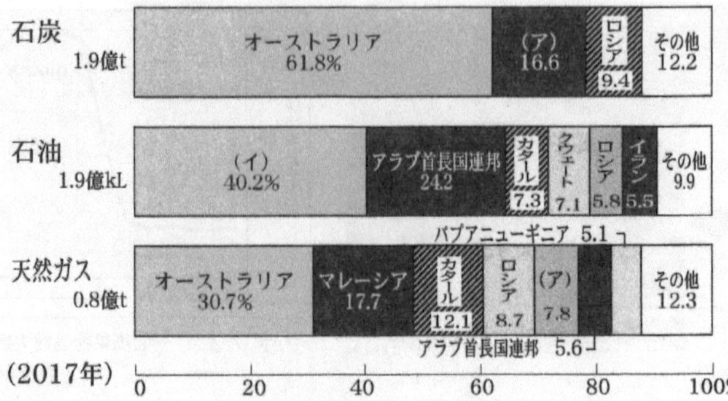

(財務省「貿易統計」)

①アメリカ
②サウジアラビア
③トルコ
④フランス
⑤インドネシア
⑥シンガポール

問２　下のグラフは「主な国のエネルギー①率」をあらわしたグラフです。①に当てはまる適語を漢字２字で答えなさい。

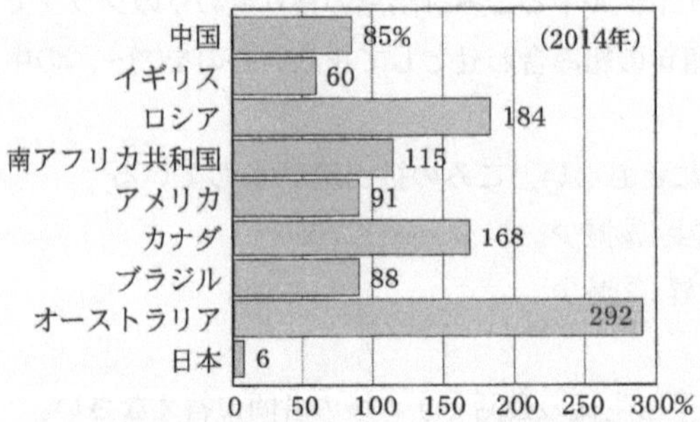

(国際エネルギー機関資料)

［３］　次の各問に答えなさい。

問１　マリエさんは古代文明についてまとめました。あとの(ア)〜(エ)のうち，古代文明について正しく説明した文を１つ選び，記号で答えなさい。また，正しく説明した文があてはまる地域を，地図中(a)〜(d)の中から１つ選び，記号で答えなさい。

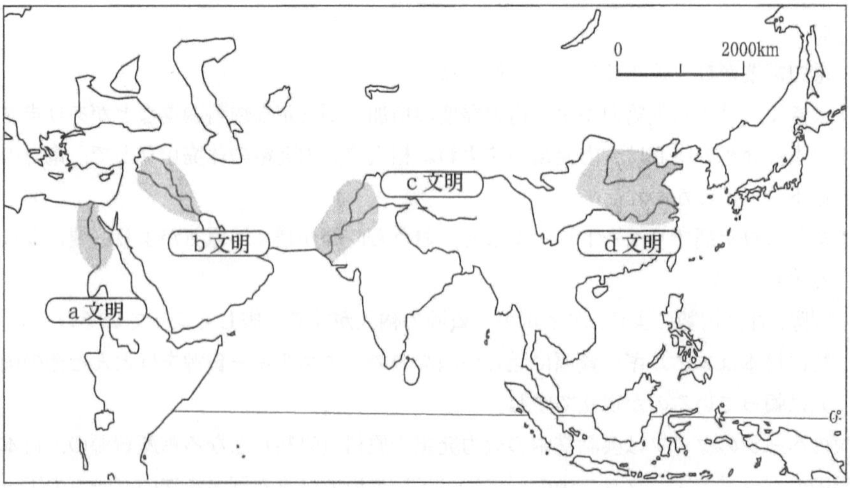

ーまとめー

(ア)　チグリス川流域に建つピラミッドは，古代のエジプトでの国王の権力を象徴しています。

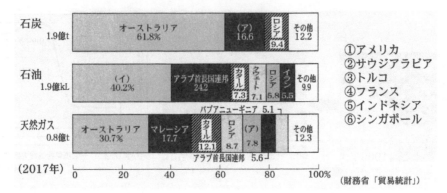

(イ) 中国を統一した殷の始皇帝の墓のそばで，約7,000体の兵馬俑が見つかった。

(ウ) 甲骨文字で粘土板に刻まれたハンムラビ法典から，メソポタミアの社会を知ることができる。

(エ) モヘンジョ・ダロの都市遺跡など，インダス川流域では道路など整備された都市が成立していた。

問２ サトシさんは，前のページの地図中(a)と(b)で示した地域で栄えた文明の共通する点についてまとめました。文中 [A] に適する語句を漢字１字で答えなさい。

－まとめ－

(a)と(b)で示した地域ではともに天文学が発達し，太陽や月をもとにした [A] が発達した。

問３ ヨシキさんは，歴史授業を通じて学んだ，歴史上の人物について，本人になったつもりでコメントをしてみました。(A)～(C)のコメントの人物として，適する人物名をそれぞれ答えなさい。

－コメント－

(A) わたしは，免罪符を買うと全ての罪が許されるという考えは間違っていると批判した。聖職者を特別な存在とは見なさず，聖書の教えこそがキリスト教の原点だと考え，ドイツで宗教改革を始めたよ。わたしの名前を，カタカナ３字で答えてください。

(B) わたしは，地球はまるいという説を信じてスペインの後援を受けて，航海をスタートさせました。残念ながら，わたしは帰り着くことはできませんでしたが，部下たちが世界一周を達成してくれました。わたしの名前を，カタカナ４字で答えてください。

(C) わたしは，大西洋を横断してアジアに向かう計画を立てました。スペインの支援を受けて，カリブ海の島に到達しました。わたしは，「インド」だと考えていましたが，その近くには，新しい大陸が広がっていました。わたしの名前を，カタカナ５字で答えてください。

問４ マサさんは，神奈川県への修学旅行の調べ学習として，総合的な学習の時間（歴史分野）に鎌倉幕府について調べ，レポートにまとめました。レポート中の [空欄] （A～G）に適する語句を [空欄] 内の指定字数に従い答えなさい。

鎌倉幕府の成立と [A（漢字2字）] 政治

鎌倉幕府のはじまり

平氏の滅亡後，源義経が源頼朝と対立すると，頼朝は，義経をとらえることを口実に朝廷に強くせまり，国ごとに軍事・警察を担当する B（漢字２字） を，荘園や公領ごとに現地を管理・支配する C（漢字２字） を置くことを認めさせました。こうして頼朝は，本格的な武士の政権である鎌倉幕府を開きました。これ以後，鎌倉に幕府が置かれた時代を鎌倉時代といいます。さらに頼朝は，義経が平泉の奥州藤原氏の下にのがれると，義経と奥州藤原氏も攻めほろぼし，東日本を支配下に置きました。

頼朝は征夷大将軍に任命されると，役所などの政治の仕組みを整備しました。将軍と配下の武士は主従関係によって結ばれ，将軍は，武士に対して，以前から所有していた領地を保護したり，新しい領地をあたえたりしました。一方，将軍に忠誠をちかった武士は D（漢字３字） と呼ばれ，京都の天皇の住まいや鎌倉の幕府を警備し，戦いが起こったときには命をかけて戦いました。

A（漢字２字） **政治**

頼朝の死後，幕府の実権は，有力な D をまとめた北条時政がにぎりました。北条氏は将軍の力を弱めて A という地位に就き，代々その地位を独占しました。幕府の政治は，鎌倉時代の半ばごろまで， A を中心とする有力な D の話し合いによって行われました。

朝廷の勢力を回復しようとしていた後鳥羽上皇は，朝廷に協力的だった第３代将軍源実朝が暗殺されると，幕府をたおそうと兵を挙げました。しかし幕府は大軍を送って上皇の軍を破りました。これを E（漢字２字） の乱といいます。後鳥羽上皇を隠岐に流し，京都に F（漢字５字） を置いて朝廷を監視しました。また，上皇に味方した貴族や西日本の武士の領地を取り上げ，その場所の C には東日本の武士を任命し，幕府の支配を固めました。

北条泰時は政治の判断の基準となる G（漢字５字） を定めました。 G は武士の社会で行われていた慣習に基づいていました。朝廷の律令とは別に独自の法を制定したことで武士は自信を持ち， G は武士の法律の見本になりました。

［４］ 次の資料を読んで，後の各問に答えなさい。

資料Ⅰ （A）・函館のほか，神奈川，長崎，新潟，兵庫を開港すること。…神奈川を開いた６か月後，（A）を閉ざすこと。　　（部分要約）

資料Ⅱ 一 広ク会議ヲ興シ万機公論ニ決スベシ
一 上下心ヲ一ニシテ盛ニ経綸ヲ行ウベシ （部分）

資料Ⅲ 私が思うには，祖先の神や歴代の天皇が国を始められたのは，はるか昔のことであり，徳を樹立することは深く厚いものである。（部分要約）

問１ 資料Ⅰについて，（A）にあてはまる場所はどこですか。漢字２字で答えなさい。

問２ 資料Ⅰについて，この条約は日本にとって不利な不平等条約です。どのような点が不平等でしたか。下記の空欄①・②に適する語句を漢字５字でそれぞれ答えなさい。

（ ① ）を認め，（ ② ）がない

問３ 資料Ⅱについて，この資料は明治新政府が新しい政治の方針として定めたものの一部です。①新政府の指導者で，土佐藩出身の人物を次のページの㋐～㋓の中から１つ選び，記号で答えなさい。②また，薩摩藩の位置をあとの地図中の(a)～(d)の中から１つ選び，記号で答えなさい。

㈠ 西郷隆盛　㈡ 木戸孝允　㈢ 板垣退助　㈣ 大隈重信

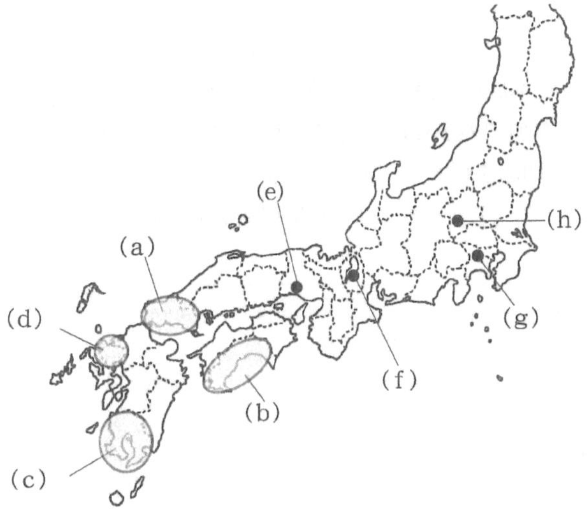

問４　明治新政府は殖産興業政策を進め，日本の輸出の中心であった生糸の増産，品質の向上を図るために富岡製糸場を造りました。富岡製糸場が置かれた場所はどこですか。上記の地図中の(e)～(h)の中から１つ選び，記号で答えなさい。

問５　前のページの資料Ⅲについて，この資料は教育勅語の一部を示したものです。教育勅語の発布と同じ時期に起きたできごとを次の㈠～㈣の中から１つ選び，記号で答えなさい。

㈠ 満20歳になった男子への兵役義務　㈡ 足尾銅山の鉱毒による公害問題
㈢ 女性差別からの解放を目指す女性運動　㈣ 普通選挙法の成立

［５］ 次の年表を見て，後の各問に答えなさい。

大正時代	ラジオ放送開始　…（A）
昭和時代	国際連合の成立　…（B） 日本放送協会の設立　…（C） サンフランシスコ平和条約の調印 アジア・アフリカ会議の開催　…（D） 日米間で国際テレビ放送
平成時代	第１回Ｇ２０サミットの開催

問１　（A）について，（A）によって国民に報道されたこととして正しいものを次の㈠～㈣の中から１つ選び，記号で答えなさい。

㈠ ロシア革命の終結　㈡ 関東大震災の発生
㈢ 米騒動の発生　㈣ 太平洋戦争の終結

問2　（B）について，国際連合の本部が置かれた都市を次の(ア)～(エ)の中から1つ選び，記号で答えなさい。

(ア)　ジュネーブ　　(イ)　ロンドン　　(ウ)　ニューヨーク　　(エ)　リオデジャネイロ

問3　（C）について，日本放送協会の略称を何といいますか。アルファベット3字で答えなさい。

問4　（D）について，参加国の多くは，発展途上国です。発展途上国と先進工業国との経済格差から起こるさまざまな問題を何といいますか。漢字4字で答えなさい。

問5　下記の資料について，（E）にあてはまる情報通信網を何といいますか。カタカナ7字で答えなさい。

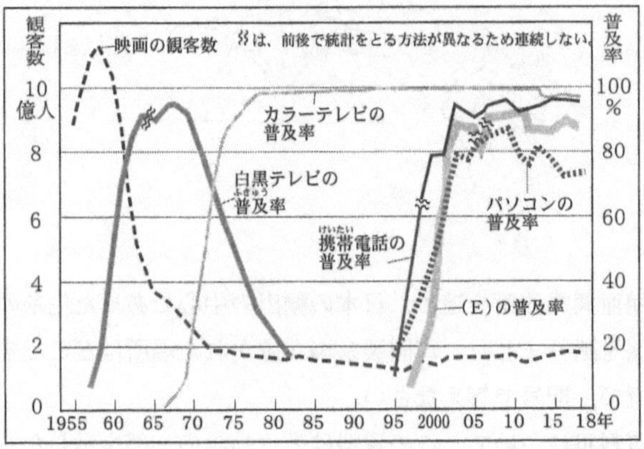

（内閣府資料ほか）

［6］　次のマーク（ロゴ）と文章を読んで，後の各問に答えなさい。

最近，メディアや企業，学校，その他各種団体での取り組みを通して，「（　A　）＝持続可能な開発目標」という言葉にふれることが増えました。これは，2015年に設定された目標で，2030年ま

でをその達成期限とする17個の項目の目標で，国際的な会議で決定されました。それらは，気候変動や貧困，紛争，人権など，地球上のさまざまな問題の解決をめざすもので，私たちの生活にも密接に関わってきます。さまざまな事業や活動によって，この目標に関係する内容は，まさにさまざまな人々や，立場，価値観など，「（　Ｂ　）性」に満ちている内容です。

問１　上の文章中の空欄（Ａ）を補うのに最も適する語句を，アルファベット４字で答えなさい。

問２　上の文章中の空欄（Ｂ）を補うのに最も適する語句を漢字２字で答えなさい。

問３　主に目標の７や12に関して，「温室効果ガス」について「カーボンニュートラル」という言葉があります。この言葉の意味を説明した次の各文のうち，最も正しいものを①～④の中から１つ選び，記号で答えなさい。

①温室効果ガスの排出量と吸収量を均衡させること

②温室効果ガスの排出量を増やすこと

③温室効果ガスの吸収量を減少させること

④温室効果ガスの排出量と吸収量を増やすこと

問４　主に目標の14に関して，日本製品も含まれているといわれる，海の魚がそれらを食べてしまい人体への影響も心配されている「ゴミ」のことを何といいますか。カタカナ６字で答えなさい。

問５　主に目標の２に関して，世界の国々や地域ごとの飢餓状況を表した図表のこと何といいますか。カタカナ４字で答えなさい。

問６　主に目標の１や10に関して，経済的な途上国に対して適正な貿易を行うことを何といいますか。次の①～④の言葉の中から，最も正しいものを１つ選び，記号で答えなさい。

①フェアトレード　②フリートレード　③フェアリートレード　④ファクトトレード

問７　主に目標の５に関して，その「平等」を達成しようとしている「ジェンダー」とは何のことをいいますか。次の①～④の言葉の中から最も正しいものを１つ選び，記号で答えなさい。

①社会的な性差　②歴史学的な性差　③生物学的な性差　④物理学的な性差

問８　主に目標の10に関して，少数民族や障がいを抱える人など，「社会的少数者」のことを何といいますか。次の①～④の言葉の中から最も正しいものを１つ選び，記号で答えなさい。

①マイノリティー　②マジョリティー　③ナショナリティー　④シンシアリティー

問９　主に目標の11に関して，自然災害に備えて自分が住んでいる地域の状況や避難経路などを記して作成する地図を何といいますか。カタカナ４字で答えなさい。

問10　主に目標の８に関して，働きがいのある人間らしい生活で，健康で文化的な最低限度の生活を保障する権利を，日本国憲法第25条では何といいますか。漢字２字で答えなさい。

問11　主に目標の４に関して，近年の高齢社会などにおいて重視されている学習の姿勢やその内容を何といいますか。漢字２字で答えなさい。

問12　主に目標の16に関して，2022年２月にロシアが侵攻して戦争状態となったヨーロッパの国名を何といいますか。カタカナ５字で答えなさい。

問13　「持続可能な開発目標」に関して，あなたが現在取り組んでいる活動，または過去に取り組んだことのある活動，あるいは，近い将来に取り組もうとしている活動について，具体的内容をもとにして，**40字以上50字以内**で書きなさい。

※注意　**横書き**で左上のマス目から**マスを空けず**に，書き始めて下さい。**句読点も１字**とします。

【四】 次の古文を読み、後の問いに答えなさい。

注1赤舌日《しゃくぜつにち》といふ事、注2ア陰陽道《おんやうだう》には注3沙汰《さた》なき事なり。昔の人これを忌まず。このごろ、何者の言ひ出でて忌み始めけるにか、この日ある事、注4末通らずといひて、その日言ひたりしこと、したりしこと、かなはず、得たりし物は失ひつ、企てたりし事成らずといふ、愚かなり。吉日を撰《えら》ひてなしたるわざの、末通らぬを数へて見んも、また、等しかるべし。

①そのゆゑは、注5無常変易《へんやく》の境、ありと見るものも存ぜず。始めある事も終りなし。志は遂げず。望みは絶えず。人の心不定なり。物皆注6幻化なり。何事か暫《しばら》くも注7住する。この理を知らざるなり。「吉日に悪をなすに、必ず凶なり。悪日に善を行ふに、必ず吉なり」といへり。吉凶は［X］によりて、日によらず。

（『徒然草』）

注 1 赤舌日……凶日の一つ　2 陰陽道……吉凶を占う学問
3 沙汰なき……問題にしない　4 末通らず……うまくいかない
5 無常変易の境……万物が無常で変化しやすいこの世界には
6 幻化……まぼろし　7 住する……そのままの状態でとどまる

問一　傍線部ア「陰陽道」の読みを、現代かなづかいに直しなさい。

問二　傍線部①「そのゆゑは」とあるが、何に関する「ゆゑ」なのか。該当するひと続きの二文を本文中から探し、最初と最後の五字を答えなさい。

問三　空欄Xに当てはまる適切な一語を、本文中から抜き出しなさい。

問四　この作品について、生徒達が次のように話し合いを行った。それぞれの発言のうち、明らかに誤った内容を含むものを一つ選び、記号で答えなさい。

ア　生徒A―作者の時代の人達は、本文にあるように赤舌日を理由に物事がうまくいかないことがあると信じていたようだね。

イ　生徒B―そうだね。ただ作者はそれを愚かなこととして否定しているよ。そもそも昔の人達は赤舌日を嫌っていなかったようだし。

ウ　生徒C―そうそう。作者は吉日を選んでも物事がうまくいかない日だって同じくらいあると書いているよ。

エ　生徒D―うん。それで作者は、万物が幻のようであるけれど、中にはしばらくは同じ姿のままのものもあるとも書いているよね。

オ　生徒E―だから、作者は最終的に吉凶が日によっては決まらないとして、赤舌日を否定しているんだね。

に、その事件をきっかけにあの時私はいつのまにか、知っている世界の外側にいた。

外は暗くて、風がごうごう吹いていて、星が［　Z　］またたいていた。

一瞬だけでも外に出てみたのが、この人生というかごの鳥に、結局はいつだって戻っていく私にとっていいことだったのかなあ?と思うことが、今でもある。

そして、いつだって答えはなぜか同じなのだ。

どこからともなく、くりかえし、子守唄みたいに私が生きていることを肯定するかのように。まるで春先にいっせいに草や木の芽が生えてきて、全部が黄緑色になるときみたいに勢いよくかつ柔らかく、その響きは聞こえてくる。

だから私は少し目を閉じて、不思議なりゆきで、外側から見てしまった自分の世界を肯定する。そして、④いつかの時に別れていった人たちのために祈りをささげる。

ほんとうは別のかたちでいっしょに過ごせたかもしれないのに、どうしてだかうまくいかなかった人たち。本当の父と母、昔の恋人、別れていった友達たち、もしかしたら、そこには山添さんとの縁も、含まれているかもしれない。

この世の中に、あの会いかたで出会ってしまったがゆえに、私とその人たちはどうやってもうまくいかなかった。

でもどこか遠くの、深い深い世界で、きっときれいな水辺のところで、私たちはほほえみあい、ただ優しくしあい、いい時間を過ごしているに違いない、そういうふうに思うのだ。

（よしもとばなな『デッドエンドの思い出』「おかあさーん」）

注1　災厄・・さいなん。わざわい。

問一　空欄Xに漢字一字を入れてことわざを完成しなさい。また、空欄Y、Zに入る最も適切な語を、それぞれ次の中から選び、記号で答えなさい。

ア　しっとりと　イ　ちかちかと　ウ　うっとりと
エ　ぱちぱちと　オ　じっとりと

問二　傍線部①「それからの私」とあるが、それ以前の「私」を比喩的に表現している箇所を、本文中から七字で抜き出しなさい。

問三　傍線部②「あの事件」とあるが、あの事件とは何か。本文中より八字で抜き出しなさい。

問四　傍線部③「ずっと微熱の続く風邪のようなもの」とあるが、この部分で用いられている表現技法を、次の中から一つ選び、記号で答えなさい。

ア　擬人法　イ　隠喩法　ウ　押韻
エ　倒置法　オ　直喩法

問五　傍線部④「いつかの時に別れていった人たち」とあるが、なぜ別れたと「私」は考えていますか。解答欄の「ため。」に続く形で本文中から二十字以上二十五字以内で抜き出しなさい。

問六　本文中には次の一文が脱落している。戻す時に最も適切な箇所を探し、その直後の五字を抜き出しなさい。

「よかったんだ」と優しい声がしてくる。

[三] 次の文章を読み、後の問いに答えなさい。

もうすぐ、おばあちゃんが起きてきて、お味噌汁の匂いがしてくるだろう。おじいちゃんは朝の体操をはじめるだろう。それまでひとねいりして、朝の光の中で目覚めよう、まるで毒を盛られたことでまとめて一回浮き上がってきたこれまでの体中の毒がその涙といっしょに抜けていったようで、私は腫れた目で、またうっとりと眠りに入っていった。

そして①それからの私はすっかり大丈夫になった。

長い目で見ればまだわからないし、問題のない人生はないだろうから、いつまたあんな動揺が自分の中をかけぬけていくのか、それはわからない。いつかまた体調が悪くなれば、またおかしくなることもあるのかもしれない。それでも、そんな不安が動き出すこともなく、日々は静かに流れて行った。

私は一ヵ月後に休暇を取り、今の家族で和やかに食事会をして、その翌朝ゆうちゃんといっしょに区役所に行き、入籍した。

そして新婚旅行でハワイに行って、黒く焼けてすっかり健康的になり、二キロほど太って帰ってきて、光子さんにおみやげを渡しながら、いっしょに社員食堂でランチを食べた。

仕事にも完全に復帰し「死にかけたのがきっかけでラブラブ度が増して新婚さんになった、災い転じて [X] になった」とみんなにからかわれながらも毎日忙しくしている。

なんで、②あの事件は起きたのだろうか、と私はよく思う。

今思うとあの日のことは全てがあっという間で、どうやっても止めることはできなかったように思う。

いつのまにか、魔法のようになりゆきが進んでしまった感じだった。

それで、終わってみても大変だったのかそうでなかったのか、おかしな夢を見ていたようで、なんだかよくわからないままだ。

もちろん後悔はした。

あの時、ほんの少し気をつけていれば、あの時、もしも違うものを選んでいたら。あと五分遅く、あの場所に行っていたなら、なにごともなかったのに。ただいつもの日々が続いていただけだったのにと。

人がたいていの注1災厄《さいやく》にそう思うように、なにごともなかった日々があんなにものどかでもいいものだったなんて私は思ってもいなかったのだ。

おかげで私は、中途半端に体の具合が悪くなるということがどれほどたちの悪いことか、身をもって思い知った。③ずっと微熱の続く風邪のようなもので、起きていられないわけでも、働けないわけでも、笑ったり泣いたりできないわけでもなかった。ただいつでも、だるくて、頭の中がしびれているような感じだった。だから、何をどうしたらいいなんて何も考えられなかった。ただ、頭がはっきりするまでをしのいでいただけだったのだということもわかった。

いずれにしても、私はいつだって、あまり過去を振り返ったりしないたちだったし、未来についてあれこれ思うくせもなかった。だから、自分の中に、そんなふうにさびしくよどんだ沼みたいなものが [Y] ひそんでいて、ふとしたきっかけで、ほんのちょっとだけでも表に出てくるだなんて、思ってもみなかった。

あの日々が、あの夢が、私の中の何かをさらけだし、変えたのだ。

ちょうど飼われている鳥が鳥かごからうっかり出てしまったみたい

三年ごとの調査結果は教育政策に大きな［　Z　］を及ぼしてきた。ゆとり教育転換の一つの契機は、読解力などが低下傾向にあったことだ。〇七年に再開された全国学力テストの出題はPISAを強く意識したものとなっている。

二二年度から本格実施される高校の新学習指導要領では国語を「論理国語」「文学国語」などに再編する。文学が片隅に追いやられるのではないかと文学界などから②懸念の声が上がっている。

調査では読書についても尋ねており、興味深い分析結果が出ている。雑誌以外では「読む」グループの方が「読まない」グループよりも得点が高く、最も得点差が大きいのは小説や物語などのフィクションだった。次いで新聞、漫画となっている。③「論理的」と仕分けされた文章だけが、読解力を育むとは限らないことを④示唆しているのではないか。

読解力は、多様な養分を吸収してゆっくり育つ木のような力なのだろう。読解力育成のため、社会や理科など国語以外の教科でも、文章のまとまりなどを意識した授業改革に取り組み始めた学校もある。調査の順位のためというよりは、子どもたちの未来を広げるために、学校や社会が豊かな養分を含んだ土壌でありたい。

（令和元年　十二月四日　中日新聞　社説「読解力育む土壌豊かに」）

問一　傍線部①「子どもたちの読書経験を豊かにすることを後押しするなど、腰を据えて取り組みたい」とあるが、解答欄の「だから。」に続くように、その理由を本文中から二十七字で抜き出しなさい。

問二　空欄X～Zに入る最も適切な語を、それぞれ次の中から選び、記号で答えなさい。

ア　影響　イ　不安　ウ　疑問　エ　根拠　オ　意欲

問三　空欄Ⅰに入る一文として、最も適切なものを、次の中から選び、記号で答えなさい。

ア　自らの可能性を広げ、社会に貢献するために他者を理解し思いやり、周りの人たちと協調する力。

イ　自らの可能性を広げ、国際社会に参加するために語学を学習し、自己を主張する力。

ウ　自らの可能性を広げ、社会に参加するために文章を理解して熟考し、考えを表現する力。

エ　自らの可能性を広げ、世界の経済の発展に協力するために海外へ渡り、経済問題を解決する力。

問四　傍線部②「懸念の声が上がっている」・傍線部④「示唆している」は、それぞれどのような時に使う言葉ですか。最も適切なものを、次の中から選び、それぞれ記号で答えなさい。

ア　他人の意見に反対する場合に使う言葉

イ　それとなく物事を教える時に使う言葉

ウ　相手に何とか理解してもらいたい時に使う言葉

エ　将来に希望や期待が持てる時に使う言葉

オ　自分の理論に自信がない時に使う言葉

カ　不安、気がかりが生じた時に使う言葉

問五　傍線部③「『論理的』と仕分けされた文章だけが、読解力を育むとは限らない」ことに対して筆者はどう考えていますか。解答欄の「だと考えている。」に続くように、本文中から十字以内で抜き出しなさい。

【国　語】（四〇分）〈満点：一〇〇点〉

字数を指示した解答については、句読点、かぎ（「　」）も一字に数えます。問題の作成上、表記を一部改めたところがあります。

【一】次の問いに答えなさい。

問一　次の（1）から（6）の傍線部について、漢字はひらがなにし、カタカナは漢字に改めなさい。

（1）横領するとは言語道断だ。

（2）朗らかな笑顔を見せる。

（3）田舎に引っ越す。

（4）本領をハッキする。

（5）オサナい弟がいる。

（6）事件のカクシンに触れる。

問二　次の文の傍線部と文法的性質が同じものを、後のアからオの中から一つ選び、記号で答えなさい。

彼女は立派な人だ。

ア　大きな事件が起こる。

イ　梅雨なのに晴れ続きだ。

ウ　川に一人で行くな。

エ　ゆかいな演劇を観る。

オ　泣きながら話す。

問三　次の言葉の傍線部と似た意味を持つ言葉を、後のアからオの中から一つ選び、記号で答えなさい。

典型的な症状

ア　特異　イ　代表　ウ　例外　エ　形骸　オ　抽象

問四　（1）森鷗外、（2）島崎藤村の小説を、後のアからクの中からそれぞれ選び、記号で答えなさい。

ア　古都　イ　夜明け前　ウ　それから　エ　地獄変

オ　細雪　カ　山椒大夫　キ　網走まで　ク　黒い雨

【二】次の文章を読み、後の問いに答えなさい。

世界の十五歳が参加した学習到達度調査（ＰＩＳＡ）で、日本の読解力は低下傾向であることが分かった。①子どもたちの読書経験を豊かにすることを後押しするなど、腰を据えて取り組みたい。

国際学力調査は経済協力開発機構（ＯＥＣＤ）が実施し、七十九カ国・地域の六十万人が参加。二〇一五年の前回調査に比べ、読解力の平均得点は十二点下がり、順位は八位から十五位に後退した。

読解力調査の「ラパヌイ島」と題する設問が公表されている。

ラパヌイ島（イースター島）で調査をしている教授はブログで、モアイ像が作られた当時にはあった大木が現在は生えていないことに［　Ｘ　］を示す。木の乱伐が原因とするジャレド・ダイアモンド氏の著書「文明崩壊」の書評、ネズミが種を食べたためとする科学者の反論を紹介する記事があわせて示される。生徒たちはそれら三つの文章を読み、大木が消滅した理由を［　Ｙ　］を挙げて説明することを求められる。

［　Ｉ　］それがＯＥＣＤが提示する読解力だ。

2023年度

解　答　と　解　説

《2023年度の配点は解答欄に掲載してあります。》

＜数学解答＞

[1]　(1)　-64　　(2)　$-15a^4b^2$　　(3)　$\dfrac{3x-19}{20}$　　(4)　$-2\sqrt{3}$

[2]　(1)　$x=9,\ -3$　　(2)　$\dfrac{1}{12}$　　(3)　$a=15$　　(4)　25

[3]　(1)　ア　$x+y$　　イ　$200x+250y+75$　　(2)　$x=9,\ y=6$

[4]　(1)　$b=5$　　(2)　$y=-2x+8$　　(3)　$(-1,\ -6)$　　(4)　35

[5]　(1)　50　　(2)　ア，イ，エ

[6]　(1)　$100\pi\,\mathrm{cm}^3$　　(2)　$90\pi\,\mathrm{cm}^2$

○推定配点○

[1]，[2]　各5点×8　　[3]　(1)　各3点×2　　(2)　6点(完答)

[4]～[6]　各6点×8　　計100点

＜数学解説＞

基本 [1]　(数・式の計算，平方根の計算)

(1)　$-2^4-3\times(-2)^4=-16-3\times16=-16-48=-64$

(2)　$6ab\div(-2b)\times5a^3b^2=-6ab\times\dfrac{1}{2b}\times5a^3b^2=-15a^4b^2$

(3)　$\dfrac{2x-1}{5}-\dfrac{x+3}{4}=\dfrac{4(2x-1)-5(x+3)}{20}=\dfrac{8x-4-5x-15}{20}=\dfrac{3x-19}{20}$

(4)　$\sqrt{27}-\sqrt{15}\times\sqrt{5}=3\sqrt{3}-5\sqrt{3}=-2\sqrt{3}$

[2]　(2次方程式，確率，平方数，式の値)

(1)　$(x-3)^2-36=0$　　$(x-3)^2=36$　　$x-3=\pm6$　　$x=3\pm6=9,\ -3$

(2)　2個のさいころの目の出かたは全部で，$6\times6=36$(通り)　　そのうち，目の和が10である場合は，$(4,\ 6)$，$(5,\ 5)$，$(6,\ 4)$の3通り　　よって，求める確率は，$\dfrac{3}{36}=\dfrac{1}{12}$

(3)　$540=2^2\times3^3\times5=2^2\times3^2\times3\times5$　　よって，求めるaの値は，$a=3\times5=15$

(4)　$xy+8x+3y+24=(x+3)(y+8)=(2+3)\times(-3+8)=5\times5=25$

[3]　(連立方程式の応用問題)

(1)　曲数から，$\underline{x+y}=15$　　3分20秒＝200秒，4分10秒＝250秒，56分15秒＝3375秒　　録音時間から，$200x+250y+5\times15=3375$，$\underline{200x+250y+75}=3375$

(2)　$x+y=15$…①　　$200x+250y=3375-75=3300$，$20x+25y=330$…②　　①×25－②から，$5x=45$，$x=9$　　①に$x=9$を代入して，$9+y=15$，$y=6$

[4]　(図形と関数・グラフの融合問題)

基本 (1)　①に$x=1$を代入すると，$y=\dfrac{6}{1}=6$　　よって，A$(1,\ 6)$　　②に点Aの座標を代入して，$6=1+b$　　$b=5$

(2)　①に$x=3$を代入すると，$y=\dfrac{6}{3}=2$　　よって，B$(3,\ 2)$　　直線ABの傾きは，$\dfrac{2-6}{3-1}=\dfrac{-4}{2}$

-2　直線ABの式を$y=-2x+c$として点Aの座標を代入すると，$6=-2\times1+c$　$c=8$　よって，直線ABの式は，$y=-2x+8$

(3)　直線AOの式は，$y=6x$…③　①と③からyを消去すると，$\frac{6}{x}=6x$　$6x^2=6$　$x^2=1$　$x=\pm1$　$x\neq1$から，$x=-1$　①に$x=-1$を代入して，$y=\frac{6}{-1}=-6$　よって，C$(-1,\ -6)$

重要　(4)　①と②からyを消去すると，$\frac{6}{x}=x+5$，$6=x(x+5)$，$x^2+5x-6=0$，$(x+6)(x-1)=0$　$x=-6,\ 1$　$x\neq1$から，$x=-6$　①に$x=-6$を代入して，$y=\frac{6}{-6}=-1$　よって，D$(-6,\ -1)$　点Dからx軸に平行な線をひき直線AOとの交点をEとする。③に$y=-1$を代入して，$-1=6x$，$x=-\frac{1}{6}$　よって，E$\left(-\frac{1}{6},\ -1\right)$　ED$=-\frac{1}{6}-(-6)=\frac{35}{6}$　△ACD＝△ADE＋△CDE$=\frac{1}{2}\times\frac{35}{6}\times\{6-(-1)\}+\frac{1}{2}\times\frac{35}{6}\times\{(-1)-(-6)\}=\frac{35}{12}\times(7+5)=\frac{35}{12}\times12=35$

[5]　(平面・空間図形の問題－角度，立方体の切断面の形)

(1)　一つの外角は$180°-172.8°=7.2°$　外角の和は360°だから，$360°\div7.2°=50$　よって，1つの内角が172.8°となるのは正50角形

(2)　(ア)　たとえば，右の図1のように，立方体を3点A，F，Cを通る面で切断すると，切り口は正三角形になる。　(イ)　立方体の面に平行な面で切断すると，切り口は正方形になる。　(ウ)　切り口が正五角形になることはない。　(エ)　たとえば，図2のように，立方体を6点P，Q，R，S，T，U(各点は各辺の中点)を通る面で切断すると正六角形になる。

図1
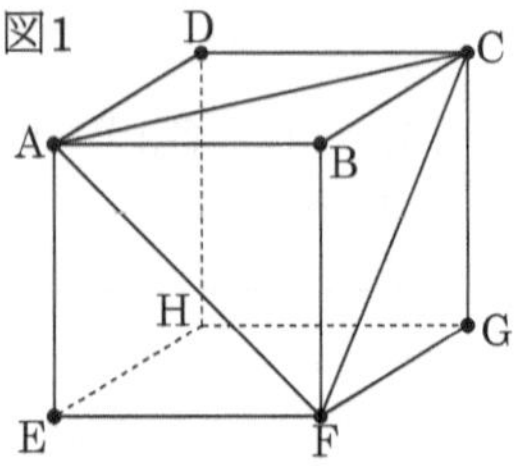

図2
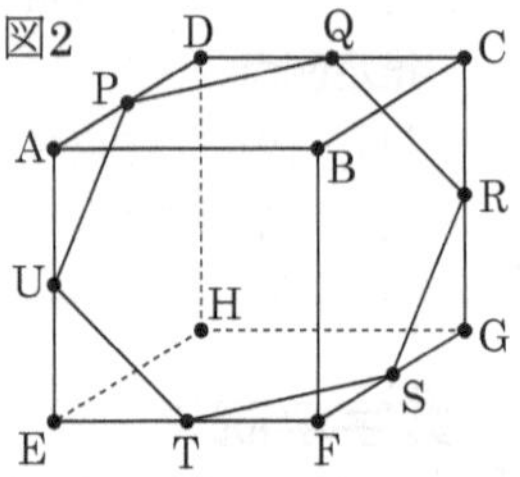

[6]　(空間図形の計量問題－円すいの体積，表面積)

基本　(1)　この円すいの体積は，$\frac{1}{3}\times\pi\times5^2\times12=100\pi\ (\mathrm{cm}^3)$

(2)　この円すいの側面積は，$\pi\times13^2\times\frac{2\pi\times5}{2\pi\times13}=65\pi$　底面積は，$\pi\times5^2=25\pi$　よって，求める表面積は，$65\pi+25\pi=90\pi\ (\mathrm{cm}^2)$

★ワンポイントアドバイス★

[5](2)で，立方体を切断してできる切断面は，平面では最高で6本の辺しか切れないので，六角形までとなる。五角形はできるが，正五角形はできないことを覚えておこう。

<英語解答>

〔1〕　1　イ，ウ，カ　2　イ　3　エ　4　(例)　(I want to join‘) Be a Guitarist (’ because) I want to play the guitar(.)　5　(1)　ninety　(2)　been [lived, stayed]

〔2〕　1　エ　2　エ

〔3〕　1　ア　climbing　イ　eaten　ウ　traditional　2　①　popular

② ride [get on]　③ area　④ west　3 (2番目) エ　(5番目) カ
4 ウ，オ　5 (例) Kakamigahara city is famous for its beautiful parks.
〔4〕 1 basketball　2 winter　3 volunteer　4 salad　5 piano
6 January
〔5〕 1 ウ　2 ア　3 カ　4 エ　5 イ
〔6〕 ① (h)otter　② (f)irst　③ (A)ugust　④ (b)orrow
⑤ (f)orward
〔7〕 1 ウ　2 エ　3 ア　4 イ　5 イ

○推定配点○
〔1〕 4 4点　他 各2点×7　〔2〕 各3点×2　〔3〕 5 4点　他 各3点×10(3完答)
〔4〕～〔7〕 各2点×21　計100点

＜英語解説＞

〔1〕 (会話文問題：内容吟味，語句補充)

ユキ　：来月は「SAKURA土曜スクール」がありますね。
エイミー：「SAKURA土曜スクール」って何？　土曜日に学校に行かなければいけないの？
ユキ　：数学や英語などの普通の授業はないの。その日には特別授業があるんだよ。先生だけじゃなくて，生徒やその保護者，さらには近隣の人々も授業を行って，「生徒」を教えることができるんだ。誰もが教師にも生徒にもなれるのね。もしかしたら，私たちの先生も生徒の一人になるかもしれないよ！
エイミー：それは面白そうね。どうしたら私は先生になれるの？
ユキ　：残念ながら，先生へのエントリーはもう締め切られてしまったのよ。生徒として授業を申し込むことはできるよ。
(ユキはスマホを取り出し，その画面をエイミーに見せる。)
これが「SAKURA土曜スクール」のホームページだよ。クラス，講師，時間，場所などの情報を確認できるよ。
エイミー：面白そうな授業がたくさんあるね，「エンジョイ・カラオケ」，「ギタリストになろう」，「J－POP が好き」,「男性用キッチン」，「初心者用ヨガ」，「世界の歴史」などね。ユキ，あなたは授業を受けるの？
ユキ　：うん。私は「子供用ヒップホップダンス」と「父母と一緒にキッズダンス」の2つの授業を受けるよ。私は子供が好きなので，たくさんの子供たちに私のクラスに参加してもらいたいな。あなたはどのクラスに興味がある？
エイミー：私がサクラ市に来て2ヶ月が経ったの。この町についてもっと知りたいので，サクラ市の歴史散策ツアーに興味があるわ。
ユキ　：それはいい。こっちもあなたに良いと思うよ。あなたは歌がとても上手なので，歌うことが好きな人と友達になることができるよ。100人を超える大グループで一緒に歌うのはとても楽しいわよ！
エイミー：それは良いアイデアね。私はそのクラスに参加するわ。教えてくれてありがとう。
ユキ　：どういたしまして。「SAKURA土曜スクール」を楽しみましょう！

SAKURA土曜スクール＠サクラ高校

2023年3月4日

予定時間

<table>
<tr><td>タイトル</td><td>場所</td><td>先生</td><td>生徒の年齢</td></tr>
<tr><td colspan="4">授業の情報</td></tr>
</table>

(1)　9:00―10:30

<table>
<tr><td>ギタリストになろう</td><td>音楽室</td><td>サイトウカズヨシ</td><td>15歳以上</td></tr>
<tr><td colspan="4">ギターを始めましょう！　このレッスンは初心者向けです。ギターの持ち方から始まり，指の使い方や基本的なギターコードを学びます。基本的なコードで簡単な曲を弾くことができます。自分のギターを持っている必要はありません。</td></tr>
</table>

(2)　9:00―10:30

<table>
<tr><td>子供用ヒップホップダンス</td><td>体育館</td><td>カワセユキ</td><td>5歳から10歳</td></tr>
<tr><td colspan="4">ダンスは好きですか？　音楽が好きですか？　音楽に合わせて踊ろう！　楽しく踊ってハッピーになろう！</td></tr>
</table>

(3)　9:00―12:30

<table>
<tr><td>サクラ市の歴史散策ツアー</td><td>正門</td><td>ヤノヒロシ</td><td>13歳以上</td></tr>
<tr><td colspan="4">サクラ市内の史跡を散策して訪ねます。サクラ大学のヤノ教授が市内をご案内します。サクラ市の歴史と文化を学びましょう。約2時間かけて歩き回ります。飲料水を持参し、歩くのに適した服装と靴を着用してください。</td></tr>
</table>

(4)　11:00―12:30

<table>
<tr><td>男性用キッチン</td><td>学校の調理室</td><td>オザワケイ</td><td>15歳以上の男性</td></tr>
<tr><td colspan="4">この料理教室は初心者向けです。このレッスンでは、基本的な料理のスキルとレシピを学びます。 レッスン後は，家族のために簡単で美味しく健康的な食事を準備できるようになります。ここで良い友達を見つけることもできます。</td></tr>
</table>

(5)　11:00―12:30

<table>
<tr><td>アジア現代史</td><td>教室1-C</td><td>ヤスダケント</td><td>13歳以上</td></tr>
<tr><td colspan="4">韓国や中国で作られたテレビドラマが人気です。日本は韓国や中国と長年にわたり強い関係を築いてきました。この授業では、韓国と中国に関する現代の文化と歴史について学び、話し合います。アジアの歴史を学ぶとドラマがもっと楽しくなります。</td></tr>
</table>

(6)　13:30―15:00

<table>
<tr><td>コーラスに参加しよう</td><td>音楽室</td><td>サクラ市コーラス</td><td>10歳以上</td></tr>
<tr><td colspan="4">サクラ市合唱団へようこそ。10歳から84歳までの100人以上のメンバーが一緒に歌を楽しんでいます。「SAKURA土曜スクール」では、ミニコンサートとデモレッスンを行っております。一緒に歌いましょう。</td></tr>
</table>

重要　1　ア「ユキとエイミーは毎週土曜日に通常の授業を受ける。」「SAKURA土曜スクール」は通常の授業ではないので，誤り。　イ「ユキの母親は『SAKURA土曜スクール』で学ぶことができる。」保護者も参加できると言っているので，答え。　ウ「ユキは『SAKURA土曜スクール』で子供たちにダンスのレッスンをする。」ユキはダンスの授業について，「子供たちに私のクラスに参加してもらいたい」と言っているので，答え。　エ「エイミーは『SAKURA土曜スクー

ル』の先生になる。」「先生へのエントリーはもう締め切られてしまった」と言っているので，誤り。　オ 「『ギタリストになろう』に参加すれば，あなたはプロのギタリストになれる。」 書かれていない内容なので，誤り。　カ 「中学生の場合は『子供用ヒップホップダンス』を受講することができない。」 対象年齢について5歳から10歳とあるので，答え。　キ 「『男性用キッチン』は9時に学校の調理室で始まる。」 11:00から始まるので，誤り。　ク 「『アジア現代史』の授業では韓国ドラマを鑑賞する。」 書かれていない内容なので，誤り。

2　エイミーはサクラ市について知りたいと思っているので，サクラ市について学ぶイが答え。

3　大勢で歌を歌う授業に参加すると言っているので，エが答え。

4　自分が参加したいと思う授業を選び，その理由を書く。できるだけ簡単な英文で書くようにするとミスを防げる。

5　(1) 「『ギタリストになろう』の授業は90分である。」 9:00—10:30と書かれている。　(2) 「エイミーは2ヶ月間サクラ市にいる。」「私がサクラ市に来て2ヶ月が経った」と言っている。

〔2〕 **(資料問題：語句補充)**

モモカの弟のケントはアオバ市交響楽団の団員です。彼らは先週コンサートをしました。ケントはモモカをコンサートに誘い，チケットを5枚プレゼントしました。モモカと彼女のクラスメイトのユカ，ソウタ，ハナ，ケンゴはコンサートに行きました。彼らはこうやって座りました。

(1)　彼らは全員，4，5，6番の3列の座席に座りました。

(2)　彼らのうち3人はB列に座りました。

(3)　他の2人はC列に座りました。

(4)　ケンゴはモモカとユカの間に座りました。

(5)　モモカはケンゴの左側に座りました。

(6)　ユカはソウタの前に座りました。

(7)　ハナの席と左側の通路の間には4席ありました。

上の(1)～(7)の内容から5人の席を判断する。B4はMomoka，B5はKengo，B6はYuka，C5はHana，C6はSotaである。

1　____はハナの前に座った。上記の内容からエが答えとわかる。

2　ソウタは____の席に座った。上記の内容からエが答えとわかる。

〔3〕 **(会話文問題：語形変化，語彙，語句整序，内容吟味，作文)**

マユ　：マイク，あなたはどこの出身なの？

マイク：ぼくはアメリカのコロラド州デンバー出身だよ。ロッキー山脈の南部にあるんだ。

マユ　：そこはどんな感じなの？

マイク：中規模の都市だよ。

マユ　：何で有名なの？

マイク：スキーなどのアウトドアスポーツで有名なんだ。

マユ　：観光客として私たちは何が見られて，何ができるのかな？

マイク：前にも言ったけど，アウトドアスポーツがとても①人気があるんだ。そこのスキー場が米国で最高だと信じている人もいるよ。また，自転車に②乗ったり，ア登山やハイキングを楽しむ人もたくさんいるよ。

マユ　：歴史について詳しく教えてください。

マイク：コロラドはもともと銀がとれる③地域だったんだ。多くの人が鉱業での仕事を求めて④西に移住したんだよ。その後，デンバーはカウボーイの街として有名になったよ。人々は自分の牛をイ食べてもらうために連れてきたんだ。

マユ　：【コロラドで一番好きな食べ物は何？】
マイク：コロラドのメキシコ料理が一番だと思うな。特にタマーレというトウモロコシの蒸し料理がおすすめだよ。とてもウ伝統的な食べ物なんだ。

1　<go +動名詞>は「～しに行く」という意味を表す。

2「人気のある」は popular ,「～に乗る」は ride か get on ,「地域」は area と表す。

3　並べ替えると What food do you like the best となる。<like A the best>で「Aを一番好む」という意味を表す。

4　ア「マイクは合衆国の大都市出身だ。」「中規模の都市だ」と言っているので，誤り。　イ「マイクの故郷はスノーボードのような屋外スポーツで有名だ。」スノーボードとは言っていないので，誤り。　ウ「かつて多くの人が鉱業での仕事を得るためにコロラドに移った。」マイクの5番目の発言の内容に合うので，答え。　エ「コロラドのスキー用斜面は合衆国で一番よい。」一番よいと言う人もいると言っているので，誤り。　オ「マイクはタマーレのようなコロラドのメキシコ料理は他の食べ物よりもよいと思う。」マイクの最後の発言の内容に合うので，答え。

5　本文の内容を参考にして，自分の市や町で有名なものについて書く。be from ~，be famous for ~，the best in ~，enjoy ~ing などの表現を用いるとよい。

〔4〕（語彙問題：名詞）

1「5人のプレイヤーからなる2チームのゲーム。コートの両端に高いネットがあって，選手たちは得点を獲得するために，相手チームのネットにボールを投げ込もうとする」

2「秋から春の間の一年で最も寒い季節」

3「強制や報酬を得ることなく，何かをすることを提案または同意する人」

4「他の食べ物と一緒に食べることが多い，通常は調理されていない野菜のミックス」

5「黒鍵と白鍵を押して演奏する大きな楽器」

基本　6「12月の後に来る年の最初の月」

〔5〕（会話文問題：語句補充）

女性：(1)お電話ありがとうございます。こちらはトミタカンパニーです。
男性：こんにちは，ギトーカンパニーのトーマス・ヘンドリーです。(2)山田さんをお願いします。
女性：わかりました。確認してみます。(3)少々お待ちください。
男性：わかりました。
女性：すみません。(4)彼は今ここにいません。でも彼は2時までに帰ってくる予定です。
男性：なるほど。(5)彼にメッセージを残してもいいですか？
女性：はい，もちろんです。
男性：2時過ぎにまた電話すると伝えてください。
女性：彼が戻ってきたら，必ずメッセージを伝えます。
男性：ありがとうございます。さようなら。
女性：ありがとうございます。さよなら。

オ「あなたはどうしていましたか？」

〔6〕（メール文問題：語句補充)）

差出人：アリス
宛先：さくら
件名：夏休みの計画

こんにちは，さくら。私はここ日本で楽しい時間を過ごしています。しかし，日本の夏はアメリカの夏よりも①暑いですね。

ところで，妹は夏休み中に私に会いに日本に来ます。彼女は日本に来たことがなく，今回が②初来日となります。彼女を良い場所に連れて行きたいのですが，私は日本のことをあまり知りません。私の妹は日本の食べ物とファッションに興味があります。何か良いアイデアはありますか？

差出人：さくら

宛先：アリス

件名：Re：夏休みの計画について

こんにちは，アリス。あなたの妹が日本に来るのですか？　それは素晴らしいですね！　彼女に会いたいです。

彼女はいつ日本に来ますか？　③8月15日に私の町で夏祭りがあります。夏祭りでは，おいしい日本の食べ物をたくさん食べたり，美しい花火を見たりすることができます。私と一緒にそこに行きませんか？　また，祖母は浴衣を何枚か持っているので，それを④借りることができます。日本の夏の装いを楽しむことができますよ。

一緒に夏祭りに行くのを⑤楽しみにしています！

① 直後に than があるので，比較級の文だと判断する。

② これまでに来たことがないとあるので，「初めての」とする。

③ 夏の時期についての話なので「8月」だとわかる。

重要 ④ borrow は「借りる」という意味の動詞。

⑤ <look forward to ~ ing>で「～を楽しみに待つ」という意味を表す。

［7］ リスニング問題解説省略。

★ワンポイントアドバイス★

［5］のイには Could I ～ を使った表現が使われている。同じ意味は Can I ～を使っても表せるが，can よりも could を用いた方がより丁寧な表現になることを覚えておこう。さらに丁寧にするときには文末に please を加えればよい。

＜理科解答＞

［1］ 問1 回路　問2 並列につないだ場合　問3 2(倍)　問4 0.125(W)
問5 電磁誘導　問6 ① 抵抗　② 交流　③ 周波数　④ 真空放電
問7 (イ)　問8 点滅する　問9 (ア)，(イ)

［2］ 問1 肺胞　問2 酸素と二酸化炭素を効率よく交換できる。　問3 CO_2，H_2O
問4 (ア)　問5 (1) 右心室　(2) 酸素が少なく，二酸化炭素が多い血液
問6 肺循環　問7 (1) 55(mL)　(2) 22.5(mL)

［3］ 問1 123(g)　問2 (エ)　問3 (イ)　問4 (ア)，(エ)　問5 $BaSO_4$
問6 (ウ)　問7 (ア)，(ウ)，(エ)　問8 3.1(g)　問9 (オ)

［4］ 問1 風化　問2 扇状地　問3 れき　問4 ① 新生代　② 示準化石
問5 かぎ層　問6 凝灰岩　問7 泥岩　問8 等粒状組織　問9 (ウ)
問10 (イ)

○推定配点○

［1］ 問4・問9 各4点×2　他 各2点×10　［2］ 問7 各4点×2　他 各2点×7
［3］ 問2・問3・問6・問9 各2点×4　他 各4点×5　［4］ 各2点×11　計100点

＜理科解説＞

[1]　(電力と熱，磁界とその変化－電力，電磁誘導，陰極線)

基本　問1・問2　図1は，抵抗R_1と抵抗R_2の並列回路であり，それぞれの抵抗を流れて合わさった電流が電源に流れる。

問3　並列回路では，各抵抗には，電源と同じ電圧がかかるので，100Ωの抵抗R_1の方には200Ωの抵抗R_2の2倍の電流が流れる。

問4　R_2が消費する電力は，R_1が消費する電力0.25Wの半分の0.125Wである。

基本　問5　コイルの近くで磁界が変化すると，コイルに電流が流れる。このような現象を電磁誘導といい，このとき回路に流れる電流を誘導電流という。

やや難　問6・問7　発電所からは，非常に高い電圧の交流電流が送電線を通して変電所に送られる。変電所では，さらに低い電圧に変えられてから，各家庭や工場などに送られる。

基本　問8　交流は，電流の向きが変わるので，発光ダイオードは点滅する。

重要　問9　陰極線はマイナスの電気を帯びた電子の流れである。したがって，陰極線は－極から＋極に向かって流れる。また，クルックス管の途中に別の電極をつなぐと，陰極線は＋極側に曲げられる。

[2]　(ヒトの体のしくみ－呼吸器官，血液循環)

重要　問1・問2　肺胞がたくさんあることで，肺の表面積が広くなり，酸素と二酸化炭素の交換を効率良く行うことができる。

重要　問3　全身の細胞では，養分と酸素が結びつき，二酸化炭素と水がつくられる。このとき，生きていくためのエネルギーがつくられる。また，このような働きのことを細胞の呼吸という。

問4　空気中に最も多く含まれている窒素は，吸気と呼気に含まれている割合がほとんど変わらない。一方，吸気に含まれている酸素の割合は，呼気では4～5%減り，二酸化炭素の割合は，呼気では4～5%増える。

問5　全身を流れた酸素が少なく二酸化炭素が多い血液は，大静脈から右心房に入った後，(オ)の右心室から(カ)の肺動脈に送られ，肺に入る。

問6　表2から，全身で消費される酸素量は，血液1Lあたり，195(mL)－140(mL)＝55(mL)である。

やや難　問7　1分間に酸素を99mL消費し，1分間の心拍数が80回なので，心臓から送り出されるある。血液は，心拍数1回あたり，$1(\mathrm{L})\times\dfrac{99(\mathrm{mL})}{55(\mathrm{mL})\times 80(\text{回})}=0.0225(\mathrm{L})=22.5(\mathrm{mL})$である。

[3]　(電気分解とイオン，酸とアルカリ・中和－ボルタ電池，硫酸と水酸化バリウムの中和)

問1　2gの食塩から生じる1.6%の食塩水は，$\dfrac{2(\mathrm{g})}{0.016}=125(\mathrm{g})$なので，加える水は，125(g)－2(g)＝123(g)である。

基本　問2　非電解質の砂糖は，水に溶けても分子のままであり，砂糖水は電流を流さない。

問3　亜鉛板が塩酸に溶けて亜鉛イオンになり，電極に電子を渡す。このとき，電子は亜鉛板から銅板に移動する。また，銅板の表面では，1個の水素イオンが1個の電子を受け取って，水素原子になり，水素原子が2個結びついて水素分子になる。このとき起きた変化は次のようになる。

亜鉛板(－極)：$Zn \rightarrow Zn^{2+}+2e^-$　　銅板(＋極)：$2H^++2e^- \rightarrow H_2$

やや難　問4　(ア)　燃料電池は，水素と酸素が化合するときの電気エネルギーを得ている。(正しい)

(イ)　ニッケル水素電池は，放電だけではなく，充電することができる二次電池である。

(ウ)　アルカリ乾電池は，放電しかできない一次電池である。　(エ)　二次電池の鉛蓄《なまりちく》電池は，自動車のバッテリーに使われている。(正しい)　(オ)　空気電池は二次電池である。

問5　硫酸に水酸化バリウム水溶液を加えると，白色の硫酸バリウムの沈殿が生じる。このとき起きた化学変化を化学反応式で表すと次のようになる。$H_2SO_4+Ba(OH)_2 \rightarrow BaSO_4+2H_2O$

問6　(ア)は水素，(イ)は窒素，(ウ)はアンモニア，(エ)は二酸化炭素，(オ)は酸素である。

問7　(ア)　酸素には助燃性がある。(正しい)　(イ)　二酸化炭素は空気よりも重い。　(ウ)　水素は空気よりも軽い。(正しい)　(エ)　陽極には塩素が発生する。(正しい)　(オ)　酸素は温室効果ガスではない。

問8　1.86gのマグネシウムから生じる酸化マグネシウムは，$1.86(g)\times\frac{5}{3}=3.1(g)$である。

問9　例えば，酸化銀を加熱すると，銀と酸素に分解する。このとき起きた化学変化を化学反応式で表すと次のようになる。$2Ag_2O \rightarrow 4Ag+O_2$

[4]　(地層と岩石－地層と岩石と化石)

基本　問1　地表にある岩石が，日光や温度変化などによってぼろぼろになる現象を風化という。

重要　問2・問3　川が山地から平野に出るところでは，流れがゆるやかになることで，粒が比較的大きいれきなどの土砂が扇形に堆積してできる地形を扇状地という。

重要　問4　巻貝のビカリアは，新生代に繁殖し絶滅した。

重要　問5・問6　火山灰を含む層が堆積してできた凝灰岩は，広い範囲に見られるので，離れた地域の地層の関係を調べることができる。このような層を鍵層《かぎそう》という。

問7　れき岩は粒が2mm以上であり，砂岩は粒が$\frac{1}{16}$mm～2mmであり，泥岩は粒が$\frac{1}{16}$mm以下である。

基本　問8・問9　図2の等粒状組織は，マグマが地下深くでゆっくり冷え固まってできた深成岩のつくりである。

問10　この場所は、地層E(③火山活動により火成岩ができた。)→地層D(①深い海で泥が堆積した。)→地層C(②河口付近の砂の層にシジミの化石が見られた。)→⑤断層ができた。→不整合面ができた。→地層A(砂の層にビカリアの化石が見られた。)→地層B(④火山灰が積もった。)→岩石A(砂の層にビカリアの化石が見られた。)の順に堆積した。

★ワンポイントアドバイス★

教科書に基づいた基本問題をしっかり練習しておこう。その上で，化学反応式やいろいろな分野の計算問題についてもしっかり練習しておこう。

<社会解答>

[1]　問1　風力発電，ア　問2　パークアンドライド　問3　エ　問4　両立[並立・併立・並存・調和]　問5　公害対策基本(法)　問6　エコタウン　問7　エ

[2]　問1　ア　⑤　イ　②　問2　自給

[3]　問1　エ，c　問2　暦　問3　A　ルター　B　マゼラン　C　コロンブス
問4　A　執権　B　守護　C　地頭　D　御家人　E　承久(の乱)
F　六波羅探題　G　御成敗式目

[4]　問1　下田　問2　①　領事裁判権　②　関税自主権　問3　①　ウ　②　C
問4　h　問5　イ

［5］ 問1 エ　問2 ウ　問3 NHK　問4 南北問題　問5 インターネット

［6］ 問1 SDGs　問2 多様　問3 ①　問4 プラスチックゴミ　問5 ハンガー(マップ)　問6 ①　問7 ①　問8 ①　問9 ハザード(マップ)　問10 生存(権)　問11 生涯(学習)　問12 ウクライナ　問13 環境にやさしい商品を購入したり，販売店ではレジ袋を断わり，マイバックを使用したりするなどの消費活動。

○推定配点○

［1］ 各2点×8　［2］ 問1 3点(完答)　問2 2点　［3］ 各2点×13

［4］ 各2点×7　［5］ 各2点×5　［6］ 問13 5点　他 各2点×12　計100点

＜社会解説＞

［1］ (地理・公民―エネルギー・環境問題など)

重要 問1 再生可能エネルギーとは自然の中で繰り返し起こる現象から取り出されるエネルギー。

問2 イギリスやドイツなどヨーロッパの都市を中心に総合交通政策として採用，日本でも大都市や観光地を中心に交通渋滞緩和対策などで検討されている。

問3 アメリカはトウモロコシ，ブラジルはサトウキビの生産が世界の約3分の1を占める。

問4 1992年の地球サミットでも途上国の開発と環境保護の調和がうたわれた。

問5 高度経済成長下，全国各地で発生した公害対策として制定された法律。1993年，地球環境問題などより広範な問題を見据えた環境基本法の制定に伴い廃止された。

問6 ゼロエミッション構想(廃棄物ゼロ)を地域振興の基本とし，北九州や水俣など市や都道府県単位で全国26の地域で承認，推進されている。

問7 3R(リデュース・リユース・リサイクル)の推進によりごみの排出量は減少しつつある。

［2］ (地理―日本の貿易・世界のエネルギー問題など)

やや難 問1 インドネシアはオーストラリアと並ぶ世界最大の石炭輸出国。

問2 資源に恵まれない日本のエネルギー自給率は極めて低い。それだけに太陽光や風力，地熱といった再生可能エネルギーの開発が急務となっている。

［3］ (日本と世界の歴史―古代～中世の政治・文化史)

問1 パキスタン南部，インダス川下流に位置するモヘンジョ・ダロは，大浴場や集会所などの公共施設も備えた計画都市の遺跡。始皇帝は秦，ハンムラビ法典は楔形《くさびがた》文字で刻まれた石柱。

問2 aのエジプト文明は太陽暦，bのメソポタミア文明は太陰暦。

問3 A ローマ教皇から破門されたが，彼の教えはドイツや北欧などに広まった。　B 自身はフィリピンで現地人との戦いで死亡した。　C 最後までアメリカ大陸をインドと信じていた。

重要 問4 A 政所と侍所の長官を兼務し北条氏が世襲。　B 源義経の捕縛《ほばく》を名目に国ごとに設置。　C 荘園や公領の現地支配者。　D 将軍と主従関係を結んだ武士。　E 幕府内の混乱と実朝の死を契機に発生した討幕計画。　F 執権・連署に次ぐ幕府の重職。　G 初めての武家法。

［4］ (日本の歴史―近代の政治・社会史など)

問1 日米和親条約で開港された伊豆半島南端の港で，アメリカの総領事館が設置された。

重要 問2 ① 外国人に日本の法が適用されない権利。　② 関税による国内産業の保護ができない。

問3 征韓論で西郷隆盛らと下野，自由民権運動の口火を切った。アは薩摩，イは長州，エは肥前。

問4 生産量は激減しているが現在も生糸の生産量は群馬県が全国の半分以上を占める。

問5 戦前の教育の基本となった教育勅語は1890年発布。足尾鉱毒事件は1890年代以降反対運動が激化し社会問題化。アは1873年，ウは明治末期～大正，エは1925年。

[5]　**(日本と世界の歴史・公民―近・現代の社会史・国際社会など)**

問1　ラジオ放送の開始は1925年。ソ連邦の成立は1922年，イは1923年，ウは1918年。

重要　問2　国連結成の中心となったアメリカのニューヨークに設置。ジュネーブはヨーロッパ本部。

問3　初のラジオ放送を行った東京放送局を母体に成立した唯一の公共放送事業体。

問4　途上国が南半球に集中していることからの命名。

問5　米軍で行われていた軍事目的の研究から発展した世界規模の通信ネットワーク。

[6]　**(公民―社会生活・憲法・国際社会など)**

問1　「誰一人取り残さない」という理念の下に定められた目標。

問2　ダイバーシティの訳語。年齢・性別・人種・宗教・趣味などさまざまな属性の人が集まった状態。

問3　温暖化の原因である温室効果ガスの排出を実質ゼロにする取り組み。

問4　とくに5mm以下のマイクロプラスチックは海の生態系に大きな影響を与えている。

やや難　問5　栄養不足の人口割合を国ごとに示したもの。世界には10億人近くも存在しているといわれる。

問6　公正取引。途上国の生産者や労働者の生活環境の改善をめざす考え方。

問7　「子育ては女性の役割」といった固定的な考え方を否定するもの。

問8　ヒスパニックが最大のマイノリティーなどと使用。②は多数者，③は国民性，④は誠実さ。

問9　災害予測地図。地震や洪水などの災害で想定される被害の種類や範囲などを予測。

問10　人間に値する生活を営む権利を国に求める社会権の中心となるもの。

問11　充実した生活を営むため，自己啓発や生活の向上を目指し生涯を通じて学習を進めること。

問12　肥沃なステップ地帯で小麦の大産地。1991年のソ連解体で独立。

問13　こまめな節電，ごみの分別など日々の生活の中でさまざまな取り組みが考えられる。

★ワンポイントアドバイス★

現代社会のさまざまな問題は分野を横断して出題されることが多い。毎日のニュースなどに関心を持つと同時に，自分で調べ知識を増やしておこう。

＜国語解答＞

[一]　問一　(1)　ごんご　(2)　ほが　(3)　いなか　(4)　発揮　(5)　幼
(6)　核心　問二　エ　問三　イ　問四　(1)　カ　(2)　イ

[二]　問一　読解力は，多様な養分を吸収してゆっくり育つ木のような力(だから。)
問二　X　ウ　Y　エ　Z　ア　問三　ウ　問四　②　カ　④　イ
問五　興味深い分析結果(だと考えている。)

[三]　問一　X　福　Y　オ　Z　イ　問二　飼われている鳥　問三　毒を盛られたこと
問四　オ　問五　この世の中に，あの会いかたで出会ってしまった(ため。)
問六　どこからと

[四]　問一　おんようどう　問二　このごろ，～愚かなり。　問三　人　問四　エ

○推定配点○

[一]　各2点×10　　[二]　問二・問四　各3点×5　　他　各5点×3

[三]　問一・問四　各3点×4　　他　各5点×4　　[四]　問一　3点　　他　各5点×3

計100点

＜国語解説＞

[一]　(知識問題－漢字の読み書き，品詞・用法，語句の意味，文学史)

問一　(1)　「言語道断(ごんごどうだん」は，言葉では言い表せないほどひどいこと。もってのほか，という意味。「言」を使った熟語はほかに「伝言」「無言」など。音読みはほかに「ゲン」。熟語は「言動」「言及」など。訓読みは「い(う)」「こと」。　(2)　「朗」の音読みは「ロウ」。熟語は「朗報」「明朗」など。　(3)　「田舎(いなか)」は，特別な読み方をする熟字訓。「田舎」は，都会からはなれて田や畑の多い所。または，ふるさと，生まれ故郷，という意味。　(4)　「揮」を使った熟語はほかに「揮発」「指揮」など。訓読みは「ふる(う)」。　(5)　「幼」の音読みは「ヨウ」。熟語は「幼少」「幼稚」など。　(6)　「核」を使った熟語はほかに「結核」「中核」など。

問二　「立派な」の「な」は，終止形が「立派だ」となる形容動詞の連体形の活用語尾。アの「大きな」の「な」は，連体詞の一部。イの「な」は，断定の助動詞「だ」の連体形。ウの「な」は，禁止を意味する終助詞。エの「な」は，終止形が「ゆかいだ」となる形容動詞の連体形の活用語尾。オの「な」は，接続助詞「ながら」の一部。

問三　「典型」は，同じようなものの中で，いちばんよくその特徴を表しているもの，という意味なので，似た意味の言葉としては，イの「代表」が適切。

問四　(1)　森鷗外の作品は，『山椒大夫』のほかに『舞姫』『雁』『渋江抽斉』など。　(2)　島崎藤村の作品は，『夜明け前』のほかに『破戒』，詩集『若菜集』など。『古都』は川端康成，『それから』は夏目漱石，『地獄変』は芥川龍之介，『細雪』は谷崎潤一郎，『網走まで』は志賀直哉，『黒い雨』は井伏鱒二の作品。

[二]　(論説文－文脈把握，内容吟味，脱文・脱語補充，語句の意味，要旨)

やや難　問一　同様のことは，最終段落に「読解力養成」と言い換えられており，直前に「読解力は，多様な養分を吸収してゆっくり育つ木のような力なのだろう」と，「読解力育成」の重要性が示されているので，解答欄に合わせて「読解力は，多様な養分を吸収してゆっくり育つ木のような力(だから。)」とする。

問二　X　直前の「モアイ像が作られた当時にはあった大木が現在は生えていない」につながる表現としては，「疑問(を示す)」とするのが適切。　Y　直前に「大木が消滅した理由」とあるので，「根拠(を挙げて説明する)」とするのが適切。　Z　直後の「及ぼしてきた」につながる語としては「影響」が適切。

問三　前の「ラパヌイ島(イースター島)で……生徒たちはそれら三つの文章を読み，大木が消滅した理由を……説明することが求められる」という内容を言い換えているので，「文章を理解し熟考し，考えを表現する力」とするウが適切。

問四　②　「懸念(けねん)」は，先のことがどうなるか気がかりで不安に思う，という意味なので，「気がかりが生じた時に使う」とするカが適切。　④　「示唆(しさ)」は，それとなく示す，という意味なので，「それとなく物事を教える時に使う」とするイが適切。

問五　同段落冒頭に「調査では読書についても尋ねており，興味深い分析結果が出ている」とあり，「興味深い分析結果」として，「『論理的』と仕分けされた文章だけが，読解力を育むとは限らない」

としているので，解答形式に合わせて「興味深い分析結果(だと考えている。)」とするのが適切。

[三] **(小説―脱文・脱語補充，ことわざ，文脈把握，内容吟味，指示語，表現技法，情景・心情)**

問一　X 「災い転じて福となす」は，災いにあっても，それを利用して自分に都合のいいようにことを運ぶこと。　Y　直前の「さびしくよどんだ沼のようなもの」を表現しているので，「じっとりと(ひそんでいて)」とするのが適切。　Z　直後に「またたいて」とある。(星が)またたく様子の表現としては，「ちかちかと」適切。

やや難 問二 「それ以前」については，「あの日々が……」以降に「あの日々が，あの夢が，私の中の何かをさらけだし，変えたのだ」「ちょうど飼われている鳥が鳥かごからうっかり出てしまったみたいに」と表現されているので，「飼われている鳥(7字)」が適切。

やや難 問三 「事件」については，冒頭の段落に「まるで毒を盛られたことでまとめて一回浮き上がってきたこれまでの体中の毒がその涙といっしょに抜けていったようで」と表現されているので「毒を盛られたこと(8字)」が適切。

問四　「風邪のようなもの」と，比喩であることを示す「ような」という語を用いて喩えているので，「直喩法」。中途半端に体調が悪いことを「微熱が続く風邪のような」と喩えているのである。

問五　「別れていった人たち」については，「ほんとうは……」で始まる段落に「ほんとうは別のかたちでいっしょに過ごせたかもしれないのに，どうしてだかうまくいかなかった人たち」とあり，続いて「この世の中に，あの会いかたで出会ってしまったがゆえに，私とその人たちはどうやってもうまくいかなかった」と，別れた理由が示されているので，解答欄に合わせて「この世の中に，あの会いかたで出会ってしまった(ため。)」とする。「ゆえ」が「理由」という意味であることにも着目する。

問六　「そして，いつでだって答えはなぜか同じなのだ」とあり，その答えが，脱落文の「『よったんだ』」にあてはまるので，直後の5字の「どこからと」を抜き出す。

[四] **(古文―仮名遣い，文脈把握，脱語補充，口語訳，大意)**

〈口語訳〉　赤舌日ということは，陰陽道では問題にしないものである。昔の人はこの日を忌まなかった。ちかごろ，何者かが言い出して忌みはじめたのであろうか，この日にすることはうまくいかないと説いて，この日に言ったこと，したことは，目的を達せず，得たものを失い，企てたことも成功しない，というのは，愚かなことである。吉日を選んでしたことでうまくいかないことを数えてみたって，また同じことであろう。

その理由は，万物が無常で変化しやすいこの世界には，目前にあると思うものは実は存在せず，始めあることも終わりがない。志はとげず，欲望は不断に起こる。人の心は不定である。物もみな，幻のように変化する。何一つ，しばらくでもとどまっているものがあろうか。この道理がわからないのである。「吉日にも悪事をしたら，必ず凶運である。悪日に善事を行うのは，必ず吉である」とか言われている。吉凶は人によって定まるもので，日にちに関係するものではない。

問一　「やう」は「よー」と発音し，現代仮名遣いでは「よう」となる。「だう」は「どー」と発音し，現代仮名遣いでは「どう」となるので，「やう」は「よう」，「だう」は「どう」に直して「おんようどう」となる。

問二　前に「愚かなり」とあり，「そのゆゑ(理由)は」とつながる文脈なので，「愚かなり」を含む一続きの二文として，「このごろ，何者の言ひ出でて忌み始めけるにか，この日ある事，末通らずといひて，その日言ひたりしこと，したりしこと，かなはず，得たりし物は失ひつ，企てたりし事成らずといふ。愚かなり。」を抜き出す。

問三　後の「日」と対になることを押さえる。前に「人の心不定なり」とあり，「吉日」「悪日」という「日」ではなく，「人の心」による，とする文脈が読み取れるので，「人」が入る。

問四　エの「しばらくは同じ姿のままのものもある」は，本文に「物皆幻化なり。何事か暫らくも住する(何一つ，しばらくでもとどまっているものがあろうか)。」とあることと合致しない。

★ワンポイントアドバイス★

現代文の読解は，言い換え表現や指示内容を的確にすばやく探し出す練習をしよう！　古文は，基礎知識を固め，注釈を参照して口語訳できる力をつけよう！

2022年度

★★★★★★★★★★★★★★★★★★★★★★★★

入　試　問　題

2022年度

岐阜東高等学校入試問題

【数　学】（40分）　＜満点：100点＞

［1］ 次の計算をしなさい。

(1) $300-(-20+60)\div 0.2$　　(2) $32ab^3\times(-2ab)\div(-4b)^2$

(3) $\dfrac{7x-3y}{2}-(x-2y)$　　(4) $\dfrac{3}{\sqrt{2}}-\dfrac{5}{\sqrt{50}}+\sqrt{32}$

［2］ 次の問いに答えなさい。

(1) $a>b$，$ab<0$ のとき，常に負となるものを次の中からすべて選び，①～⑤の番号で答えなさい。

① $a+b$　② $-a-b$　③ $-(a-b)$　④ a　⑤ b

(2) 0，1，3，5，7の数が1つずつ書いてあるカードが5枚ある。この5枚のカードから3枚を選んで並べて3桁の整数を作るとき，5の倍数は全部で何個できるか答えなさい。

(3) $x=1+2\sqrt{5}$ のとき，式 x^2-x-6 の値を求めなさい。

(4) 3つの連続した正の奇数のうち，最も小さい数の2乗と中央の数の2乗の和は，最も大きい数を8倍した数より2大きい。最も大きい数を求めなさい。

［3］ 濃度が13%の食塩水と5%の食塩水を混ぜて，濃度が8%の食塩水を400g作るとき，次の問いに答えなさい。

(1) 濃度が13%の食塩水を x g，5%の食塩水を y gとして，次のような連立方程式を作った。ア，イに当てはまる式を求めなさい。

$$\begin{cases}\boxed{\quad ア \quad}=400\\ \boxed{\quad イ \quad}=3200\end{cases}$$

(2) 連立方程式を解いて，x と y を求めなさい。

［4］ 次の問いに答えなさい。ただし，円周率は π とする。

(1) 右の図1の三角形ABCについて，ABを5㎝，BCを3㎝とする。ℓ 軸を中心に1回転させてできる立体の体積を求めなさい。

図1

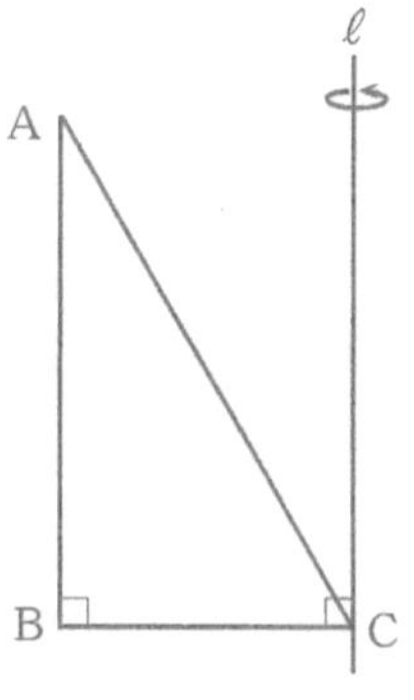

⑵　右の図２の円柱について，円の直径は５㎝，高さは６㎝とする。この円柱の表面積を求めなさい。

図２

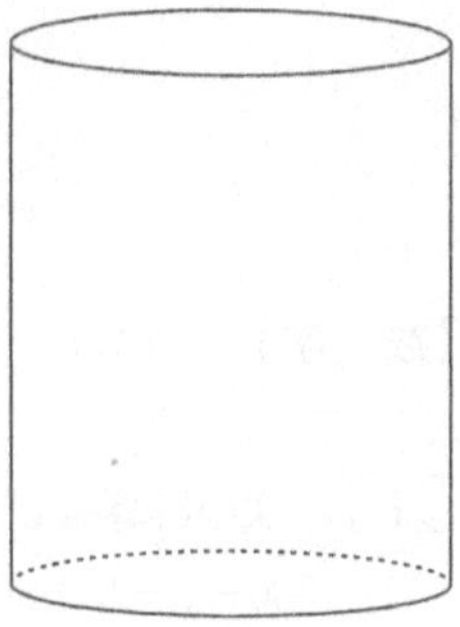

［５］　右の図において，４点A，B，C，Dは，点Oを中心とする円周上にあり，線分BDはこの円の直径である。BD＝６，∠ACD＝30°，∠CED＝100°とするとき，ADの長さと∠EAOの大きさを求めなさい。

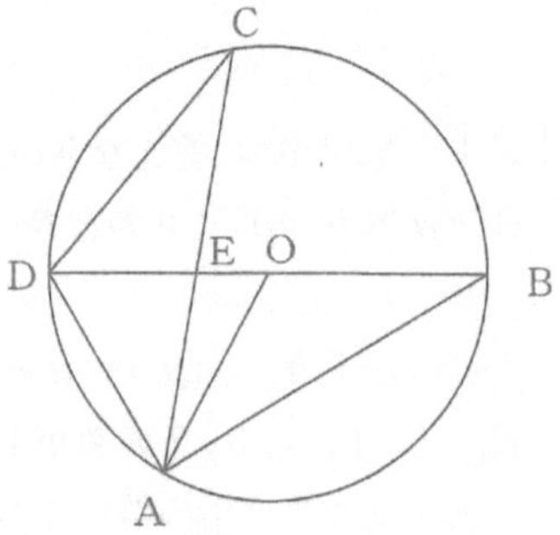

［６］　放物線$y=\frac{1}{2}x^2$がある。この放物線上にあって，x座標，y座標がともに正の整数である点のうち，x座標が小さいものから順に点A，点Bとする。また，原点を点Oとするとき，次の問いに答えなさい。

⑴　点Bの座標を求めなさい。

⑵　２点A，Bを通る直線の方程式を求めなさい。

⑶　△OABの面積を求めなさい。

⑷　x軸に平行な直線$y=c$（cは定数）によって，△OABの面積を２等分するとき，cの値を求めなさい。

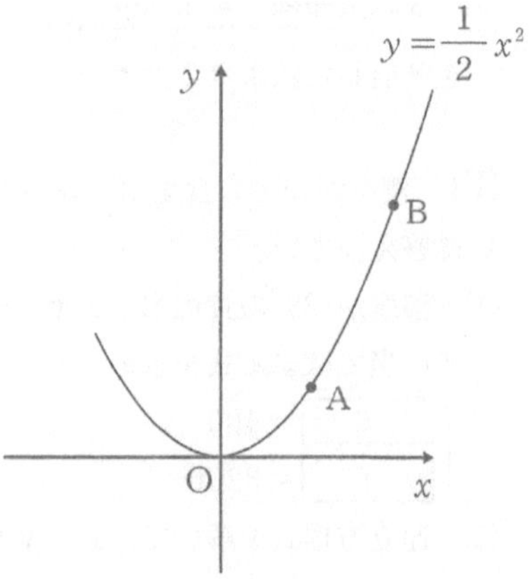

【英　語】（40分）　　＜満点：100点＞

〔1〕 KasumiとMarkが災害をテーマにしたプレゼンテーション（presentation）をします。以下の英文はその原稿です。英文を読んで，後の問いに答えなさい。

Kasumi

Look at picture 1. This picture was ①(take) in Nagano in October in 2019. This is a rail yard of Hokuriku Shinkansen. When the Chikuma River flooded, the water covered large parts of the city of Ueda and Nagano. A powerful typhoon, Hagibis, hit Japan and caused heavy rain, strong winds and severe flooding in the central and northern part of the country. ② At least two people were ア(　　), nine were missing, 86 were イ(　　) in 27 prefectures and ウ(　　)(　　) 6 million people across Japan were evacuated.

Typhoons hit Japan every year, so ③(for / is / it / necessary / us / to) be prepared for them. I live near the Nagara River, so I am scared of a flood. I check the evacuation map of my city and talk with my family about where to go, how to contact each other and what to carry with us in case of a disaster. We all must understand ④(should / how / protect / we) ourselves in a disaster.

Mark

Look at picture 2. ⑤ Bush fires (　　)(　　)(　　) for five months in Australia. The bush fire this year has been the ⑥(bad) in our country's history. Hot, dry weather makes wildfires worse. The wildfire has already burned about 69,000 km^2. That is over six times the size of Gifu prefecture. The bush fires have had a large impact on wildlife. Some animals, such as koalas have ⑦(lose) their food and habitat.

Australia is a major producer of greenhouse gases. They are a major cause of climate change. Some scientists say that climate change is just one of many factors causing the fires. Bush fires can also be caused by people. For example, someone don't put out campfire when they leave, and the fire spreads later on a hot, dry, windy day.

What can we do to save our beautiful forests and wildlife in Australia? ⑧ I (everyone / think / to / want) about this problem.

picture 1

picture 2

注） rail yard：車両基地　flood：洪水，氾濫する　cover：覆う　typhoon：台風
Hagibis：2019年の台風19号につけられた名前　hit：上陸する　cause：引き起こす，原因
central：中央の　at least：少なくとも　missing：行方不明の　prefecture：県
million：100万　be prepared：準備して　evacuation：避難　ourselves：私たち自身
disaster：災害　bush fire：森林火災　weather：天候
～ times the size of …：…の～倍の大きさ　impact：影響　habitat：生息地　major：主要な
producer：生産者　greenhouse gases：温室効果ガス　climate：気候　factor：要因
put out：～を消す

1．①，⑥，⑦の語を適切な形にしなさい。

2．下線部②は，台風の被害について述べています。次の日本語に合うように，ア～ウの（　）に入れる語を答えなさい。

「27の県で，少なくとも2人が亡くなり，9人が行方不明，86人が負傷しました。また，日本中で600万人以上の人が避難しました。」

3．下線部③，④，⑧の（　）内の語句を文の意味が通るように正しく並べ替えなさい。

4．内容を考えて，下線部⑤の（　）にそれぞれ1語ずつ適切な語を入れなさい。

5．次の英文が入る最も適切な箇所の，直前の3語を答えなさい。

They are in danger of extinction.

6．Kasumiのプレゼンテーションを聞いて，あなたは家族と話し合って何をしますか。次の英文に続けて4語以上10語以内で書きなさい。本文の語句を使ってもよい。

After Kasumi's presentation, I talked with my family and decided to ＿＿＿＿＿.

7．本文の内容に合うものを3つ選び，記号で答えなさい。

ア．Kasumi lives in Nagano city.
イ．Kasumi and her family talk about the place of the local shelter.
ウ．The area burned by bush fires is smaller than Gifu prefecture.
エ．Some animals in Australia are dying out because they lost their home.
オ．Bush fire is one reason for climate change.
カ．Bush fire often happens on a cold winter day.

〔2〕 美樹は友人のジミンとポトラック・パーティー（料理持ち寄りの食事会）を開く予定です。次の会話文を読んで，後の問いに答えなさい。

Miki : Hi, Ben! Jimin and I are going to have a party tomorrow night. Do you want to come?

Ben : That sounds nice. What should I bring?

Jimin : I'm going to bring some *chijimi*, Korean pancakes with *kimchi*.

Ben : I love those! I can't wait until tomorrow.

Miki : My dish is tofu salad. Tofu is good for our health.

Ben : That sounds delicious, too. This looks like an international potluck party. So I decided to bring an American-styled roast chicken. It's my family's favorite.

Miki : I see. Do you make it often?

Ben : Not really. I only make it on Christmas day. But I like cooking. I always make dinner on the weekends. Well, I'm going shopping for the party!

Jimin : I'm looking forward to this party! It's fun to try something new. See you tomorrow.

Ben : See you then.

注） Korean：韓国の　pancakes：パンケーキ　*kimchi*：キムチ　dish：料理，料理（の 1 品）
potluck：持ち寄り　American-styled：アメリカ式の　roast chicken：ローストチキン
Christmas：クリスマス

1．美樹とジミンとベンは，ポトラック・パーティーに何を持ってくることになったのか下の語群の中から選び，それぞれ記号で答えなさい。

ア．American pancakes　イ．Some *chijimi*　ウ．*Kimchi* salad
エ．Korean roast chicken　オ．American roast chicken
カ．Christmas cake　キ．Tofu salad

2．本文中のベンに関する記述で，正しいと思うものを選び，記号で答えなさい。

ア．ベンはチヂミを食べるのを明日まで待てないので，今夜食べることにした。
イ．ベンは豆腐が健康に良いと言った。
ウ．ベンは週末いつもローストチキンを作る。
エ．ベンは呼ばれたポトラック・パーティーが国際的なもののように感じた。

3．ベンの家族のお気に入りの料理が分かる一文を本文の中から探し，最初の 2 語を英語で答えなさい。

4．本文中の下線部を日本語に直しなさい。

5．本文に関して，次の英語の質問に英語で答えなさい。
What is Ben going to do after this conversation?

〔3〕 次の対話文を読み，空欄に当てはまる正しいものをア～エの中から選び，記号で答えなさい。

1．A：Last month, I went abroad for the first time.
B：(　　　　　　)
A：I went to America. It was amazing.
B：Sounds good!
ア．How was it?　イ．Where did you go?
ウ．How long did you stay?　エ．How did you go?

2．A：You look really tired.
B：Yes, I played tennis for a long time.
A：Would you like to drink water?
B：(　　　　　　) I don't have any drink.
ア．Yes, please.　イ．I don't need it.
ウ．It was fun.　エ．I'm hungry.

3．A：Hey, look at this picture.
B：Wow! It's really cool.
A：(　　　　) One of my friends sent me yesterday.
B：Nice!
ア．I think so, too.　　イ．I don't think so.
ウ．I took it.　　エ．I don't like it.

4．A：May I help you?
B：I want this T-shirt, but it's too big for me. Do you have a smaller size?
A：(　　　　)
B：I want S size.
ア．It looks good!
イ．What size do you want?
ウ．What color do you need?
エ．Sorry, we don't have that one.

5．A：Did you watch the movie on TV yesterday?
B：No, I didn't. Was it good?
A：It was amazing. You should watch it.
B：OK! (　　　　)
ア．I don't want to watch it.
イ．I'll try it.
ウ．I watched it.
エ．I don't have time to watch it.

〔4〕 次の英文の（ ）に入れるのに適切なものを，ア～エの中からそれぞれ１つずつ選び，記号で答えなさい。

1．I have lost my umbrella, so I must buy (　　).
ア．it　イ．one　ウ．the one　エ．the other

2．I want to buy this now, but I don't have any money with me. Can you (　　) tomorrow?
ア．lend me $30 by　イ．lend me $30 until
ウ．borrow me $30 by　エ．borrow me $30 until

3．We'll stay at home if it (　　) tomorrow.
ア．rain　イ．rains　ウ．will rain　エ．will be rained

4．I want to go to France (　　) how to make French food.
ア．to learn　イ．learn　ウ．learns　エ．learning

5．I have visited Hokkaido (　　) times with my family.
ア．one　イ．much　ウ．several　エ．long

〔5〕（　）内の語（句）を並べ替えて英文を完成させる時，（　）内で2番目と5番目に来る語（句）を数字で答えなさい。ただし，文頭に来る語（句）も小文字で表記してあります。

1．ケイトは映画を見ることに興味があります。
Kate (1. movies / 2. interested / 3. is / 4. watching / 5. in).

2．翔太（Shota）は私よりもテニスが上手です。
Shota (1. do / 2. I / 3. plays / 4. than / 5. tennis / 6. better).

3．駅へ行く道を教えてくれませんか。
Will (1. the / 2. to / 3. me / 4. way / 5. tell / 6. you) the station?

4．どんな種類の花が好きですか？
(1. flowers / 2. do / 3. kind / 4. like / 5. what / 6. you / 7. of)?

5．お父さんの車は故障しているよ。
(1. wrong / 2. there / 3. father's car / 4. something / 5. my / 6. is / 7. with).

〔6〕次の各組の英文がほぼ同じ意味になるように，（　）に適切な語を入れなさい。

1．I don't know anything about a new plan.
I know (　　) about a new plan.

2．I have never visited this art museum before.
This is my (　　) visit to this art museum.

3．What is the English name of this vegetable?
What is this vegetable (　　)(　　) English?

4．My father flies to Australia three times a year.
My father goes to Australia (　　)(　　) three times a year.

5．It is ten minutes' walk from here to my house.
It (　　) ten minutes (　　) walk from here to my house.

〔7〕Listening Test

英文と質問を聞いて，その答えとして適切なものを次のア～エの中からそれぞれ1つずつ選び，記号で答えなさい。なお，英文と質問は2回読まれます。

1．ア．Taro　イ．Ken　ウ．Ryo　エ．Takuya

2．ア．By bicycle　イ．On foot
ウ．By his mother's car　エ．By bus

3．ア．A pencil　イ．A soccer ball
ウ．A tennis racket　エ．A notebook

4．ア．Last Monday　イ．Last Tuesday
ウ．Last Wednesday　エ．Last Thursday

5．ア．4：45　イ．5：00　ウ．5：15　エ．5：30

〈リスニング　スクリプト〉

1．Takuya has three brothers, Taro, Ken and Ryo. Taro is smaller than Takuya.

Ken is the tallest. Ryo is as tall as Takuya.
Q: Who is the smallest?

2. Last Wednesday, Ken was going to go to school by bicycle, but on that day, it was raining. He asked his mother to take him to school by her car, but she couldn't. Finally, he decided to go to school by bus.
Q: How did the boy go to school last Wednesday?

3. Tomorrow is my brother's birthday, so I went shopping to buy his birthday present yesterday. At first, I was going to buy something to use for studying, but I changed my plan. My brother really likes to play soccer, so I decided to buy something to use for soccer.
Q: What did he buy for his brother's birthday present yesterday?

4. Last Monday, Mika was going to go to a famous restaurant for lunch, but she couldn't because it wasn't open. She was really sad, but she went there again three days later. It was open. She was really happy and it was really good! She wants to go there with her family next time.
Q: When did the woman go to a famous restaurant?

5. Ken and Tom are going to go to a concert this Saturday, and it starts at 6 p.m. and finishes at 9 p.m. They will take a bus there from the station and it will take 45 minutes. The bus leaves station every 15 minutes, and they need to arrive there 30 minutes before the concert starts.
Q: What time do they need to take a bus?

【理　科】（40分）　＜満点：100点＞

［１］　夏休みにトミ子さんは岐阜県郡上市へキャンプに行った。次の文はそこで見た生物について東君と話している内容をまとめたものである。それについて，次の問いに答えなさい。

東：「たくさん写真をとったんだね。シロツメクサがきれいだね。シロツメクサは種子植物で［①］葉類，そして花弁が１枚ずつ分かれている［②］花類だよね。」

トミ子：「植物が好きなの？シダ植物もたくさん生えていたよ。イヌワラビやゼンマイもたくさんあったよ。」

東：「それらは［③］でふえるからね。発芽するとハートの形をした［④］になるんだ。シダ植物は根・茎・葉の区別があり根から吸収した水や葉で作られた栄養分の通り道である［⑤］もあるんだ。」

トミ子：「くわしいね。ほかにもたくさんの植物があったよ。A背骨のない動物もたくさんいて，つかまえてきたBカブトムシを飼うことにしたんだよ。」

問１　文中の［①］～［⑤］に入る語句を漢字で答えなさい。ただし［⑤］は漢字３文字で答えなさい。

問２　「花びらやがくをもつ花をつける」,「種子でふえる」以外でユリとエンドウに共通している特徴は何か。７文字以上14文字以内で答えなさい。

問３　イヌワラビの［③］の顕微鏡写真を見て，［③］の直径を測ったら，５mmであった。顕微鏡により250倍で観察したときの写真である。実際の［③］の直径は何mmか。小数で答えなさい。

問４　下線部Aについて，背骨のない動物をまとめて何というか答えなさい。

問５　下線部Aについて，ミジンコと同じグループに入る生物を次の語群から２つ選んで答えなさい。

［語群］
マイマイ　ヒトデ　トカゲ　イモリ　アユ　ナマコ　ミミズ　ウニ　クモ
ゾウリムシ　ヤリイカ　クリオネ　イソギンチャク　サワガニ

問６　下線部Aについて，外とう膜という筋肉でできた膜にからだが包まれている動物のグループを何というか答えなさい。

問７　下線部Bについて答えなさい。

(1)　産卵の時期はいつごろか。次の(ア)～(オ)から１つ選び，記号で答えなさい。

(ア)　１～２月　(イ)　３～４月　(ウ)　５～６月　(エ)　８～９月　(オ)　11～12月

(2)　卵のあと幼虫になって，そのあと約９か月後何になるか答えなさい。

(3)　足は何本あるか答えなさい。

［２］Ⅰ　次のページの図の電池の実験についての会話文を読んで，あとの問いに答えなさい。

Aさん：「（　①　）電池を作ってしばらく光電池用モーターを回した後に，ⓐ両極の質量を調べたよ。」

Bさん：「この電池の水溶液の中には，反応にかかわらないイオンはなくてもよいのかな。」

Cさん：「それなら，硫酸亜鉛水溶液のかわりに（　②　）を使うと，…電流がとり出せるね。」
Aさん：「そうか，（　③　）の水溶液ならいいんだね。」
Cさん：「でも，塩化銅は（　③　）なのに，硫酸亜鉛水溶液のかわりに，塩化銅水溶液を使うと，…電流がとり出せないよ。」
先生　：「それはどうしてかな。」
Aさん：「（　④　）が溶け出して，塩化銅水溶液中の（　⑤　）イオンが（　⑥　）板のまわりに（　⑦　）の単体となって付着してしまうからだと思います。」
先生　：「そうですね。次に，亜鉛板と硫酸亜鉛水溶液，銅板と硫酸銅水溶液の組み合わせを，マグネシウムと硫酸マグネシウムの組み合わせに変えたらどうなるかな。」
Bさん：「亜鉛，銅，マグネシウムは（　⑧　）＞（　⑨　）＞（　⑩　）の順番でイオンになりやすいよね。」
Cさん：「だから，ダニエル電池の（　⑪　）のほうをマグネシウムと硫酸マグネシウム水溶液の組み合わせにかえると，電圧が大きくなるね。」
Aさん：「どうしてダニエル電池は銅と亜鉛の組み合わせなんだろう。」
先生　：「ダニエル電池を発明した当時は，マグネシウムの単体が発見されたばかりで手に入りにくかったために手に入りやすい亜鉛と銅を使ったのです。ⓑ現在使われている電池も性能と材料費のバランスを考えて何を材料に使うか決めているのです。」

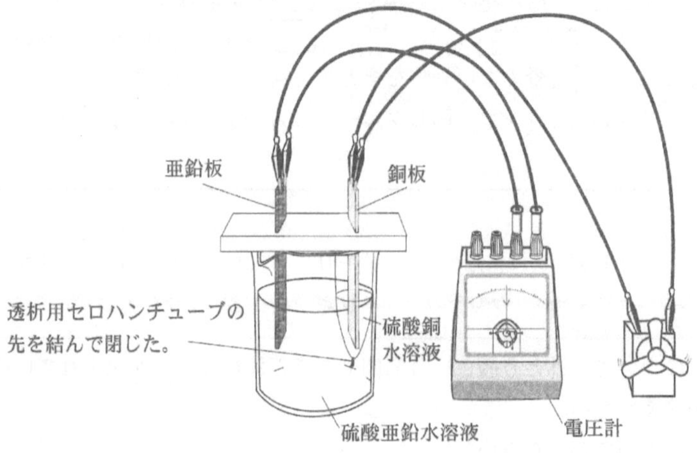

問1　(①) に適する電池の名称を答えなさい。

問2　下線部ⓐの亜鉛板の質量と銅板の質量はそれぞれどのように変化するか。(ア)～(ウ)から1つ選び，記号で答えなさい。

(ア)　増加した。　(イ)　減少した。　(ウ)　変わらない。

問3　(②) に入る水溶液として正しいものを(ア)～(エ)から1つ選び，記号で答えなさい。

(ア)　砂糖水　(イ)　食塩水　(ウ)　精製水　(エ)　エタノール

問4　(③) に適する語句を漢字で答えなさい。

問5　(④) ～ (⑦) には亜鉛または銅のどちらが入るかそれぞれ答えなさい。

問6　(⑧) ～ (⑩) は亜鉛か銅かマグネシウムのいずれか。元素記号で答えなさい。

問7　(⑪) に入るのは－極，＋極のどちらか答えなさい。

問 8　下線部ⓑについて，下記の(ア)～(オ)の電池の中から二次電池をすべて選び，記号で答えなさい。

(ア)　マンガン乾電池　　(イ)　リチウム電池　　(ウ)　鉛蓄電池

(エ)　リチウムイオン電池　　(オ)　空気電池

Ⅱ　次の反応を化学反応式で答えなさい。

問 9　硫酸と水酸化バリウム水溶液を混ぜて中和させると，白い沈殿ができた。

問10　炭酸水素ナトリウムと塩酸が反応して，気体が発生した。

問11　硝酸に水酸化カリウム水溶液を加えると，中和が起きた。

［3］　長さが10㎝のばねを使って，実験を行った。次の問いに答えなさい。ただし，糸やばねの質量は考慮せず，1㎏の物体にはたらく重力の大きさを10Nとする。

〔実験〕　図1のように，500gのおもりAをばねにつるし，ばねの長さを測定すると，15㎝であった。図2のようにおもりAをばねにつるし，床につけたままばねを垂直に引き上げ，ばねの長さを測定すると，14㎝であった。図3のようにおもりAをばねにつるし，なめらかな斜面上におき，ばねの長さを測定すると，13㎝であった。おもりAをおもりBに変えて，図1から図3のようにそれぞればねにつるした。図1のようにおもりBをつるすとばねの長さは14㎝であった。

図1　図2　図3

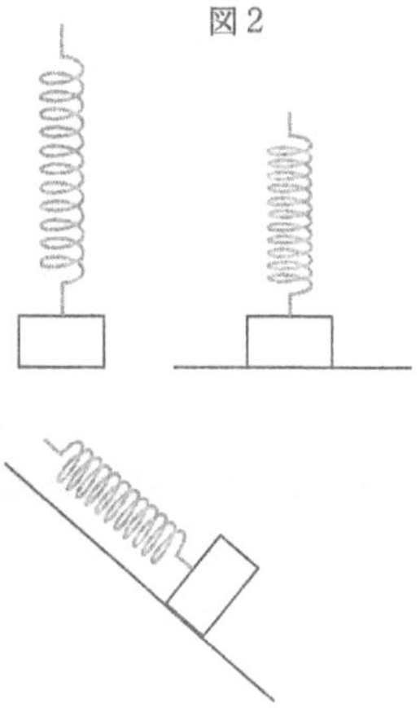

問 1　図1のとき，おもりAとBをつるしたばねを引く力はそれぞれ何Nか答えなさい。

問 2　図2のとき，おもりAにはたらく力の向きと大きさを模式的に表したものとして最も適切なものを，次の（ア）～（オ）から1つ選び，記号で答えなさい。

（ア）　（イ）　（ウ）　（エ）　（オ）

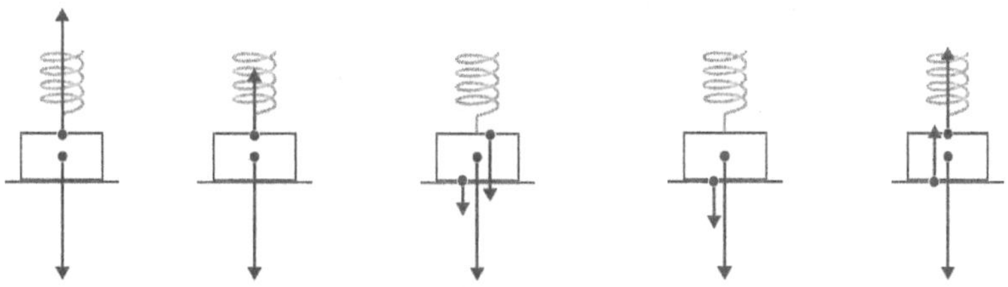

問 3　図2のとき，おもりAが床から受ける垂直抗力の大きさは何Nか答えなさい。

問 4　図3のとき，おもりAが斜面から受ける垂直抗力の大きさは何Nか答えなさい。

問 5　図3のとき，傾斜を大きくするとばねはどうなるか。最も適切なものを次の(ア)～(ウ)から1つ選び，記号で答えなさい。

(ア)　ばねの長さが短くなる。

(イ)　ばねの長さが長くなる。

(ウ)　ばねの長さは変化しない。

問 6　図2のとき，おもりBをつるしたばねを3Nの力で引くとばねの長さは何㎝になるか答えなさい。

問7　前のページの図1のようにして，急激にばねを引き上げるとばねが伸びる。このときのばねの伸びについて最も適切なものを次の(ア)～(ウ)から1つ選び，記号で答えなさい。

(ア)　同じ力で引き上げた場合，おもりAをつるしたばねの伸びは，おもりBをつるした場合に比べて長い。

(イ)　同じ力で引き上げた場合，おもりAをつるしたばねの伸びは，おもりBをつるした場合に比べて短い。

(ウ)　どちらも伸びに変化は見られない。

問8　前のページの図3のようにして，ばねの長さを変えずに斜面に沿って引き上げる。同じ速さで引き上げるとき，おもりを引き上げる力の仕事率について最も適切なものを次の(ア)～(ウ)から1つ選び，記号で答えなさい。

(ア)　仕事率が大きいのは，おもりAをつるしたときである。

(イ)　仕事率が大きいのは，おもりBをつるしたときである。

(ウ)　仕事率はどちらも同じである。

問9　図3のようにして，おもりBを高さ2mまで引き上げた。このときの，おもりを引き上げる力がした仕事は何Jか答えなさい。

〔4〕　ほぼ毎日のように，日本では地震が観測されている。地震は，ほとんどの場合地下で発生する。地震が発生した場所を震源といい，震源の真上の地点を震央という。次の問いに答えなさい。

問1　地震のゆれは，地下の岩盤がずれたときに発生する波が地表まで届いたものである。始めにX小さくこきざみなゆれが記録され，その後にY大きなゆれが記録される。小さくこきざみなゆれを伝える波をP波，大きなゆれを伝える波をS波という。

下の表1は，ある地震において，A～Cの地点で観測された記録をまとめたものである。このとき，S波の速度は4㎞/sであった。

表1

観測地点	震源からの距離〔km〕	下線部Xのゆれが始まった時間
A	40	10時30分55秒
B	104	10時31分03秒
C	168	10時31分11秒

①　下線部X，Yのゆれをそれぞれ何というか，名称を答えなさい。

②　下線部Xを伝えるP波を表しているのは図のア，イのどちらか。記号で答えなさい。

ア

イ

③　P波の速さは何㎞/sか答えなさい。

④　この地震が発生した時刻は，何時何分何秒か答えなさい。

⑤　B地点にS波が到着するのは，何時何分何秒か答えなさい。

⑥　C地点の初期微動継続時間は，何秒か答えなさい。

問２　地震のゆれの大きさは震度で表されるが，現在日本で使用されている震度は，何階級に分けられているか。

問３　次のような現象が，観測されたときの震度はいくつと考えられるか答えなさい。

屋内で静かにしている人の大半が，ゆれを感じる。歩いている人のなかには，ゆれを感じる人もいる。眠っている人の大半が目を覚ます。棚にある食器類が音を立てることがある。

問４　表２は2001年～2010年の10年間に日本及びその周辺で発生した地震のマグニチュードと回数をまとめたものである。マグニチュードは，値が１大きいと，エネルギーは約30倍になる。Ｍ５～７の地震によって放出されたエネルギーの量をＭ６の地震に換算するとＭ６の地震が１年に何回起こっていることになるか。小数第一位を四捨五入し，整数で答えなさい。

表２

マグニチュード	回　数
Ｍ５	652
Ｍ６	83
Ｍ７	12
Ｍ８	1

問５　次の文の①～⑤の空欄に適する語句を入れなさい。

日本で発生する地震は大きく海溝型地震と内陸型地震に分けられる。2011年に発生した東北地方太平洋沖地震は，大陸プレートである（　①　）プレートの下に，海洋プレートである（　②　）プレートが沈み込む（　③　）海溝で発生した海溝型地震である。この地震では海底の地形が急激に変化し，その上の海水が急激に持ち上げられ，（　④　）が発生し太平洋沿岸に大きな被害をもたらした。1891年に発生した濃尾地震はＭ８と推定される日本最大級の内陸型地震である。内陸型地震は（　⑤　）がずれることで発生する。（　⑤　）は，わかっているだけで日本列島に2000以上あり，過去の地震のくり返しの様子が記録されている。

【社　会】（40分）　＜満点：100点＞

［1］　ＴＧ学園の社会の授業での先生と生徒の会話です。後の各問に答えなさい。

先　生：昨年は日本で，コロナ禍で無観客でしたが，「東京オリンピック・パラリンピック」が開催されました。

生徒Ａ：東日本大震災からの復興を後押しする「復興五輪」を理念の１つに掲げていましたね。

生徒Ｂ：競技も東京以外で東北，北海道でも開催されました。

先　生：本当に各地で，たくさんの勇気や感動をもらいました。

生徒Ａ：東北地方には伝統的なお祭りや自然，美味しいものなどたくさんありますね。

生徒Ｂ：北海道にも自然，美味しいものなどたくさんありますよ。

先　生：それでは今日は，東北地方，北海道地方について勉強していきましょう。

地図Ⅰ

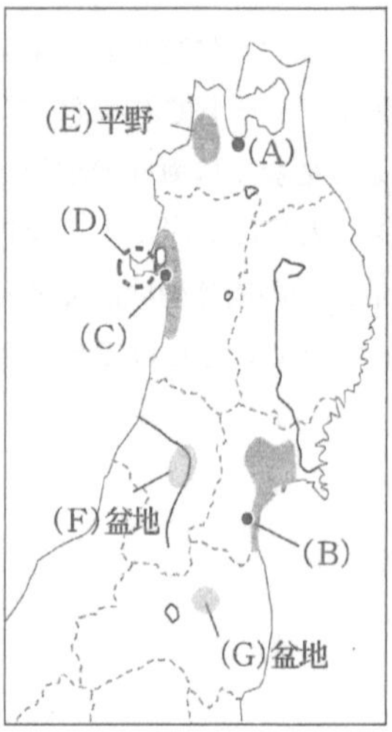

(あ)

(い)

(う)

(え)

地図Ⅱ

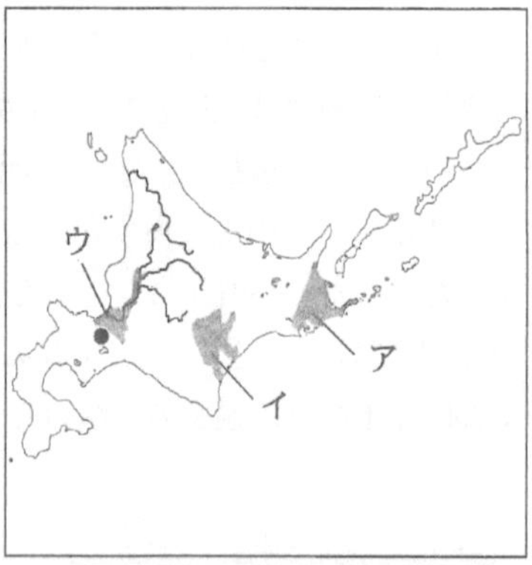

(お)

(2012年)
地図Ⅱ中の●市

問１　地図Ⅰ中の（Ａ）～（Ｃ）の都市で行われている祭りに，あてはまる祭りの写真を（あ）～（う）の中からそれぞれ選び，都市と祭りの組み合わせとして正しいものを次の①～③の中から１つ選び，記号で答えなさい。

①　（Ａ）－（あ）　（Ｂ）－（い）　（Ｃ）－（う）

②　（Ａ）－（い）　（Ｂ）－（う）　（Ｃ）－（あ）

③　（Ａ）－（う）　（Ｂ）－（あ）　（Ｃ）－（い）

問２　地図Ⅰ中の（Ｄ）では，写真（え）の伝統行事が行われています。この伝統行事は国の何という文化財に指定されていますか，漢字６字で答えなさい。

問３　地図Ⅰ中の（Ｅ）～（Ｇ）の平野や盆地で特に生産が盛んな果物の組み合わせとして正しいものを次のページの①～③の中から１つ選び，記号で答えなさい。

① （E）ーりんご　　　（F）ーさくらんぼ　（G）ーもも
② （E）ーもも　　　　（F）ーりんご　　　（G）ーさくらんぼ
③ （E）ーさくらんぼ　（F）ーもも　　　　（G）ーりんご

問4　写真（お）（前のページの地図Ⅱ中の●）は，北海道の中心都市（政令指定都市）で，人口は北海道の3分の1以上をしめ，明治時代は開拓の拠点として発展し，碁盤の目状に区画された都市が造られました。昨年，東京オリンピックでマラソンが実施されました。この都市名を漢字2字で答えなさい。

問5　次の⑴～⑶の農業地域についての文に当てはまるものを，地図Ⅱ中のア～ウの中からそれぞれ選び，その組み合わせとして正しいものを次の①～③の中から1つ選び，記号で答えなさい。
⑴　牧草などの飼料を生産しながら，乳牛を飼育する酪農が盛んである
⑵　日本最大の畑作地帯であり，酪農も盛んである
⑶　北海道の米の生産の中心地域であり，さらなる品種改良により，おいしい米作りに力を入れている

① ⑴ーア　⑵ーイ　⑶ーウ
② ⑴ーイ　⑵ーウ　⑶ーア
③ ⑴ーウ　⑵ーア　⑶ーイ

［2］　TG学園の社会の授業での先生と生徒の会話です。後の各問に答えなさい。

先　生：次回の夏季オリンピック・パラリンピックの開催地はフランスのパリですね。
生徒A：そうですね！ 2024年に開催されます。もうすぐですね。
生徒B：夏季オリンピックがパリで開催されるのは初めてではありませんが，夏季パラリンピックがパリで開催されるのは初めてだそうです。
先　生：マラソンが行われた北海道とフランスの南部やイタリア中部はほぼ同緯度といわれてますね。
生徒A：そうなんですね。冬は北海道のように寒さが厳しいんでしょうね。
生徒B：いや，そうでもなさそうよ。
先　生：それではヨーロッパについて勉強しましょう。

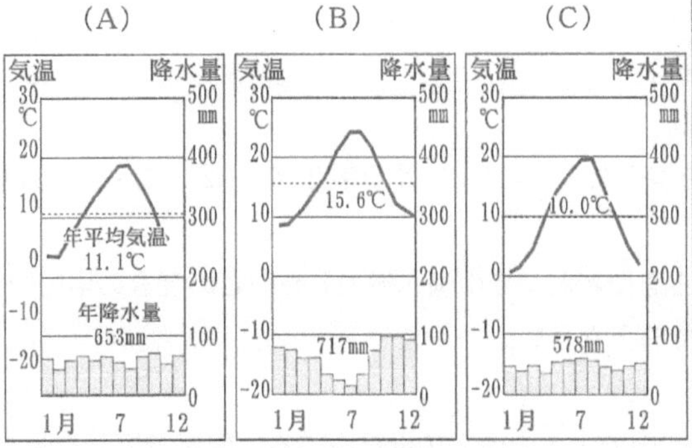

ヨーロッパ各地の気温と降水量
（「理科年表」平成26年ほか）

地図Ⅲ

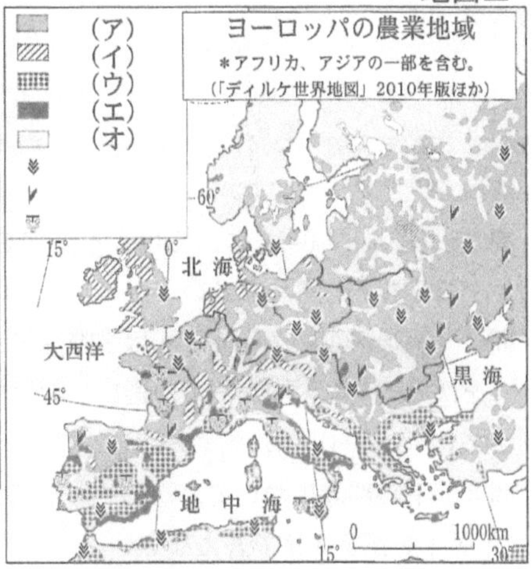

問１　フランスのパリの気温と降水量を示したグラフを，上記の（A）～（C）のグラフの中から１つ選び，記号で答えなさい。

問２　ヨーロッパの気候について，以下の文に続く説明として，正しいものを次の①～④の中から１つ選び，記号で答えなさい。

ヨーロッパは全体的に日本より高緯度ですが，大陸の東側に比べると，

①　気候は寒冷で，これは寒流の北大西洋海流と季節風が暑さを和らげているためです
②　気候は温暖で，これは暖流の南大西洋海流と偏西風が寒さを和らげているためです
③　気候は寒冷で，これは寒流の南大西洋海流と季節風が暑さを和らげているためです
④　気候は温暖で，これは暖流の北大西洋海流と偏西風が寒さを和らげているためです

問３　前のページの地図Ⅲを見て，次のA・Bに当てはまる地域を，（ア）～（オ）より１つずつ選び，記号で答えなさい。

【　A　混合農業　　　B　地中海式農業　】

問４　次のグラフは，フランスのある主要な農産物の，世界における生産量の割合を示したものです。この農産物を，漢字２字で答えなさい。

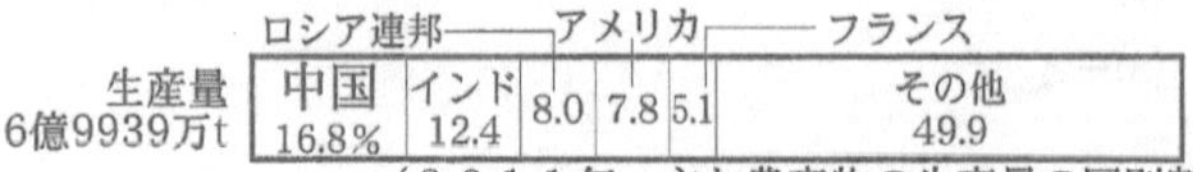

（２０１１年　主な農産物の生産量の国別割合（FAOSTAT))

［３］　次のA～Dの文を読んで，後の各問に答えなさい。

A	ⓐ聖徳太子が（　①　）となり、蘇我氏と協力しながら天皇を中心とする政治制度を整えた。飛鳥地方を中心に、日本で最初の仏教文化が栄えた。
B	聖武天皇が、仏教の力にたよって国家を守ろうと考え、国ごとに国分寺と国分尼寺を、都には（　②　）を建てた。
C	ⓑ桓武天皇は、新しい都で政治を立て直すために、都を平城京から（　③　）、平安京へ移した。鎌倉幕府が成立するまでの約４００年間を平安時代という。
D	９世紀になると、最澄と空海が仏教の新しい教えを日本へ伝えた。天台宗を伝えた最澄は比叡山にⓒ延暦寺を建て、（　④　）を伝えた空海は高野山にⓓ金剛峯寺を建てた。

問１　（①）～（④）にあてはまる語句を答えなさい。（①）は漢字２字，（②・③・④）は漢字３字でそれぞれ答えなさい。

問２　下線部ⓐについて，ⓐは小野妹子らを使者として中国へ派遣した。このときの中国の王朝名を次の(ア)～(エ)の中から１つ選び，記号で答えなさい。

(ア)　唐　　(イ)　隋　　(ウ)　宋　　(エ)　元

問３　下線部ⓑについて，次のページの図中の X は，10世紀中ごろ，関東で反乱を起こした。X を漢字３字で答えなさい。

問4　下線部ⓒ，ⓓについて，それぞれの寺のある場所の組み合わせとして正しいものを次の㋐～㋓の中から1つ選び，記号で答えなさい。

㋐　ⓒ－ウ　　ⓓ－ア

㋑　ⓒ－イ　　ⓓ－ウ

㋒　ⓒ－エ　　ⓓ－イ

㋓　ⓒ－ア　　ⓓ－エ

［4］　次の地図を見て，後の各問に答えなさい。

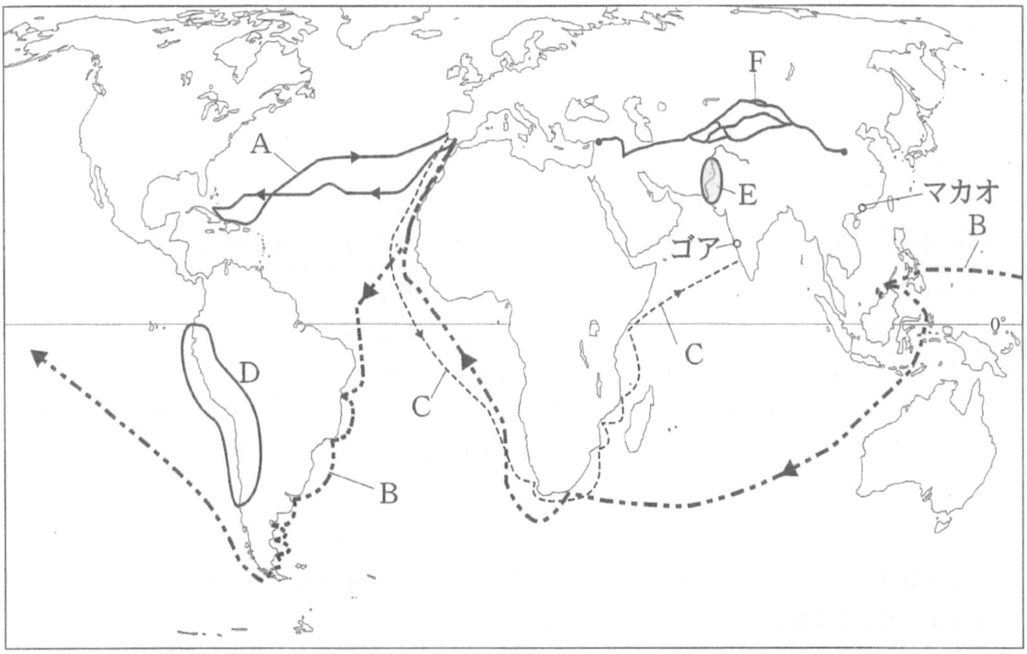

問1　大航海時代に活躍した①バスコ・ダ・ガマ，②コロンブス，③マゼランの航路を示したものの組み合わせとして正しいものを次の㋐～㋓の中から1つ選び，記号で答えなさい。

㋐　①－A　②－B　③－C　　㋑　①－B　②－C　③－A

㋒　①－C　②－A　③－B　　㋓　①－C　②－B　③－A

問2　Dについて，16世紀ごろにスペイン人によって滅ぼされた帝国を次のページの㋐～㋓の中から１つ選び，記号で答えなさい。

㋐　インカ帝国　　㋑　オスマン帝国　　㋒　ビザンツ帝国　　㋓　ムガル帝国

問３　「世界の記述」の中で日本を「黄金の国ジパング」としてヨーロッパに紹介した人物をカタカナ６字または７字で答えなさい。

問４　Ｅについて，Ｅの地域でおこった文明の名称をカタカナ４字で答えなさい。また，Ｅの文明に関係が深いものを次の㋐～㋓の中から１つ選び，記号で答えなさい。

㋐　ピラミッド　　㋑　ハンムラビ法典　　㋒　モヘンジョ・ダロ　　㋓　甲骨文字

問５　Ｆについて，Ｆは漢の時代に発達した中国と西方を結ぶ交通路のおおよそを示したものです。この交通路をカタカナ６字で答えなさい。

［５］　３年７組では，社会科と総合的な学習の時間を活用して「近世･近代の世界と日本」というテーマを設定し，この時代の出来事について，カードＡ～Ｆを作成しました。各カードを見て，後の各問に答えなさい。

［カードA］ 江戸時代の幕藩体制の国家から近代国家へと移る際の、政治、経済、社会の変革を明治維新といいます。また、新政府は、①新しい政治の方針を定め、示しました。	［カードB］ ②板垣退助や江藤新平などは、民撰議院設立の建白書を政府に提出しました。政府を専制政治であると非難し、議会の開設を主張しました。これが、③自由民権運動の出発点です。
［カードC］ 第一回衆議院議員選挙で④選挙権があたえられたのは、直接国税を15円以上納める満25歳以上の男子でした。⑤有権者数は総人口の１．１％に過ぎませんでした。	［カードD］ ⑥日清戦争では、日本が戦いを優勢に進め、下関条約が結ばれました。しかし、［ a ］はドイツやフランスとともに、日本が獲得した⑦遼東半島を清に返還するように勧告してきました。
［カードE］ 世界恐慌の対策として、［ b ］はルーズベルト大統領の下、⑧ニューディール政策（新規まき直し）という政策を始め、保護貿易の姿勢を強めました。日本でも深刻な不況が発生しました。	［カードF］ インドでは、⑨第一次世界大戦後に自治を認めるという約束を［ c ］が守らなかったため、ガンディーの指導によって、非暴力・不服従の⑩抵抗運動・独立運動が高まりました。

問１　下線部①は天皇が神にちかうという形で出されました。この文を何といいますか，漢字，かな７字で答えなさい。

問２　下線部②の人物について述べた文として正しいものはどれですか，あとの㋐～㋓の中から１つ選び，記号で答えなさい。

㋐　欧米からの帰国後は殖産興業に努め，征韓論政変後は，政府の中心人物として権力を持ちましたが，西南戦争の翌年に東京で暗殺されました

㋑　人間の平等主義を分かりやすい表現で説きました。「学問のすゝめ」の中の「天は人の上に人をつくらず，人の下に人をつくらず」という言葉は，社会に強い影響をあたえました

(ウ)　大隈重信と合同で憲政党を結成し，日本で初めて政党内閣を組織しました。しかし，党内の対立から憲政党は分裂し，内閣も４か月ほどでたおれました

(エ)　憲法制定に力をつくした後，四度にわたって内閣総理大臣となりました。立憲政友会総裁として組閣するなど，政党政治への道を開きました

問３　下線部③に関して，次の憲法草案の起草者は誰ですか，漢字４字で答えなさい。

> 東洋大日本国国憲按（部分要約）
> 　第１条　日本国は日本国憲法に従って国を運営する。
> 　第２条　日本国に，立法府，行政院，司法庁を置く。憲法にその規則を設ける。
> 　第５条　日本の国家は日本人各自の自由と権利をなくしたり減らしたりする規則を作って，実行することを禁止する。

問４　下線部④に関して，納税額による制限を廃止し，満25歳以上の男子に選挙権があたえられた法律を何といいますか。漢字４字で答えなさい。

問５　下線部⑤に関して，全人口にしめる有権者数が1925年（改正）では20.1％であったが，1945年（改正）では51.2％に高まっています。この背景について，年齢以外の理由を15字以内で簡潔に答えなさい。

問６　下線部⑥に発展した背景として，朝鮮半島南部一帯で東学を信仰する団体が組織した農民の蜂起が関係しています。この農民戦争名に含まれている干支を何といいますか。次の干支一覧表から選び，漢字２字で答えなさい。

干支一覧表

甲子《きのえね》《コウシ(カッシ)》	乙丑《きのとうし》《イツチュウ》	丙寅《ひのえとら》《ヘイイン》	丁卯《ひのとう》《テイボウ》	戊辰《つちのえたつ》《ボシン》	己巳《つちのとみ》《キシ》	庚午《かのえうま》《コウゴ》	辛未《かのとひつじ》《シンビ》	壬申《みずのえさる》《ジンシン》	癸酉《みずのととり》《キユウ》	甲戌《きのえいぬ》《コウジュツ》	乙亥《きのとい》《イツガイ》
丙子《ひのえね》《ヘイシ》	丁丑《ひのとうし》《テイチュウ》	戊寅《つちのえとら》《ボイン》	己卯《つちのとう》《キボウ》	庚辰《かのえたつ》《コウシン》	辛巳《かのとみ》《シンシ》	壬午《みずのえうま》《ジンゴ》	癸未《みずのとひつじ》《キビ》	甲申《きのえさる》《コウシン》	乙酉《きのととり》《イツユウ》	丙戌《ひのえいぬ》《ヘイジュツ》	丁亥《ひのとい》《テイガイ》
戊子《つちのえね》《ボシ》	己丑《つちのとうし》《キチュウ》	庚寅《かのえとら》《コウイン》	辛卯《かのとう》《シンボウ》	壬辰《みずのえたつ》《ジンシン》	癸巳《みずのとみ》《キシ》	甲午《きのえうま》《コウゴ》	乙未《きのとひつじ》《イツビ》	丙申《ひのえさる》《ヘイシン》	丁酉《ひのととり》《テイユウ》	戊戌《つちのえいぬ》《ボジュツ》	己亥《つちのとい》《キガイ》
庚子《かのえね》《コウシ》	辛丑《かのとうし》《シンチュウ》	壬寅《みずのえとら》《ジンイン》	癸卯《みずのとう》《キボウ》	甲辰《きのえたつ》《コウシン》	乙巳《きのとみ》《イツシ》	丙午《ひのえうま》《ヘイゴ》	丁未《ひのとひつじ》《テイビ》	戊申《つちのえさる》《ボシン》	己酉《つちのととり》《キユウ》	庚戌《かのえいぬ》《コウジュツ》	辛亥《かのとい》《シンガイ》
壬子《みずのえね》《ジンシ》	癸丑《みずのとうし》《キチュウ》	甲寅《きのえとら》《コウイン》	乙卯《きのとう》《イツボウ》	丙辰《ひのえたつ》《ヘイシン》	丁巳《ひのとみ》《テイシ》	戊午《つちのえうま》《ボゴ》	己未《つちのとひつじ》《キビ》	庚申《かのえさる》《コウシン》	辛酉《かのととり》《シンユウ》	壬戌《みずのえいぬ》《ジンジュツ》	癸亥《みずのとい》《キガイ》

問７　［ａ］～［ｃ］の空欄にあてはまる国名の組み合わせとして正しいものはどれですか，次の(ア)～(エ)の中から１つ選び，記号で答えなさい。

(ア)　ａ－イギリス　ｂ－アメリカ　ｃ－ロシア

(イ)　ａ－イギリス　ｂ－ロシア　ｃ－アメリカ

(ウ)　ａ－アメリカ　ｂ－イギリス　ｃ－ロシア

(エ)　ａ－ロシア　ｂ－アメリカ　ｃ－イギリス

問８　下線部⑦について，この勧告を何といいますか，漢字４字で答えなさい。

問９　下線部⑧について，当時のアメリカの最大失業率として正しいものはどれですか，次の①～④の中から１つ選び，記号で答えなさい。

①　15％　　②　25％　　③　35％　　④　45％

問10　下線部⑨についての文章を読み，[A] にあてはまる語句を漢字３字で答えなさい。

この戦争では，ざんごう戦で機関銃が大量に用いられたため，死傷者数はばく大な数に上り，新兵器の戦車や飛行機，毒ガス，潜水艦なども被害を大きくしました。特にヨーロッパでは，大量の兵士と物資を前線に送るため，各国の国民，経済，資源や科学技術を総動員して，国力を使い果たす [A] になりました。労働者や女性，さらに，植民地の人々も貢献したため，戦後には，こうした人々の要求が無視できなくなりました。

問11　下線部⑩について，欧米列強の植民地支配に苦しんでいたアジアやアフリカではロシア革命やパリ講和会議における考え方の影響を受けて，民族の独立を目指す運動が高まりました。この考え方を何といいますか，漢字４字で答えなさい。

［６］　次の文章は，「日本国憲法」の「前文」（原文のまま）です。これを読んで，後の各問に答えなさい。

日本国民は，正当に選挙された（　①　）における（　②　）を通じて行動し，われらとわれらの子孫のために，諸国民との協和による成果と，わが国全土にわたつて自由のもたらす恵沢を確保し，政府の行為によつて再び（　③　）の惨禍が起ることのないやうにすることを決意し，ここに（　④　）が国民に存することを宣言し，この憲法を確定する。そもそも国政は，国民の厳粛な信託によるものであつて，その権威は国民に由来し，その権力は国民の（　②　）がこれを行使し，その福利は国民がこれを享受する。これは人類（　⑤　）の原理であり，この憲法は，かかる原理に基くものである。われらは，これに反する一切の憲法，法令及び詔勅を排除する。

日本国民は，恒久の（　⑥　）を念願し，人間相互の関係を支配する崇高な理想を深く自覚するのであつて，（　⑥　）を愛する諸国民の公正と信義に信頼して，われらの（　⑦　）と生存を保持しようと決意した。われらは，（　⑥　）を維持し，専制と隷従，圧迫と偏狭を地上から永遠に除去しようと努めてゐる（　⑧　）において，名誉ある地位を占めたいと思ふ。われらは，全世界の国民が，ひとしく恐怖と欠乏から免かれ，（　⑥　）のうちに生存する権利を有することを確認する。

われらは，いづれの国家も，自国のことのみに専念して他国を無視してはならないのであつて，政治（　⑨　）の法則は，（　⑤　）的なものであり，この法則に従ふことは，自国の（　④　）を維持し，他国と対等関係に立たうとする各国の（　⑩　）であると信ずる。

日本国民は，国家の名誉にかけ，全力をあげてこの崇高な理想と目的を達成することを誓ふ。

問１　前文中の空欄（①）～（⑩）について，これらを補充するのに最も適する語句を，次の(ア)～(コ)の中からそれぞれ１つずつ選び，記号で答えなさい。

(ア)　責務　(イ)　普遍　(ウ)　平和　(エ)　国際社会　(オ)　戦争
(カ)　主権　(キ)　国会　(ク)　安全　(ケ)　代表者　(コ)　道徳

問２　日本国憲法について，その公布の年月日はいつですか，次の(ア)～(エ)の中から１つ選び，記号で答えなさい。

(ア)　1946年11月３日
(イ)　1946年５月３日
(ウ)　1947年５月３日
(エ)　1947年11月３日

問3　日本国憲法について，その施行の年月日はいつですか，次の(ア)～(エ)の中から1つ選び，記号で答えなさい。

(ア)　1946年11月3日

(イ)　1946年5月3日

(ウ)　1947年5月3日

(エ)　1947年11月3日

問4　日本国憲法のめざしている国家像について，これを実現していくためには，あなたは何が一番大切だと考えますか。**「公共」という言葉を必ず使用**しながら，あなたの考えを**40字以上50字以内**で書きなさい。

※注意　**横書き**で左上のマス目から**マスを空けず**に，書き始めて下さい。**句読点も1字**とします。

注 1 狗……小さな犬。 2 ねぶり……なめる。
3 ほのかに……ひそかに。 4 由……様子。
5 あつぱれ……ああ。 6 はなはだ……とても。
7 おつ取りて……取って

問一 二重傍線部「いたはりける」を現代かなづかいに直しなさい。

問二 傍線部①「主人愛すること、いやましなり」とあるがどういうことか。最も適切なものを次の中から選び、記号で答えなさい。

ア 犬はますます主人を愛するようになった。
イ 犬は主人を愛することがますます嫌になった。
ウ 主人はますます犬を愛するようになった。
エ 主人は犬を愛することがますます嫌になった。
オ 主人は犬を愛することが以前に比べて少しましになった。

問三 傍線部②「馳走顔」とは、「親しげになれなれしくふるまうこと」という意味だが、なぜそのようにふるまうことが、「おかしき事」なのか。最も適切なものを次の中から選び、記号で答えなさい。

ア 他人と自分との身分の違いに気づいていないから。
イ 他人と自分との親しさの度合いを勘違いしているから。
ウ 相手にはっきり嫌われているのに気づいていないから。
エ 有名な伊曾保物語の犬と馬の話を知らずに話しかけているから。
オ 料理も出されていないのにおいしそうな顔をしているから。

問四 本文中から、馬が心中で決意していると思われる部分を十五字以上二十字以内で探し、最初と最後の四文字を書きなさい。

問三　傍線部②「一将は、ゆっくりと息を吐き出した」とあるが、その理由として最も適切なものを次の中から選び、記号で答えなさい。

ア　将人を怒った疲れを解消するため。

イ　将人の言葉にがっかりしたため。

ウ　将人の言葉を冷静に受け止めるため。

エ　荻野先生の言葉に怒りがこみ上げてきたため。

オ　荻野先生の言葉にがっかりしたため。

問四　傍線部③「あれ？　もしかして、滝川くんたちのお兄さんって、秀一くん？」とあるが、「一将」はこの言葉をどんなものだと感じているか。比喩《ゆ》的に表現した部分を本文中から十字以内で抜き出しなさい。

問五　傍線部④「全身がけだるくなるほど、嫌な気分になっていた」とあるが、なぜか。その説明として最も適切なものを次の中から選び、記号で答えなさい。

ア　荻野先生を警戒していた中で、話の流れから自分や将人の劣等感を再認識することになったため。

イ　荻野先生のことを怒っていたのに、話を聞いていくうちに秀一への嫌悪感を強く意識してしまったため。

ウ　荻野先生を目の前にして緊張が続く中で、荻野先生から言われたくないことを言われ続けて負担に感じたため。

エ　荻野先生に不意に声をかけられて言いたいことが言えず、一方的に話をされ続けて疲労感を覚えたため。

オ　荻野先生に言いたいことが全く言えず、逆に将人への伝言や聞きたくなかったことを言われて無力感を覚えたため。

問六　この文章の特徴として適切ではないものを次の中から一つ選び、記号で答えなさい。

ア　擬態語を多用することで、一将の小学生らしい感覚をより印象強くしている。

イ　一将の目線で文章を表現することで、小学校での出来事を読者に共感させる効果をもたらしている。

ウ　体の一部分を用いた表現を場面ごとに用いることで、一将のその時々の心理状態を際立たせている。

エ　一文一文を短くすることで、一将のその場の心情を常に直接表現し、読者の感情移入を誘っている。

オ　改行を多用することで、読者への円滑な読みと、今後の展開への興味を効果的に誘っている。

［四］　次の古文を読み、後の問いに答えなさい。

ある人、注1狗《えのこ》を、いといたはりけるにや、その主人、外《ほか》より帰りし時、かの狗、そのひざにのぼり、胸に手を上げ、口のほとりを注2ねぶりまわる。これによつて、①主人愛すること、いやましなり。

馬、注3ほのかにこの注4由《よし》を見て、うらやましくや思ひけん、注5あつぱれ、我もかやうにこそしはべらめと思ひ定めて、ある時、主人、外より帰りける時、馬、主人の胸に飛びかかり、顔をねぶり、尾を振りなどしければ、主人、これを見て、注6はなはだ怒りをなして、棒を注7おつ取りて、もとの馬屋に押し入れける。

そのごとく、人の親疎をわきまへず、わが方より②馳走顔こそ、はなはだもつて、おかしき事なれ。我ほどほどに従つて、その挨拶をなすべし。

（『伊曾保物語』）

荻野先生に名前を呼ばれて、条件反射のように体が固まった。

「将人くんのお兄ちゃん？」

「へっ⁉」

突然で心の準備もなかったせいか、一将の声が裏返った。乾いたのどに、無理やりつばを流しこんで、やっと声が出る。

「そう、ですけど……」

「じゃあ、あなたからも言っておいてよ。将人くんに、朝練出るように」

先生は、にこりともしないで眉間のしわをいっそう深くした。

「今のままじゃ、勝てないから」

勝てない……。将人がいると、勝てないって言われたようだった。

もう少し勇気があったら、「勝つことが、そんなに大事っすか？」って言ったと思う。でも、荻野先生の目力に押されて、一将はただうなずくだけだった。

「はい……」

歩きだそうとした荻野先生が、また何かを思い出したように振り向いて、ぎくりとする。

「③あれ？　もしかして、滝川くんたちのお兄さんって、秀一くん？」

けげんな顔で聞かれて、嫌な予感がした。

すると、まだ答えてもいないのに、荻野先生は大げさに驚いた。

「うそ、そうなの⁉」

じろじろと見る目に、心がざらついた。

こういう反応は、はじめてじゃない。秀一は、運動会ではいつもリレーの選手だったし、行事のたびに委員長や代表をしていた。絵画コンクールで優秀賞を取ったり、作文で表彰されたり……。

荻野先生は、秀一の六年生のときの担任だった。受験して有名中学にも受かったから、卒業して二年近く経つのに、まだ印象に残っているのだろう。

そのせいで、一将と将人が兄弟だと言うと驚く先生はけっこういる。何が言いたいのか、だいたい察しはついた。それは、見えないナイフで胸をざくっと傷づけるくらいの威力を持っている。

荻野先生は何も言わずにため息をつくと、「じゃあ、お願いね」と言って、くるりと背中を向けた。

そこから逃げるようにして、一将は小走りに階段を駆《か》け上がった。

知らないうちに、背中にびっしょりと汗をかいている。④全身がけだるくなるほど、嫌な気分になっていた。

（工藤純子『あした、また学校で』）

注1　咲良…一将のクラスメイトで、今回の一将の行動を動機づけた人物。

問一　空欄X～Zに入る最も適切な語をそれぞれ次の中から選び、記号で答えなさい。

ア　さっと　　イ　ズカズカと　　ウ　ずんずんと

エ　そっと　　オ　ぱーっと

問二　傍線部①「うつむく」とあるが、その時の「将人」の気持ちとして最も適切なものを次の中から選び、記号で答えなさい。

ア　今朝怒られたことを思い出し、嫌だと思っている。

イ　今朝怒られたことを知られ、恥ずかしいと思っている。

ウ　一将が教室に入ってきてしまい、照れ臭く思っている。

エ　一将にも今朝のように怒られるのではないかと、不安に思っている。

オ　一将からも今朝の話題を振られ、不満に思っている。

「だって……ぼく……よくわからなかったし」
「わからなかったって、どういうことだよっ」
　心配で様子を見に来たはずなのに、そのあいまいな態度にイラっとして、つい強い口調になった。
「だってさ、荻野先生、『できない子は早く来て』って言ったんだよ」
「だったら……」
「ぼく、できるもんっ」
　一将は言葉をのみこんだ。
　できる……そうだった。将人にとって、大縄跳びは「できる」に入る。ただし、跳び箱や鉄棒やかけっこに比べたら、ということだ。
　②一将は、ゆっくりと息を吐《は》き出した。
　荻野先生にとっては「できない」でも、将人にとっては「できる」。怒るくらいなら、はっきりと将人に来るよう言えばよかったんじゃないかと、荻野先生にも腹が立った。
　そのとき予鈴《よれい》が鳴って、一将は立ち上がった。足がしびれかけている。小さいのが次々と入ってきて、「こいつだれだ?」という目で、一将をじろじろと見ていた。
「じゃあな」
　一将は、［Z］教室を出ていった。後ろでだれかが笑っている気がする。
　ちぇっ……。
　注1咲良がよけいなことを言うから……なんて、八つ当たりじみた思いまでわいてきた。
　六年生の教室に戻ろうとしたとき、前から荻野先生がやってきた。
　うわっと、思わずうつむく。
　悪いことをしたわけでもないのにと思いながら、一将は上目遣いに顔を上げた。
　荻野先生は、母さんと同い年くらいの女の先生だ。いつも眉間《みけん》にしわを寄せているし、口元はムスッとしている。怒っているような顔が、近寄りがたくて正直苦手だ。
　どきどきしていると、その距離が縮まってきた。
　そうだ、と一将の中に強い思いが芽生える。将人のために、ひと言言ってやろう。
――そんなに怒ることないじゃないですか。
――あいつだって、一生懸命やってるし。
――みんなの前で怒るなんて……。
　言いたいことが、次々と浮かぶ。
　周りの声も姿も消えて、荻野先生だけしか見えない。
　来たっ！
　緊張して、胸がぎゅうっと苦しくなった。
　鼓動がどんどん速くなる。
　息を吸ったまま、吐き出すことができなかった。
　声を出せずに、すれ違う。
　背中に気配を感じながら、ふうっと息をついた。
　将人のいじけた顔がチラついたけれど無理だ。
　焦《あせ》りと、落胆《らくたん》と、安堵《あんど》が一気に押し寄せる。
　くそっ！　オレは何もできないのか……と、気がゆるんだとき、
「ねえ、滝川くんって……」

が発した言葉によって話し手も新しい意味を見つけるという関係。

問六　本文の内容として最も適切なものを次の中から選び、記号で答えなさい。

ア　コミュニケーションが上手くできない人が仕事でも上手くいかないのは仕方がないことである。

イ　感情理解を適切に進めるには、コミュニケーションを情報伝達としてのみ考える必要がある。

ウ　情報だけを交換しているような時でも、感情面に気を配っている人は仕事の進みがスムーズである。

エ　ワクワクするような気持ちで調子よく対話を続けることが理想的なコミュニケーションである。

オ　対話をした日付と場所を思い出せることがコミュニケーションの理想型には必要である。

［三］　次の文章を読み、後の問いに答えなさい。

一将《かずまさ》は、中休みに、こっそりと二年生の教室をのぞいた。男子はほとんど校庭や廊下で遊んでいるのに、将人《まさと》は机で何かを描いていた。

さすがに、違う学年の教室に入るのは気が引ける。イスも机もやけに小さくて、かき分けるように近づいた。

すると、将人のそばに男子が三人やってきて、ゲラゲラと笑いはじめた。

「なんだ、この絵？」

「もしかして、ミラクルドラゴン？」

「うそだろ～！　へったくそ！」

将人が顔を上げて、両手でノートをおおった。

ミラクルドラゴンは、将人がいちばん好きなアニメのお気に入りのキャラクターだ。

「そんなの描いてないで、おまえ、大縄跳びの練習しろよ」

「そうだよ。荻野《おぎの》先生も言ってただろっ。将人のせいで勝てなかったらどうすんだよ」

将人の動きが止まり、一将の胸もズキッと痛んだ。

くそ……。

一将はわざと目立つように、[X]教室に入っていった。

「おい、将人」

「あ、兄ちゃん」

将人が振り向くと、男子三人が目を丸くした。ぎろっとにらみつけたとたんにおどおどして、[Y]散っていく。

なんだよ、あいつら！　とイライラして、一将はちらっとノートを見た。

ミラクルドラゴン……確かにうまくはないけれど、と思いながら、将人の机に手をついて、目立たないようにしゃがみこんだ。

「今朝、怒られたんだって？」

「え！」

その目は、どうして知っているのかと驚いていた。そして、①うつむく。

「なんで朝練に行かなかったんだよ」

対話経験があれば、それをコミュニケーションの理想型と設定できる。

（齋藤孝『コミュニケーション力』）

問一　空欄X～Zに入る最も適切な語を、それぞれ次の中から選び、記号で答えなさい。ただし、同じ記号は使わないこと。

ア　たとえば　　イ　では　　ウ　つまり

エ　だから　　オ　しかし

問二　傍線部①「コミュニケーションとは」とあるが、「コミュニケーション」の説明として最も適切なものを次の中から選び、記号で答えなさい。

ア　感情を伝え合うことで、関係を心地よく濃密にしていく行為。

イ　相手の知らない情報について、対話的に相手に伝える行為。

ウ　相手の感情を理解しながら、情報を一方的に相手に伝える行為。

エ　情報を伝え合いながら、感情を互いに理解していく行為。

オ　仕事の効率を高めるために、相手と情報をやりとりする行為。

問三　傍線部②「コミュニケーション力が重要だという認識は、とみに高まっている」とあるが、「コミュニケーション力」とはどのような力か。端的に説明した言葉を本文中から探し、十五字以上二十字以内で抜き出しなさい。

問四　傍線部③『コミュニケーションを事前に十分とるべきであった』という言葉には二つの意味がある。その意味として適切なものを次の中から二つ選び、記号で答えなさい。

ア　必要な情報伝達や状況説明を細かく行い、互いの間に共通認識をたくさんつくっておくべきだったということ。

イ　互いの感情理解を深めることよりも、細やかな状況説明をして、共通理解をたくさんつくるべきであったということ。

ウ　人間は感情で動くので、感情的に共感できる情報だけを伝えて、仕事を効率的に進めるべきであったということ。

エ　感情的にも共感できる部分を増やし、多少のミスがあってもカバーし合える信頼関係を築くべきだったということ。

オ　細やかな状況説明をして共通理解を増やすよりも、感情を伝え合い分かち合うことをすべきだったということ。

問五　傍線部④「クリエイティブな関係性」について次の問いに答えなさい。

A　「クリエイティブ」とはどのようなことか。端的に説明した言葉を本文中から二十字以上二十五字以内で探し、最初と最後の五字を答えなさい。

B　「クリエイティブな関係性」の説明として最も適当なものを次の中から選び、記号で答えなさい。

ア　自分の持つ知識を対話的に相手に伝え、聞き手に新しい意味を獲得させることで、優秀さを競い合うという関係。

イ　一方通行の情報伝達ではなく、聞き手も能動的に働きかけ、相互に関わり合うことで聞き手が質の高い情報を獲得するという関係。

ウ　話し手と聞き手が交互に相手の知らない知識を伝え、情報を交換することで新しい知識を習得していくという関係。

エ　対話の中で、話し手も聞き手も質問やコメントといった形でアクションを起こしあい、情報を適切に整理していくという関係。

オ　対話の中で、聞き手が新しい意味を獲得すると同時に、聞き手

きであった」という言葉がよく使われる。一つには、細やかな状況説明をし、前提となる事柄について共通認識をたくさんつくっておくべきであったという意味である。もう一つは、情報のやりとりだけではなく、感情的にも共感できる部分を増やし、少々の行き違いがあってもそれを修復できるだけの信頼関係をコミュニケーションによって築いておくべきであった、ということである。

意味と感情――この二つの要素をつかまえておけば、コミュニケーションの中心を外すことはない。情報という言葉は、感情の次元をあまり含んでいない言葉だ。情報伝達としてのみコミュニケーションを捉えると、肝心の感情理解がおろそかになる。人と人との関係を心地よく濃密にしていくことが、コミュニケーションの大きなねらいの一つだ。したがって感情をお互いに理解することを抜きにすると、トラブルのもとになる。

仕事上のやりとりで、一見、情報だけを交換しているように見えるときがある。そういった状況でも、感情面に気を配ってコミュニケーションしている人とそうでない人とでは、仕事の効率や出来・不出来に違いが出る。人間は感情で動くものだ。情報交換をしているときでも、同時に感情面での信頼関係を培うことのできる人は、仕事がスムーズにいき、ミスもカバーしやすい。トラブルが修復不可能にまでなるときには、必ずと言っていいほど感情の行き違いがある。コミュニケーション力とは、意味を的確につかみ、感情を理解し合う力のことである。

（中略）

④クリエイティブな関係性

理想的なコミュニケーションとはどういうものか。私は、クリエイティブな関係性だと思う。クリエイティブとは、新しい意味がお互いの間に生まれるということである。［Y］、ある知識を持つ人が、もう一人にその知識を伝えたとする。そこで質問が行われ、対話的に情報が伝えられたとする。その場合、聞き手にとっては、新しい意味が獲得されたことになる。一方通行ではなく、聞き手側が質問やコメントといった形でアクションを起こすことによって、話される意味が少し変わってくる。コミュニケーション力を生かして、情報伝達の質を高めるということはある。

［Z］、ここで私の言うクリエイティブな関係性は、話をすることでお互いにとって新しい意味がその場で生まれるという関係を指している。先ほどのケースでは、話し手の方には新しい意味は基本的には生まれていない。そうではなく、聞き手が発した言葉によって自分が刺激され、新しい意味を見つけ出すことがある。二人で「ああ、そうだったのか、気づかなかったね」と喜び合うような瞬間がある。それがクリエイティブな対話の関係だ。

自分の経験を振り返ってみてほしい。対話する前には決して思いつくことのできなかったことを思いついた瞬間があるのではないだろうか。謎が解け、霧が晴れたような快感。脳が活性化し、ワクワクするような気持ち。こうした軽い興奮がクリエイティブな対話にはある。どちらの頭が優秀であるかということを競い合うのが対話の目的ではない。どちらから新しい意味が生まれたのかさえも重要ではない。大切なのは、今ここでこのメンバーで対話をしているからこそ生まれた意味がある、ということだ。意味に日付と場所を書き添えることさえできる。あのとき、あそこで、あの「意味」が生まれたんだ、と思い返すことができる

【国　語】（四〇分）〈満点：一〇〇点〉

字数を指示した解答については、句読点、かぎ（「　」）も一字に数えること。問題の作成上、表記を一部改めたところがある。

【一】　次の問いに答えなさい。

問一　次の（1）から（6）の傍線部について、漢字はひらがなにし、カタカナは漢字に改めなさい。

（1）体育祭の案を明日の会議に諮る。

（2）祖母の家にはまだ囲炉裏がある。

（3）甚だ残念な結果だ。

（4）日本の平均寿命がここ数年でノびた。

（5）資源がコカツする。

（6）シュウトク物を駐在所に届ける。

問二　次の文の傍線部と文法的性質が同じものを、後のアからオの中から一つ選び、記号で答えなさい。

来週は書道教室があるので遊びに行けない。

ア　兄に叱られて泣くなんて情けない。

イ　食事中に大声で話すことはみっともないことだ。

ウ　少ない部員でよくここまで勝ち進むことができた。

エ　棚の上の手が届かない所にある物を父に取ってもらった。

オ　好きな雑誌を買いに行く本屋は家からそんなに遠くない。

問三　次の言葉の傍線部と似た意味を持つ言葉を、後のアからオの中から一つ選び記号で答えなさい。

緊急事態宣言

ア　平常　イ　不急　ウ　一刻　エ　平時　オ　日常

問四　（1）石川啄木、（2）北原白秋の歌集をそれぞれ選び、記号で答えなさい。

ア　舞姫　イ　友情　ウ　桐の花　エ　斜陽

オ　春暁　カ　一握の砂　キ　伊豆の踊子　ク　旅愁

【二】　次の文章を読み、後の問いに答えなさい。

①コミュニケーションとは

　コミュニケーションという言葉は、現代日本にあふれている。②コミュニケーション力が重要だという認識は、とみに高まっている。プライベートな人間関係でも仕事でも、コミュニケーション力の欠如からトラブルを招くことが多い。仕事に就く力として第一にあげられるのも、コミュニケーション力である。コミュニケーションが上手くできない人間とはつきあいたくない、一緒に仕事をしたくない、というのは一般的な感情だろう。

　X　、コミュニケーションとは何か。それは、端的に言って、意味や感情をやりとりする行為である。一方通行で情報が流れるだけでは、コミュニケーションとは呼ばない。テレビのニュースを見ている行為をコミュニケーションとは言わないだろう。やりとりする相互性があるからこそコミュニケーションといえる。

　やりとりするのは、主に意味と感情だ。情報伝達＝コミュニケーション、というわけではない。情報を伝達するだけではなく、感情を伝え合い分かち合うこともまたコミュニケーションの重要な役割である。③何かトラブルが起きたときに、「コミュニケーションを事前に十分とるべ

MEMO

大切なことはメモしておこうネ！

2022年度

解 答 と 解 説

《2022年度の配点は解答欄に掲載してあります。》

＜数学解答＞

[1]　(1)　100　　(2)　$-4a^2b^2$　　(3)　$\frac{5x+y}{2}$　　(4)　$5\sqrt{2}$

[2]　(1)　③，⑤　　(2)　21個　　(3)　$14+2\sqrt{5}$　　(4)　9

[3]　(1)　ア　$x+y$　　イ　$13x+5y$　　(2)　x　150g　　y　250g

[4]　(1)　$30\pi\,\mathrm{cm}^3$　　(2)　$\frac{85}{2}\pi\,[42.5\pi]\,\mathrm{cm}^2$

[5]　AD＝3　　∠EAO＝20°

[6]　(1)　(4，8)　　(2)　$y=3x-4$　　(3)　4　　(4)　$8-2\sqrt{6}$

○推定配点○

[1]・[2]　各5点×8　　[3]　(1)　各3点×2　　(2)　6点(完答)

[4]～[6]　各6点×8　　計100点

＜数学解説＞

基本 [1]　(数・式の計算，平方根の計算)

(1)　$300-(-20+60)\div0.2=300-40\div0.2=300-200=100$

(2)　$32ab^3\times(-2ab)\div(-4b)^2=-32ab^3\times2ab\times\frac{1}{16b^2}=-4a^2b^2$

(3)　$\frac{7x-3y}{2}-(x-2y)=\frac{7x-3y-2(x-2y)}{2}=\frac{7x-3y-2x+4y}{2}=\frac{5x+y}{2}$

(4)　$\frac{3}{\sqrt{2}}-\frac{5}{\sqrt{50}}+\sqrt{32}=\frac{3\sqrt{2}}{2}-\frac{5}{5\sqrt{2}}+4\sqrt{2}=\frac{3\sqrt{2}}{2}-\frac{\sqrt{2}}{2}+4\sqrt{2}=\left(\frac{3}{2}-\frac{1}{2}+4\right)\sqrt{2}=5\sqrt{2}$

[2]　(数の性質，場合の数，式の値，2次方程式の利用)

(1)　$a>b$，$ab<0$から，$a>0$，$b<0$　①　$a=3$，$b=-1$のとき，$a+b=3+(-1)=2>0$となる。　②　$a=1$，$b=-2$のとき，$-a-b=-1-(-2)=1>0$となる。　③　$a-b$は常に正より，$-(a-b)$は常に負となる。　④　aは常に正となる。　⑤　bは常に負となる。　よって，常に負になるものは③と⑤

(2)　一の位の数が0か5の整数は5の倍数になる。一の位の数が0のとき，百の位の数は0以外の4通り，十の位の数は0と百の位の数以外の3通り。よって，4×3＝12(個)　　一の位の数が5のとき，百の位の数は0と5以外の数の3通り，十の位の数は5と百の位の数以外の3通り。よって，3×3＝9(個)　　したがって，求める場合の数は，12＋9＝21(個)

(3)　$x^2-x-6=(x+2)(x-3)=(1+2\sqrt{5}+2)(1+2\sqrt{5}-3)=(2\sqrt{5}+3)(2\sqrt{5}-2)=(2\sqrt{5})^2+(3-2)\times2\sqrt{5}-6=20+2\sqrt{5}-6=14+2\sqrt{5}$

重要 (4)　最も大きい奇数を$2x+1$とすると，3つの連続する正の奇数は，$2x-3$，$2x-1$，$2x+1$と表せる。$2x-3>0$から，$x>\frac{3}{2}$　　仮定から，$(2x-3)^2+(2x-1)^2=8(2x+1)+2$　　$4x^2-12x+9+4x^2-4x+1=16x+8+2$　　$8x^2-32x=0$　　$x^2-4x=0$　　$x(x-4)=0$　　$x>\frac{3}{2}$から，$x=4$　　$2\times4+1=9$から，求める数は9

[3]　(連立方程式の応用問題)

基本　(1)　食塩水の量から，$x+y=400$　　食塩の量から，$x\times\frac{13}{100}+y\times\frac{5}{100}=400\times\frac{8}{100}$　　両辺を100倍して，$13x+5y=3200$

(2)　$x+y=400$　　$y=400-x$…①　　$13x+5y=3200$…②　　①を②に代入して，$13x+5(400-x)=3200$　　$13x+2000-5x=3200$　　$8x=1200$　　$x=150$　　これを①に代入して，$y=400-150=250$

[4]　(空間図形の計量問題－体積，表面積)

(1)　求める立体の体積は，底面が半径3cmの円で高さが5cmの円柱の体積から，底面が半径3cmの円で高さが5cmの円錐の体積をひいたものになるから，$\pi\times3^2\times5-\frac{1}{3}\times\pi\times3^2\times5=45\pi-15\pi=30\pi$ (cm^3)

(2)　$\pi\times\left(\frac{5}{2}\right)^2\times2+6\times5\pi=\frac{25}{2}\pi+30\pi=\frac{85}{2}\pi\,(=42.5\pi)$ (cm^2)

[5]　(平面図形の計量問題－円周角の定理，角度)

BDは直径だから，$\angle\mathrm{BAD}=90°$　　円周角の定理から，$\angle\mathrm{ABD}=\angle\mathrm{ACD}=30°$　　$\triangle\mathrm{ABD}$は$\angle\mathrm{ABD}=30°$の直角三角形だから，$\mathrm{AD}=\frac{\mathrm{BD}}{2}=\frac{6}{2}=3$　　円周角の定理から，$\angle\mathrm{AOD}=2\angle\mathrm{ABD}=2\times30°=60°$　　対頂角から，$\angle\mathrm{OEA}=\angle\mathrm{CED}=100°$　　$\triangle\mathrm{AOE}$において内角の和の関係から，$\angle\mathrm{EAO}=180°-60°-100°=20°$

[6]　(図形と関数・グラフの融合問題)

基本　(1)　$y=\frac{1}{2}x^2$…①　　x座標，y座標がともに正の整数であることから，xは2の倍数になる。①に$x=2$，4を代入して，$y=\frac{1}{2}\times2^2=2$，$y=\frac{1}{2}\times4^2=8$　　よって，A(2，2)，B(4，8)

(2)　直線ABの傾きは，$\frac{8-2}{4-2}=\frac{6}{2}=3$　　直線ABの式を$y=3x+b$として点Aの座標を代入すると，$2=3\times2+b$　　$b=2-6=-4$　　よって，求める直線の式は，$y=3x-4$

(3)　$y=3x-4$…②　　直線ABとx軸との交点をCとする。②に$y=0$を代入すると，$0=3x-4$　　$3x=4$　　$x=\frac{4}{3}$　　$\mathrm{C}\left(\frac{4}{3},\ 0\right)$　　$\triangle\mathrm{OAB}=\triangle\mathrm{OBC}-\triangle\mathrm{OAC}=\frac{1}{2}\times\frac{4}{3}\times8-\frac{1}{2}\times\frac{4}{3}\times2=\frac{16}{3}-\frac{4}{3}=\frac{12}{3}=4$

重要　(4)　$\frac{8}{4}=2$から，直線OBの式は，$y=2x$…③　　$y=c$と②，③との交点をD，Eとすると，$c=3x-4$，$3x=c+4$，$x=\frac{c+4}{3}$から，$\mathrm{D}\left(\frac{c+4}{3},\ c\right)$，$c=2x$，$x=\frac{c}{2}$から，$\mathrm{E}\left(\frac{c}{2},\ c\right)$　　$\mathrm{DE}=\frac{c+4}{3}-\frac{c}{2}=\frac{2c+8-3c}{6}=\frac{8-c}{6}$　　$\triangle\mathrm{BDE}$のDEを底辺としたときの高さは，$8-c$　　$\frac{1}{2}\times\frac{8-c}{6}\times(8-c)=\frac{4}{2}=2$から，$(8-c)^2=24$　　$8-c=\pm\sqrt{24}=\pm2\sqrt{6}$　　$c<8$から，$c=8-2\sqrt{6}$

★ワンポイントアドバイス★

[4](1)は，底面が半径3cmで高さが5cmの円柱の$\frac{2}{3}$になることから，$\pi\times3^2\times5\times\frac{2}{3}=30\pi$ (cm^3)とも計算できる。

＜英語解答＞

〔1〕 1. ① taken ⑥ worst ⑦ lost 2. ア dead(killed) イ injured ウ more than 3. ③ it is necessary for us to ④ how we should protect ⑧ want everyone to think 4. have been burning 5. food and habitat 6. check the evacuation map of my city [save drinking water and food] 7. イ，エ，オ

〔2〕 1. （美樹） キ （ジミン） イ （ベン） オ 2. エ 3. So, I 4. 何か新しいものに挑戦するのは楽しい 5. He is going shopping [going to go shopping]

〔3〕 1. イ 2. ア 3. ア 4. イ 5. イ

〔4〕 1. イ 2. イ 3. イ 4. ア 5. ウ

〔5〕 （2番目，5番目の順）1. 2, 1 2. 5, 2 3. 5, 4 4. 3, 2 5. 6, 7

〔6〕 1. nothing 2. first 3. called [named] / in
4. by air [airplane / plane] 5. takes / to

〔7〕 1. ア 2. エ 3. イ 4. エ 5. ア

○推定配点○

〔1〕4～7 各3点×6 他 各2点×41(〔2〕1，〔5〕，〔6〕各完答) 計100点

＜英語解説＞

〔1〕 **（長文読解問題・説明文：語形変化，語句補充，語句整序，英作文，内容吟味）**

（全訳） カスミ

写真1を見てください。この写真は2019年10月に長野で①撮影されました。これは北陸新幹線の車両基地です。千曲川が氾濫したとき，水は上田市と長野市の大部分を覆った。強力な台風ハギビスが日本を襲い，中部と北部で大雨，強風，深刻な洪水を引き起こしました。②27都道府県で少なくとも2人が死亡，9人が行方不明，86人が負傷し，全国で600万人以上が避難しました。

台風は毎年日本を襲うので，備えておく③必要があります。私は長良川の近くに住んでいるので，洪水が怖いです。自分の住んでいる街の避難地図を確認し，家族とどこに行けばいいのか，どのように連絡を取り合えばいいのか，災害時の持ち物について話し合っています。私たちは皆，災害時に④どのように身を守るべきかを理解しなければなりません。

マーク

写真2を見てください。オーストラリアでは，⑤山火事が5か月間燃え続けています。今年の山火事は，わが国の歴史の中で最悪のものでした。暑くて乾燥した天候は，山火事を悪化させます。山火事はすでに約 69,000平方キロメートルを燃やしました。それは岐阜県の6倍以上の広さです。山火事は野生生物に大きな影響を与えました。コアラなどの一部の動物は，食べ物や生息地を⑦失いました。

オーストラリアは温室効果ガスの主要生産国です。それらは気候変動の主要な原因です。一部の科学者は，気候変動は火災を引き起こす多くの要因の1つにすぎないと述べています。山火事は人によって引き起こされることもあります。たとえば，誰かが去るときにキャンプファイヤーを消さず，暑くて乾燥した風の強い日に火が後で広がります。

オーストラリアの美しい森と野生生物を守るために何ができるでしょうか。この問題について⑧みんなで考えてほしいです。

1 ① 受動態の文なので<be 動詞＋過去分詞>という形にする。 ⑥ 直前に the があるので最上級の文だとわかる。bad の最上級は worst である。 ⑦ 現在完了の文なので，<have ＋過去分詞>の形になる。

2 ア 直前に were があるので受動態の文だとわかる。「殺された」とする。 イ アと同じ。「傷つけられた」とする。 ウ <more than ～>で「～以上」という意味を表す。

3 ③ <it is ~ for S to …>で「Sが…することは～である」という意味になる。 ④ 間接疑問文なので，<疑問詞＋主語＋動詞>の形になる。 ⑧ <want A to ～>で「Aに～してほしい」という意味を表す。

4 直後に for があるので，現在完了の文だとわかる。また，空欄が3つあるので，現在完了進行形になると判断する。現在完了の進行形は<have ＋ been ＋ ~ing>という形で表す。

5 「それらは絶滅の危機にある。」という意味の文。動物が絶滅することに関係する内容は第3段落に書かれている。

6 「カスミのプレゼンテーションの後，私は家族と話し合い，＿＿＿ことを決めました。」という意味の文。災害時にするべきことについて考え，それを空欄に当てはまるように書く。

重要 7 ア 「カスミは名古屋市に住んでいる。」「私は長良川の近くに住んでいる」とあるので，誤り。 イ 「カスミと家族は地元の避難所の場所について話し合う。」「自分の住んでいる街の避難地図を確認し」とあるので，答え。 ウ 「山火事で焼かれた地域は岐阜県より小さい。」「それは岐阜県の6倍以上の広さです」とあるので，誤り。 エ 「オーストリアのある動物たちは家を失って絶滅しつつある。」 第3段落の内容に合うので，答え。 オ Climate change is one reason for bush fire.「気候変動は山火事の1つの原因である。」 ならば，正しくなる。 カ 「山火事は寒い冬の日によく起こる。」 文中に書かれていない内容なので，誤り。

［2］ (会話文問題：内容吟味，英文和訳)

美樹 ：こんにちは，ベン！ 明日の夜，ジミンと私はパーティーをする予定です。来たいですか？

ベン ：いいですね。何を持っていけばいいですか？

ジミン：ぼくはチヂミを持っていきます。キムチ入り韓国パンケーキです。

ベン ：大好きです！ 明日まで待てません。

美樹 ：私の料理は豆腐サラダです。豆腐は私たちの健康に良いです。

ベン ：それも美味しそうですね。これは国際的な持ち寄りパーティーのようです。そこで，アメリカンスタイルのローストチキンを持っていくことにしました。それは私の家族のお気に入りです。

美樹 ：なるほど。よく作りますか？

ベン ：作りません。クリスマスの日だけ作ります。でもぼくは料理が好きです。ぼくはいつも週末に夕食を作ります。さて，パーティーのために買い物に行きます！

ジミン：ぼくはパーティーを楽しみにしています！ 何か新しいものに挑戦するのは楽しいです。では明日会いましょう。

ベン ：それではまたね。

基本 1 美樹 「私の料理は豆腐サラダです」と言っている。
ジミン 「ぼくはチヂミを持っていきます」と言っている。
ベン 「アメリカンスタイルのローストチキンを持っていくことにしました」と言っている。

2 ア 「今夜食べる」とは言っていないので，誤り。 イ 美樹が言ったことなので，誤り。 ウ クリスマスの日だけ作ると言っているので，誤り。 エ 「これは国際的な持ち寄りパーティーのようです」とあるので，答え。

3　ベンは，「アメリカンスタイルのローストチキンを持っていくことにしました。それは私の家族のお気に入りです」と言っている。

4　<it is ~ to …>で「…することは～である」という意味になる。

5　「ベンはこの会話の後何をするところか。」という質問。ベンは「さて，パーティーのために買い物に行きます」と言っている。

〔3〕（会話文問題：語句補充）

1　A：先月，私は初めて外国に行きました。
B：どこへ行ったのですか。
A：アメリカに行きました。すごかったです。
B：いいですね！
行ったところを答えているので，イが答え。ア「どうしたか。」，ウ「どれくらいの間滞在したのですか。」，エ「どうやって行きましたか。」

2　A：とても疲れているようですね。
B：はい，長い間テニスをしました。
A：水を飲みたいですか。
B：はい，お願いします。飲み物を持っていません。
飲み物を持っていないので，「お願いします」と言ったことがわかる。イ「それは必要ないです。」，ウ「楽しかったです。」，エ「私はおなかがすいています。」

3　A：ねえ，この写真を見てください。
B：おお！　本当にかっこいいですね。
A：私もそう思います。私の友達の一人が昨日私に送ってきました。
B：いいですね！
Bが「いいですね」と言っているので，イやエは当てはまらないとわかる。また，直後で友達が送ってきたと言っているので，ウは当てはまらないとわかる。イ「私はそう思いません。」，ウ「私がそれを撮りました。」，エ「私はそれが好きではありません。」

4　A：いらっしゃいませ。
B：このTシャツがほしいのですが，私には大きすぎます。小さいサイズはありますか。
A：どのサイズがいいですか。
B：Sサイズがほしいです。
サイズを答えているので，イが答え。ア「それはよく見えます！」，ウ「どの色が必要ですか。」，エ「すみません，それはありません。」

重要　5　A：昨日テレビで映画をみましたか。
B：いいえ，見ませんでした。良かったですか。
A：すごかったです。それを見るべきです。
B：わかりました！　見てみます。
「わかりました」と言っているので，イが答え。ア「私はそれを見たくありません。」，ウ「私はそれを見ました。」，エ「それを見る時間がありません。」

〔4〕（語句補充問題：代名詞，SVOO，接続詞，不定詞，形容詞）

1　「私はカサをなくしたので，ひとつ買わねばならない。」「同じ種類のもの」という意味を代名詞で表す場合，it ではなく one を用いる。

2　「私は今これを買いたいのですが，お金を持っていません。私に明日まで30ドル貸してくれませんか。」「貸す」という動詞は lend 。until は「～までずっと」という意味を表す。

3 「もし明日雨が降ったら私たちは家にいる。」 if 節の中の動詞は，未来のことについて述べるときは現在形にする。

4 「私はフランス料理の作り方を学ぶためにフランスに行きたい。」 不定詞の副詞的用法は「～するために」という意味で目的を表す。

5 「私は家族と一緒に数回北海道に行ったことがある。」 several times は「数回」という意味を表す。

〔5〕 **(語句整序問題：受動態，比較，助動詞，疑問詞，慣用表現)**

1 (Kate) is interested in watching movie(.) <be interested in ～>で「～に興味を持つ」という意味を表す。

2 (Shota) plays tennis better than I do(.) play tennis well を比較級にすると play tennis better になる。

3 (Will) you tell me the way to (the station?) <will you ～>は「～してくれませんか」と丁寧にお願いする時に用いる。

4 What kind of flowers do you like(?) 「どんな種類の～」は<what kind of ～>と表す。

5 There is something wrong with my father's car(.) <there is (are) ～>は「～がある」という意味を表す。<something wrong with ～>で「～について異常なこと」という意味を表す。

〔6〕 **(書き換え問題：代名詞，現在完了，受動態，慣用表現，不定詞))**

1 「私は新しい計画について何も知らない。」 nothing は「何も～ない」という意味を表す。

2 「私は以前この美術館を訪れたことがない。」→「今回がこの美術館を訪れる最初だ。」 現在完了の文から「初めて」来たことがわかる。

基本 3 「この野菜の英語の名前は何ですか。」→「この野菜は英語で何と呼ばれますか。」 受動態の文なので過去分詞が入る。また，言語名の前には in を置く。

4 「私の父は年に3回オーストラリアへ飛ぶ。」→「私の父は年に3回オーストラリアへ飛行機で行く。」 <by air>は「飛行機で」という意味を表す。

5 「ここから私の家まで歩いて10分だ。」→「ここから私の家まで歩くのに10分かかる。」 <it takes … to ～>で「～するのに…かかる」という意味になる。

〔7〕 リスニング問題解説省略。

★ワンポイントアドバイス★

〔4〕の3には if を使った表現が使われている。if 節の中の動詞が過去形であるものを仮定法過去といい，現実とは異なる仮定を表す。 (例) If I were a bird, I would fly to you.（もし私が鳥だったら，あなたのところに飛んでいくだろう。）

<理科解答>

[1] 問1 ① 双子 ② 離弁 ③ 胞子 ④ 前葉体 ⑤ 維管束 問2 胚珠が子房の中にある。 問3 0.02(mm) 問4 無セキツイ動物 問5 クモ，サワガニ 問6 軟体動物 問7 (1) (エ) (2) さなぎ[蛹] (3) 6本

［2］ 問1 ダニエル　問2 亜鉛板 (イ)　銅板 (ア)　問3 (イ)　問4 電解質
問5 ④ 亜鉛　⑤ 銅　⑥ 亜鉛　⑦ 銅　問6 ⑧ Mg　⑨ Zn
⑩ Cu　問7 －極　問8 (ウ), (エ)　問9 $H_2SO_4+Ba(OH)_2 \rightarrow BaSO_4+2H_2O$
問10 $NaHCO_3+HCl \rightarrow NaCl+H_2O+CO_2$　問11 $HNO_3+KOH \rightarrow KNO_3+H_2O$

［3］ 問1 A 5(N)　B 4(N)　問2 (オ)　問3 1(N)　問4 4(N)　問5 (イ)
問6 13(cm)　問7 (ア)　問8 (ア)　問9 8(J)

［4］ 問1 ① X 初期微動　Y 主要動　② ア　③ 8(km/s)
④ 10(時)30(分)50(秒)　⑤ 10(時)31(分)16(秒)　⑥ 21(秒)
問2 ④ 10(階級)　問3 (震度)3　問4 46(回)　問5 ① 北アメリカ
② 太平洋　③ 日本　④ 津波　⑤ 活断層

○推定配点○

［1］ 問1 各1点×5　他 各2点×9　［2］ 問5 各1点×4　他 各2点×13(問8完答)
［3］ 各2点×10　［4］ 問4 4点　問5 各1点×5　他 各2点×9　計100点

＜理科解説＞

重要 ［1］ **(植物の種類とその生活，動物の種類とその生活－植物の分類と動物の分類)**

問1 双子葉類・離弁花類には，マメ科のシロツメクサ以外に，アブラナ科のアブラナ，バラ科のサクラなどがある。また，シダ植物のイヌワラビには根・茎・葉の区別があり，葉だけが地上に出ている。

図1

問2 単子葉類のユリも双子葉類・離弁花類のエンドウも種子植物・被子植物の仲間であり，胚珠が子房に包まれている。

問3 実際の胞子の大きさは，5(mm)÷250＝0.02(mm)である。

基本 問4 背骨のある動物をセキツイ動物，背骨のない動物を無セキツイ動物という。

問5 ミジンコ・クモ・サワガニは，足に節があり，外骨格に包まれている節足動物の仲間である。

問6 マイマイ・ヤリイカ・クリオネなどの軟体動物は，外とう膜によって包まれている。

問7 昆虫類のカブトムシは，8～9月頃に産卵する。卵は2週間ほどでふ化して幼虫になり，幼虫のまま冬を越す。さらに，翌年の6～7月頃にさなぎになり，1か月くらいで羽化する。

［2］ **(電気分解とイオン－ダニエル電池)**

重要 問1～問5 ダニエル電池は，図2のように，＋極に銅板，－極に亜鉛板を使う。また，銅板は硫酸銅水溶液，亜鉛板は硫酸亜鉛水溶液にそれぞれひたし，セロハンでしきる。このとき使用した水溶液は，いずれも電解質水溶液である。さらに，イオンになりやすい亜鉛Znが，2個の電子e^-を放出して亜鉛イオンZn^{2+}になって溶け出す。一方，イオンになりにくい銅イオンCu^{2+}が2個の電子を受

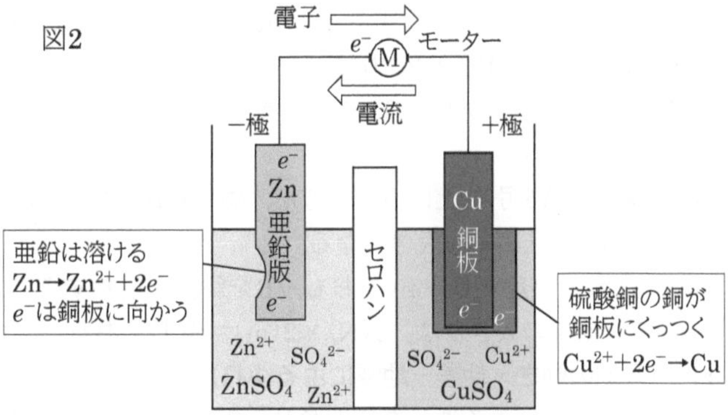

け取り，銅Cuになり銅板に付着する。

やや難 問6・問7　マグネシウムの方が亜鉛よりもイオンになりやすいので，亜鉛のかわりにマグネシウムを使うと，より電圧が大きくなる。

やや難 問8　鉛蓄電池やリチウムイオン電池のように充電を行うことで，くり返し使うことができる電池を二次電池という。

問9　硫酸H_2SO_4と水酸化バリウム水溶液$Ba(OH)_2$の中和によって，硫酸バリウム$BaSO_4$の白色の沈殿と水H_2Oが生じる。

問10　炭酸水素ナトリウム$NaHCO_3$と塩酸HClの反応によって，塩化ナトリウム$NaCl$と水H_2Oと二酸化炭素CO_2が生じる。

問11　硝酸HNO_3と水酸化カリウム水溶液KOHの中和によって，硝酸カリウムKNO_3と水H_2Oが生じる。

[3]　**(運動とエネルギー，仕事－ばねにはたらく力，斜面上の物体の運動)**

重要 問1　A　500gのおもりAにはたらく重力の大きさは，500(g)÷100＝5(N)である。　B　おもりAをつるすと，ばねは，15(cm)－10(cm)＝5(cm)のびる。したがって，おもりBをつるすと，14(cm)－10(cm)＝4(cm)のびるので，かかる力は，$5(\mathrm{N})\times\frac{4}{5}=4(\mathrm{N})$である。

問2・問3　ばねの長さが14cmなので，ばねにはたらく力は4Nである。したがって，おもりAが床から受ける垂直抗力は，5(N)－4(N)＝1(N)である。(図3)

やや難 問4　おもりAが斜面上にあるとき，鉛直下向きに5Nの重力が働く。一方，ばねAが13cmなので，ばねAののびは，13(cm)－10(cm)＝3(cm)である。したがって，おもりAにかかる力は，$5(\mathrm{N})\times\frac{3}{5}=3(\mathrm{N})$となり，斜面方向の分力とつり合っている。以上より，図4のように，力の平行四辺形の法則より，斜面に垂直方向の力の大きさは4Nである。

図3

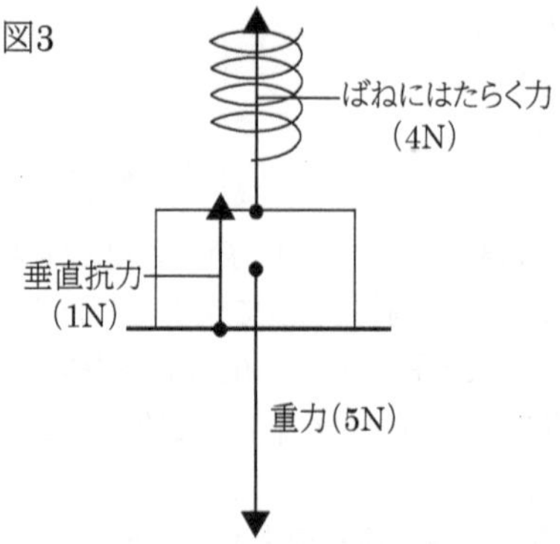

図4

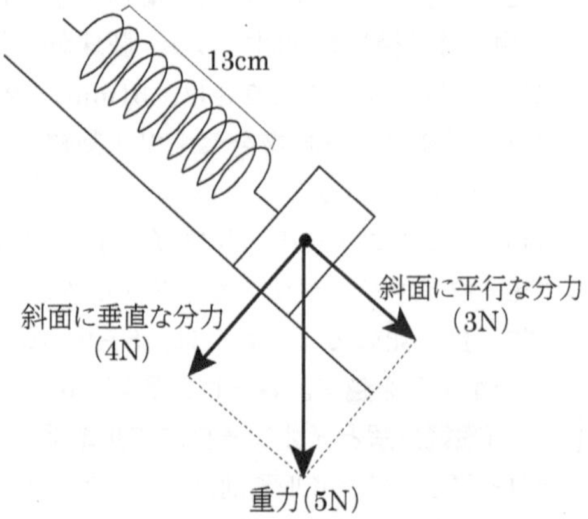

問5　斜面の傾きを大きくすると，斜面方向の分力が大きくなり，ばねの長さも長くなる。

問6　4NのおもりBを3Nの力で引くと，ばねには3Nの力が働くので，ばねの長さは13cmになる。

問7　おもりAの方がおもりBよりも重いので，ばねを引き上げる場合，おもりAをつるしたばねの方が長くなる。

問8　おもりAを引き上げる力の方が，おもりBを引き上げる力よりも大きいので，同じ速さで引き上げ場合，仕事率も大きくなる。

問9　仕事の原理より，4NのおもりBを斜面を使わずそのまま2m持ち上げたときの仕事と同じなので，仕事の大きさは，4(N)×2(m)＝8(J)である。

[4]　**(大地の動き・地震－地震によるゆれ)**

重要 問1　①　P波によるゆれを初期微動，S波によるゆれを主要動という。　②　アはP波のような縦波，イはS波のような横波をそれぞれ表している。　③　A地点とB地点の差から，P波は，104(km)－40(km)＝64(km)を，10時31分03秒－10時30分55秒＝8(秒)で伝わるので，P波の速さは，64(km)÷8(秒)＝8(km/s)である。　④　P波がA地点に伝わるのに，40(km)÷8(km/s)＝5(秒)かかるので，地震が発生した時刻は，10時30分55秒の5秒前の10時30分50秒である。

⑤　B地点にS波が伝わるのに，104(km)÷4(km/s)＝26(秒)かかるので，S波が到達する時間は，10時30分50秒の26秒後の10時31分16秒である。　⑥　B地点の初期微動継続時間は，10時31分16秒－10時31分16分03秒＝13(秒)なので，C地点の初期微動継続時間は，$13(秒)\times\frac{168(\mathrm{km})}{104(\mathrm{km})}$＝21(秒)である。

基本　問2・問3　震度は，0・1・2・3・4・5弱・5強・6弱・6強・7の10階級に分けられ，震度3は，屋内のほとんどの人がゆれを感じるゆれである。

やや難　問4　M6と比べると，エネルギーが30倍のM7の地震が10年間に12回起きているので，M6に換算すると，12(回)×30＝360(回)である。また，M6と比べると，エネルギーが30分の1であるM5の地震が10年間に652回起きているので，M6に換算すると，652(回)÷30＝21.73…(回)より，21.7回である。したがって，M5～7の地震は，M6に換算すると，10年間で，21.7(回)＋83(回)＋360(回)＝464.7(回)なので，1年間で，464.7(回)÷10＝46.47(回)より，46回起きたことになる。

重要　問5　日本付近には，右図のように4つのプレートがあり，北米プレートの下に太平洋プレートが沈み込み，日本海溝ができる。

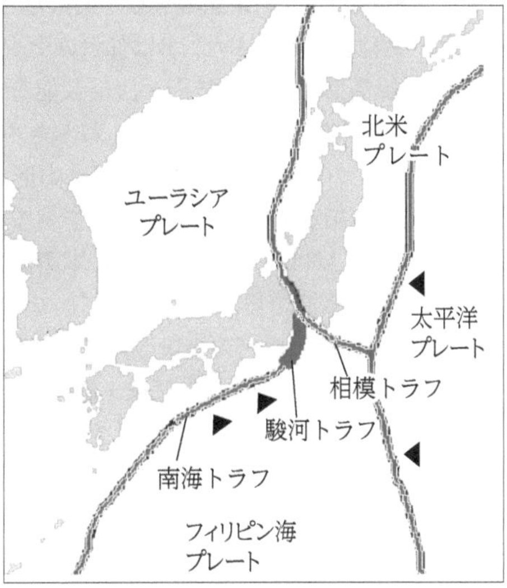

★ワンポイントアドバイス★

教科書に基づいた基本問題をしっかり練習しておこう。その上で，化学反応式やいろいろな分野の計算問題についてもしっかり練習しておこう。

＜社会解答＞

[1]　問1　②　　問2　重要無形民俗(文化財)　　問3　①　　問4　札幌(市)　　問5　①

[2]　問1　A　　問2　④　　問3　(A混合農業)　ア　　(B地中海式農業)　ウ　　問4　小麦

[3]　問1　①　摂政　　②　東大寺　　③　長岡京　　④　真言宗　　問2　イ
問3　平将門　　問4　エ

[4]　問1　ウ　　問2　ア　　問3　マルコ・ポーロ　　問4　インダス(文明)　　(記号)　ウ
問5　シルクロード

[5]　問1　五箇条の御誓文　　問2　ウ　　問3　植木枝盛　　問4　普通選挙(法)
問5　女性に選挙権があたえられた。　　問6　甲午　　問7　エ　　問8　三国干渉
問9　②　　問10　総力戦　　問11　民族自決

[6]　問1　①　キ　②　ケ　③　オ　④　カ　⑤　イ　⑥　ウ　⑦　ク
⑧　エ　⑨　コ　⑩　ア　問2　ア　問3　ウ　問4　個人の幸福のみだけではなく，公共の福祉の立場も重視して，社会や国家，世界の幸福を追求し続けること。

○推定配点○

[1]　各2点×5　[2]　各2点×5　[3]　各2点×7　[4]　各2点×5(問4完答)
[5]　問5　4点　他　各2点×10　[6]　問4　8点　他　各2点×12　計100点

＜社会解説＞

[1]　(日本の地理―東北の祭り・農業など)

問1　Aは青森のねぶた，Bは仙台の七夕，Cは秋田の竿灯《かんとう》まつり。

問2　風俗慣習・民俗技術・民俗芸能を対象として国が指定したもの。写真の男鹿半島で正月に行われる「なまはげ」のほか，ねぶたや竿灯も指定されている。

重要　問3　リンゴは青森，サクランボは山形が1位，モモは福島が山梨に次いで2位の生産を誇る。

問4　政令指定都市は人口70万人を目安に指定され都道府県並みの権能を持つもので現在20都市が存在。札幌は人口196万人の日本第5位の大都市。

問5　アは冷涼で農業には向いていない根釧台地，イは大規模な機械化された畑作中心の十勝平野，ウは客土などの土壌改良で稲作地帯に変身した石狩平野。

[2]　(地理―ヨーロッパの気候・農業など)

問1　大陸の西岸に位置するパリは温和で降水量が年間を通じて平均的な西岸海洋性気候。

重要　問2　メキシコ湾流から続く北大西洋海流は黒潮と並ぶ世界的な大暖流。偏西風は中緯度地方の上空を1年中吹く西風で上空に行くほど強くなる。

問3　混合農業はヨーロッパを代表する農業で穀物栽培と家畜の飼育を組み合わせたもの。地中海式農業は夏の乾燥に耐えるかんきつ類と冬季の降水を利用した小麦栽培の組み合わせ。

問4　フランスはヨーロッパ最大の農業国。小麦の輸出はロシア・アメリカ・カナダなど。

[3]　(日本の歴史―古代の政治・文化史など)

基本　問1　①　おばである推古天皇の摂政。　②　総国分寺として大仏も建立された。　③　人心一新を狙って京都府南部の長岡京に遷都。　④　加持祈祷《かじきとう》によって現世利益を追求する密教。

問2　3世紀以来分裂していた中国を統一した王朝で4回にわたり使者が派遣された。

問3　土地争いからおじを殺害，新皇と称して関東に独立王国を目指した武士。

問4　高野山は和歌山県北東部にある標高千m前後の山に囲まれた真言宗の霊地。

[4]　(世界の歴史―原始～近世の政治・社会・文化史など)

問1　ガマは喜望峰を回ってインド航路を発見。コロンブスはアジアへの最短航路を目指してアメリカ大陸を発見。マゼランは航海の途中で殺害されたが部下が世界一周に成功。

問2　15世紀に最盛期を迎えたアンデス山中に栄えたインディオの帝国。

問3　17歳のとき父に連れられ中国にわたり17年間フビライに仕えたイタリアの商人。

問4　紀元前2500年ごろインダス川流域に誕生した文明。モヘンジョダロでは整然と作られた街路やレンガを使った公共施設など計画的な都市づくりの跡がみられる。

重要　問5　中央アジアを経由する古代の交通路。中国の絹がこの道を通って西方にもたらされた。

[5]　(日本と世界の歴史―近現代の政治・社会史など)

問1　江戸城総攻撃の前日に新政府が出した基本方針。翌日には封建的な五榜《ごぼう》の掲示も出された。

問2　自由党を結党した中心人物。アは大久保利通，イは福沢諭吉，エは伊藤博文。

やや難 問3　土佐藩出身の自由民権家。抵抗権などを含む最も民主的な憲法草案といわれた。

問4　納税制限を撤廃したことで有権者は4倍に拡大，治安維持法と抱き合わせで成立した。

基本 問5　戦後初の総選挙では女性も立候補，39名の女性代議士が誕生した。

問6　甲午農民戦争。鎮圧に失敗した政府は清に派兵を求めたため日清両軍の対立に発展した。

問7　a　その後ロシアがリャオトン半島に進出。　b　世界恐慌の最中に就任，アメリカ史上異例の4期にわたり大統領を務めた人物。　c　1857年のインド大反乱以降イギリスが直接統治。

問8　満州進出を狙うロシアが日本に返還を要求，日本は賠償金の増額でやむなくこれを承諾した。

問9　列強の中ではアメリカのダメージが最も大きかった。

問10　総力戦体制により戦闘員と民間人の区別があいまいになり都市への爆撃なども増加，その結果戦争は長期化し戦死者は1000万人以上というかつてない規模になった。

問11　各民族が他国から干渉されず自主的に決定するという考え方。パリ講和会議を主導したアメリカ大統領・ウィルソンの14か条の原則にも取り入れられている。

[6]　(公民―憲法)

問1　憲法の前文では制定した目的や国が掲げる理想，そして憲法の基本原則などを明記。

問2　1946年の文化の日(明治節―明治天皇の誕生日)に公布。

重要 問3　半年後の5月3日(憲法記念日)に施行(法令の効果を現実に発生させること)。

問4　日本国憲法は国家の最高法規ではあるが，単に国民の権利や政治のあり方だけを規定したものではなく，人類の平和的生存権を高らかにうたい自国ファーストな考え方を否定している。

★ワンポイントアドバイス★

世界に関する地理や歴史は手薄になる傾向がある。日本の地理や歴史を学習する際には必ず日本との関係などを通じて知識の幅を広げるようにしよう。

<国語解答>

[一]　(1)　はか　(2)　いろり　(3)　はなは　(4)　延　(5)　枯渇　(6)　拾得
問二　エ　問三　ウ　問四　(1)　カ　(2)　ウ

[二]　問一　X　イ　Y　ア　Z　オ　問二　エ　問三　意味を的確につかみ，感情を理解し合う力　問四　ア，エ　問五　A　新しい意味 ～ ということ　B　オ
問六　ウ

[三]　問一　X　イ　Y　オ　Z　ア　問二　エ　問三　ウ　問四　見えないナイフ
問五　オ　問六　エ

[四]　問一　いたわりける　問二　ウ　問三　イ　問四　あつぱれ～はべらめ

○推定配点○

[一]　各2点×10　[二]　問一　各2点×3　他　各5点×7

[三]　問一　各2点×3　問四・問五　各5点×2　他　各4点×3

[四]　問一　2点　他　各3点×3　計100点

＜国語解説＞

[一]　(漢字の読み書き，品詞・用法，類義語，文学史)

問一　(1)「諮る」は，上の人が下の人に相談する，という意味。音読みは「シ」。熟語は「諮問」など。　(2)「囲炉裏」は，部屋の床を四角に切って，中で火をたいて煮炊きをしたり，部屋を暖めたりする所。「囲」を使った熟語はほかに「囲碁」「周囲」など。訓読みは「かこ(う)」「かこ(む)」。　(3)「甚」の訓読みは「はなは(だ)」「はなは(だしい)」。音読みは「ジン」。熟語は「甚大」「甚句」など。　(4)「延」の訓読みは「の(ばす)」「の(びる)」「の(べる)」。音読みは「エン」。熟語は「延期」「遅延」など。　(5)「枯渇」は，かわいて水がなくなること。物やお金などがなくなること。「枯」を使った熟語はほかに「枯淡」「栄枯」など。訓読みは「か(らす)」「か(れる)」。　(6)「拾」を使った熟語はほかに「拾遺」「収拾」など。訓読みは「ひろ(う)」。

問二　「行けない」の「ない」は，動詞「行く」の未然形「行け」に接続しているので，打消しを意味する助動詞。アは形容詞「情けない」，イは形容詞「みっともない」，ウは形容詞「少ない」の活用語尾。エは，動詞「届く」の未然形「届か」に接続しているので，打消しを意味する助動詞。オは，形容詞「遠く」に接続しているので形容詞。

問三　「緊急」は，事態が重大で，至急に対策を要すること。「一刻」は，「一刻を争う」の形で，少しでも早くしようと急ぐこと。「平常」「不急」「平時」「日常」は，「緊急」とは反対の意味。

問四　石川啄木の歌集は『一握の砂』のほかに『悲しき玩具』など。北原白秋の作品は，歌集『桐の花』のほかに，詩集『邪宗門』『思ひ出』など。『舞姫』は森鷗外の小説。『友情』は武者小路実篤の小説。『斜陽』は太宰治の小説。『春暁』は孟浩然の漢詩。『伊豆の踊子』は川端康成の小説。『旅愁』は横光利一の小説。

[二]　(論説文－脱語補充，接続語，文脈把握，内容吟味，要旨)

問一　X　直後で「コミュニケーションとは何か」と，新たな話題を提起しているので，転換を表す「では」が入る。　Y　直前に「新しい関係が生まれる」とあり，直後で「ある知識を持つ人が……」と具体例を示しているので，例示を表す「例えば」が入る。　Z　直前に「コミュニケーション力を生かして，情報伝達の質を高める」とあるのに対し，直後で「話をすることでお互いにとって新しい意味がその場で生まれる」と，別の視点を示しているので，逆接を表す「しかし」が入る。

問二　後に「コミュニケーションとは何か」とあり，「やりとりする相互性があるからこそコミュニケーションといえる」「やりとりするのは，主に意味と感情だ。……情報を伝達するだけではなく，感情を伝え合い分かち合うこともまたコミュニケーションの重要な役割である」と説明されているので，「情報を伝え合いながら，感情を互いに理解していく」とするエが適切。

問三　「コミュニケーション力」については，「仕事上の……」で始まる段落に「コミュニケーション力とは，意味を的確につかみ，感情を理解し合う力のことである」と端的に説明されているので，ここから「意味を的確につかみ，感情を理解し合う力(19字)」を抜き出す。

問四　直後に「一つには，細やかな状況説明をし，前提となる事柄について共通認識をたくさんつくっておくべきであったという意味である。もう一つは，情報のやりとりだけではなく，感情的にも共感できる部分を増やし，少々の行き違いがあってもそれを修復できるだけの信頼関係を……築いておくべきであった，ということである」と二点について説明されているので，ア・エが適切。イは「感情理解を深めるよりも」，ウは「感情的に共感できる情報だけを伝えて」，オは「細かな状況説明をして共通理解を増やすよりも」という部分が適切でない。

やや難　問五　A「クリエイティブ」については，「理想的な……」で始まる段落に「クリエイティブとは，新しい意味がお互いの間に生まれるということである」と端的に述べられているので，「新しい意味がお互いの間に生まれるということ(21字)」を抜き出す。　B　後に「そこで質問が行われ，対話的に情報が伝えられたとする。その場合，聞き手にとっては，新しい意味が獲得されたことになる」「クリエイティブな関係性は，話をすることでお互いにとって新しい意味がその場で生まれるという関係を指している」とあるので，これらの内容と合致するウが適切。

やや難　問六　アは，冒頭に「コミュニケーションが上手くできない人間とはつきあいたくない，一緒に仕事をしたくない，というのは一般的な感情だろう」とあることと合致しない。イは，「意味と感情――……」で始まる段落に「情報伝達としてのみコミュニケーションを捉えると，肝心の感情理解がおろそかになる」とあることと合致しない。ウは，「仕事上の……」で始まる段落に「情報交換をしているときでも，同時に感情面での信頼関係を築くことができる人は，仕事がスムーズにいき，ミスもカバーしやすい」とあることと合致する。エ・オは，本文最後に「あのとき，あそこで，あの『意味』が生まれたんだ，と思い返すことができる対話経験があれば，それをコミュニケーションの理想型と設定できる」とあることと合致しない。

[三]　(小説－脱語補充，副詞，情景・心情，文脈把握，大意，表現)

問一　X　直前に「目立つように」とあり，直後に「教室に入っていった」とあるので，勢いよく入っていく様子にあてはまるものとして「ズカズカと」が入る。　Y　直後の「散っていく」にあてはまる表現として，「ぱーっと」が入る。　Z　直後の「教室を出て行った」様子にあてはまるものとして「さっと」が入る。

やや難　問二　直前に「『今朝，怒られたんだって』」とあり，「どうして知っているのかと驚いていた」とある。先生に怒られたことを指摘されて動揺しているので，エが適切。

やや難　問三　直前に「できる……そうだった。将人にとって，大縄跳びは『できる』に入る。ただし，跳び箱や鉄棒やかけっこに比べたら，ということだ」とあり，直後には「荻野先生にとっては『できない』でも，将人にとっては『できる』」とある。前に「『将人のせいで勝てなかったらどうすんだよ』」とあることから，将人は運動が苦手な子であるとわかる。大縄跳びが「できない子は早く来て」と言われていたが，できると思っている将人は行かなかったのである。朝練に行かなかったことについて「『ぼく，できるもん』」と言う将人を前にして，怒った荻野先生について「怒るくらいなら，はっきり将人に来るように言えばよかったんじゃないか」と冷静に考えているので「冷静に受け止めるため」とするウが適切。

問四　直後に「嫌な予感がした」とあることから，言われたくないことを言われたのだとわかる。「秀一は運動会ではいつもリレーの選手だったし，行事のたびに委員長や代表をしていた。絵画コンクールで優秀賞を取ったり，作文で表彰されたり……」とある。「そのせいで，一将と将人が兄弟だと言うと驚く先生はけっこういる。何が言いたいのか，だいたい察しはついた。それは，見えないナイフで胸をざくっと傷つけるぐらいの威力を持っている」とある。優秀な兄と比べられ，深く傷つけられる言葉は「見えないナイフ(8字)」のようだというのである。

やや難　問五　荻野先生とのやりとりについては，「そうだ，と一将の中に強い思いが芽生える。将人のために，ひと言言ってやろう」「言いたいことが，次々と浮かぶ」「息を吸ったまま，吐き出すことができなかった」「声を出せずに，すれ違う」「くそっ！　オレは何もできないのか」とある。将人のことで荻野先生に何か言ってやろうと思っていたものの，結局何も言えなかったのである。さらに，「『もしかして，滝川くんたちのお兄さんって，秀一くん？』」「何が言いたいのか，だいたい察しはついた。……」とある。意気込んでいたものの，結局何も言えなかった自分に失望し，さらに兄のことを言われて傷ついて「嫌な気分」になっているので，オが適切。アの「荻野先生を警戒」，イの「秀一への嫌悪感」，ウの「言われたくないことを言われ続けて」，エの「一方的に話をされて疲労感を覚えた」は適切でない。

問六　本文は，一将の視点で心情が描かれ，「ぱーっと」「さっと」「ムスッと」「ざくっと」「ざらついた」「びっしょりと」と擬態語を多用していること，改行が多いこと，「胸」「背中」「のど」など体の一部を用いた表現が効果的に使われていることが特徴といえるので，ア・イ・ウ・オはあてはまる。エは，「一文一文を短くすることで」が適切でない。

［四］（古文－仮名遣い，口語訳，文脈把握，内容吟味）

〈口語訳〉　ある人が，犬をたいそうかわいがっていたのだろうか，その主人が外出から帰ってきた時に，その犬は主人のひざに上り，胸に手を上げ，口のまわりをなめまわす。これによって，主人はますます犬を愛するようになった。

馬が，ひそかにこの様子を見ていて，うらやましく思ったのだろうか，ああ，自分もあのようにしよう，と決意して，ある時，主人が外出から帰ってきた時に，馬が主人の胸に飛びかかり，顔をなめ，尾を振るなどしたので，主人はこれを見て，とても怒って，棒を取って，もとの馬小屋に押し入れた。

このように，その人と親しいか親しくないかの区別を考えずに，自分から親しげになれなれしくふるまうのは，とてもおかしなことである。自分の身分に応じて，人との応対をすべきである。

問一　語頭以外の「はひふへほ」は，現代仮名遣いでは「わいうえお」となるので，「は」を「わ」に直して，「いたわりける」とする。

問二　「いやましに」は，いよいよ多く，ますます，いっそう，という意味なのでウが適切。

問三　直前に「人の親疎をわきまへず」と理由が示されている。「親疎」は，親しいか親しくないか，という意味なので，「親しさの度合いを勘違いしている」とするイが適切。

問四　馬の心中は，「馬，……うらやましくや思ひけん」の直後から始まり，「と思ひ定めて」の直前までがあてはまるので，「あつぱれ，我もかやうにこそしはべらめ（18字）」を抜き出す。

★ワンポイントアドバイス★

論説文の読解は，言い換え表現や指示内容に着目して解答する練習をしよう！

小説の読解は，心情表現を丁寧に読み取って解答しよう！

2021年度

入試問題

2021年度

岐阜東高等学校入試問題

【数　学】（40分）　　＜満点：100点＞

［１］ 次の計算をしなさい。

(1) $-5^2-2\times(-3)$

(2) $12ab\div(-4a)\times 2ab^2$

(3) $\dfrac{2x+1}{5}+\dfrac{3x-1}{2}$

(4) $\sqrt{27}+5\sqrt{3}-\sqrt{48}$

［２］ 次の問いに答えなさい。

(1) 方程式 $x(x-3)=28$ を解きなさい。

(2) ２個のさいころを同時に投げるとき，目の和が８である確率を求めなさい。

(3) 20と42の最小公倍数を求めたとき，20に何をかければ答えになるか求めなさい。

(4) １から100までの自然数のうち，３で割り切れないが５で割り切れる数の個数を求めなさい。

［３］ 長さ300mの貨物列車が，鉄橋を渡り始めてから渡り終わるまでに75秒かかった。また，長さ120mの電車が，貨物列車の２倍の速さでこの鉄橋を渡り始めてから渡り終わるまでに30秒かかった。貨物列車の速さを秒速 x m，鉄橋の長さを y mとするとき，以下の問いに答えなさい。

(1) x，y についての連立方程式を以下のように作った。［ア］［イ］に適する式をかき，連立方程式を完成させなさい。

$$\begin{cases} \boxed{\quad ア \quad}=300 \\ \boxed{\quad イ \quad}=120 \end{cases}$$

(2) 電車の速さと鉄橋の長さを求めなさい。

［４］ 次のような直線のグラフA，Bについて以下の問いに答えなさい。

A：変化の割合が３で，y 切片が -6

B：傾きが負で，x の変域が，$-5\leqq x\leqq 3$ のとき y の変域が $0\leqq y\leqq 4$

(1) 直線A，Bを表す１次関数の式を $y=ax+b$ の形で答えなさい。

(2) 直線A，Bの交点Pの座標を求めなさい。

(3) 直線A，Bおよび y 軸で囲まれた図形の面積を求めなさい。

［５］　ＡＲ：ＲＢ＝１：２，ＢＣ：ＣＰ＝５：３のとき，次の問いに答えなさい。

(1)　ＡＱ：ＱＣを求めなさい。

(2)　四角形ＢＣＱＲと△ＡＲＱの面積の比を求めなさい。

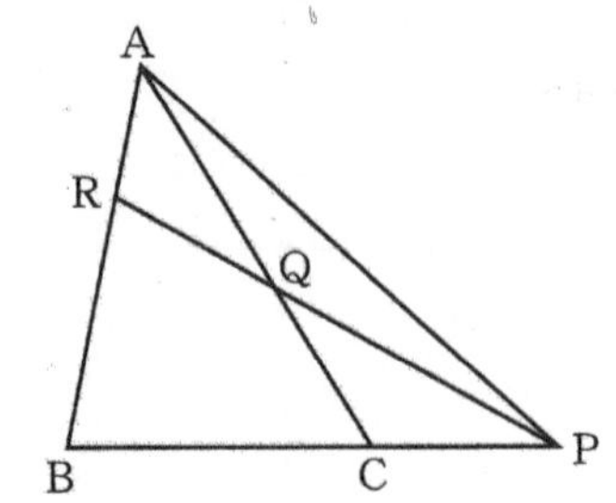

［６］　図の円柱の容器Ａ，Ｂは高さが同じで底面積が異なる円柱である。２つの容器には同じ水の量が入っている。水面の高さはそれぞれa㎝，b㎝であり，$a > b$とする。次の問いに答えなさい。

(1)　Ａの容器の底面積とＢの底面積の比をa，bを用いて表しなさい。

(2)　$a=10$，$b=6$のとき，ＡからＢに水を移して水面の高さを同じにしたい。Ａの水面の高さは何㎝になるか求めなさい。

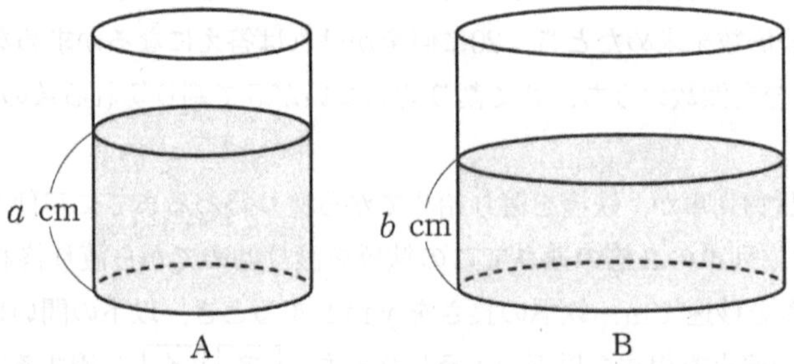

【英　語】（40分）　＜満点：100点＞

［１］ 次の英文を読んで，後の問いに答えなさい。

When humans first appeared on the earth about 7 million years ago, they were just a very small part of the world. There were already large, fierce animals around, and people lived under the shadow of those animals. Those early people lived in caves. A cave is a large hole in the side of a hill or under the ground. In time, they started (a)to use fire. They also learned how to make tools and weapons such as knives and spears. They used stones, woods and animal bones (b)to make those tools. Now they were not afraid because they had weapons (c)to fight with large animals. They learned to work together with each other and began to hunt large animals for food.

Those early people were quite good artists. They left beautiful paintings of animals and people on the walls of the caves. In Europe, there are many famous caves. You can visit and see the paintings yourself. I heard in my history class that the most famous caves are in France and Spain. The cave in France was discovered by French boys. One day, those boys were playing near the cave and found it by chance. I'm sure they were very surprised, because the animal paintings inside the cave look so alive. Ancient people left handprints, too. There is the famous "Hands Cave" in Argentina. There, you can see many handprints made about 9,000 years ago on the walls of the cave. Why did they leave their handprints? Nobody knows. Perhaps they were tired（　ア　）drawing just animals and tried to do something new（　イ　）their paints. But this is just my idea. Anyway, when you look at them, you get the feeling that people are trying to reach towards us（　ウ　）the past. I visited the cave with some of my friends when I was spending my summer vacation in Argentina. When we went inside the cave and lit the wall with a lantern, we were suddenly surrounded（　エ　）a lot of handprints. [a / experienced / feeling / have / I / such / never]. It was strange to be surrounded by so many handprints of people from a very long time ago. I was the one looking（　オ　）those handprints, but I got the feeling that those ancient people were watching me from the days long past. I felt that I could almost feel their spirit. If you have a chance to visit the cave, listen carefully. You may hear their voices—"We are here!"

注）humans：人間　appear：現れる　fierce：どう猛な　caves：洞窟　tool：道具
weapons：武器　spears：槍　hunt：狩りをする　by chance：偶然　ancient：古代の
handprints：手形　Argentina：アルゼンチン　Perhaps：おそらく　draw：～を描く
Anyway：とにかく　towards：～に向けて　the past：過去　lit：light（照らす）の過去形
lantern：手提げランプ　surround：囲む　strange：不思議な　spirit：魂

１．下線部(a)～(c)のto不定詞と同じ用法を持つ文を次のページから選び，それぞれ記号で答えなさい。

ア．He has been working hard to buy a car.

イ．I want to be a math teacher.

ウ．I want something to drink now.

2．本文中のア～オの（　）内に入る前置詞を下記の中から選びなさい。同じ語は１度しか使ってはいけません。

by / from / of / with / at

3．本文の内容と一致しているものには○を，誤っているものには×を記入しなさい。

ア．洞窟を発見した子供たちはとても驚いた。

イ．手形が残されている洞窟はアルゼンチンにある。

ウ．アルゼンチンの洞窟はおよそ９千年前に掘られた。

エ．洞窟内では，『ここにいますよ。』と呼ぶ声が聴こえる。

オ．有名な画家が洞宮内に絵を描いた。

4．筆者は古代の人々がなぜ壁に手形を残したと考えていますか。正しいものを下記から１つ選び，記号で答えなさい。

ア．未来の人々に触れるため。

イ．未来の人々を驚かそうとしたから。

ウ．動物を描くのに飽きてしまったから。

5．波線部を，文の意味が通るように正しく並び替えなさい。

［２］ 次の英文を読んで，後の問いに答えなさい。

There are many buildings in the world, but the Eastgate Center, in Zimbabwe is a lot different from other buildings.

The building is special. The Eastgate Center uses very little energy, but it is very cool inside, even in summer. The building is famous for its eco-friendly air conditioning system. The designer of the building, Mr. Mick Pearce, got the idea from the termite mounds.

Termites are also called white ants. Usually, (a)they are not liked by people, because they eat wood and cause a lot of damage to our houses.

Termites build their termite mounds in open areas. (b)They are nests made of mud by a colony of termites, (c)They keep their living space cool by opening and closing small windows in their mounds. Mr. Pearce used a similar system for the Eastgate Center building and succeeded in using less energy.

注）Zimbabwe：ジンバブウェ　　eco ～ friendly：環境にやさしい　　similar：似た
air conditioning system：空調システム　　termite mounds：シロアリの塚
colony：一地域に住む生物の集団　　mud：泥　　less：より少ない　　nest：巣

1．下線部(a)～(c)が表すものを，下記の語群の中から選び，それぞれ記号で答えなさい。同じものを２度使ってもかまいません。

ア．termites　　イ．termite mounds　　ウ．people

2．第２段落で，Eastgate Center が特別であるのはどのような点だと書かれていますか。日本語で答えなさい。ただし，Eastgate Center は英語でかまいません。

3．第４段落で，Mr. Pearce が Eastgate Center 設計にあたって参考にしたのはどのような点だと書かれていますか。日本語で具体的に答えなさい。

〔３〕 次の対話文を読み，下線部に入れるのに最も適切なものを，選択肢ア～エの中から選び，記号で答えなさい。

1．A：What did you think about the concert?

B：__________.

A：Was it? I thought it was not good.

B：Really?

ア．It was very good

イ．It was not very good

ウ．The singers sang well

エ．The singers were terrible

2．A：Dad, I found a key on my way to school today.

B：Really? __________?

A：I took it to the police station on my way home.

B：Good.

ア．Where did you find it

イ．How did you do it

ウ．What did you do with it

エ．Why did you take it to the police station

3．A：We had beautiful weather during our vacation in Rome.

B：__________?

ア．Had it　　イ．Was it　　ウ．Did you　　エ．Were you

4．A：Let s change the channel.

B：Why?　It's a very good game.

A：__________.

B：Dont worry.　You will.

ア．I'm not interested

イ．I can't throw the ball

ウ．I can t understand the rules

エ．I don't think it's very exciting

5．A：What did you do this morning?

B：I went shopping with my friend.

A：Didn't you have any homework?

B：__________ I finished it last night.

ア．No, and　　　イ．No, but

ウ．Yes, because　　エ．Yes, but

〔４〕 次のデボラと母親の対話文を読み，下記の設問に答えなさい。

Deborah : Mom, look at this.

Mother : What is it? Is it a ring? Oh, I don't believe it.

Deborah : (1)________________

Mother : Yes, of course. Where did you find this?

Deborah : Well, I was taking care of the roses in the garden, and something shiny under the bushes caught my eye. So I reached under the bushes and found this ring.

Mother : I can't believe it. I didn't dream that I would see it again.

Deborah : (2)________________

Mother : Actually, it is your grandmother's ring. When I was very small, I took the ring from the drawer of her desk. Later I lost it. That was more than twenty years ago.

Deborah : (3)________________

Mother : Well, when I put on the ring and got out into the garden, she — I mean, your grandmother came home. So I took it off and put it in my pocket. Later, I found that I lost it. I looked everywhere for it, but I couldn't find it.

Deborah : (4)________________

Mother : Of course I did. She got very angry with me. At the same time, it made her very sad, because it was a present from your grandfather.

Deborah : (5)________________

Mother : Of course I was. But I'm glad you found it. How I hope she is here to see this.

注）bush：茂み　drawer：引き出し

下線部(1)～(5)に入れるのに適切な文を下記から選び，記号で答えなさい。

ア．Does it mean that it has been in the garden for that long?

イ．Were you sorry?

ウ．Do you know anything about it?

エ．You mean, it's yours and you lost it?

オ．Did you tell her about it?

〔５〕 次のページの地図を見て，下の会話から，２人の現在地をＡ～Ｄから選び，記号で答えなさい。

A girl : Excuse me, but could you tell me the way to the nearest drugstore?

Anna : Sure. Go straight and turn left at the second traffic light. You will see it on your right.

A girl : Thank you.

Anna : You are very welcome.

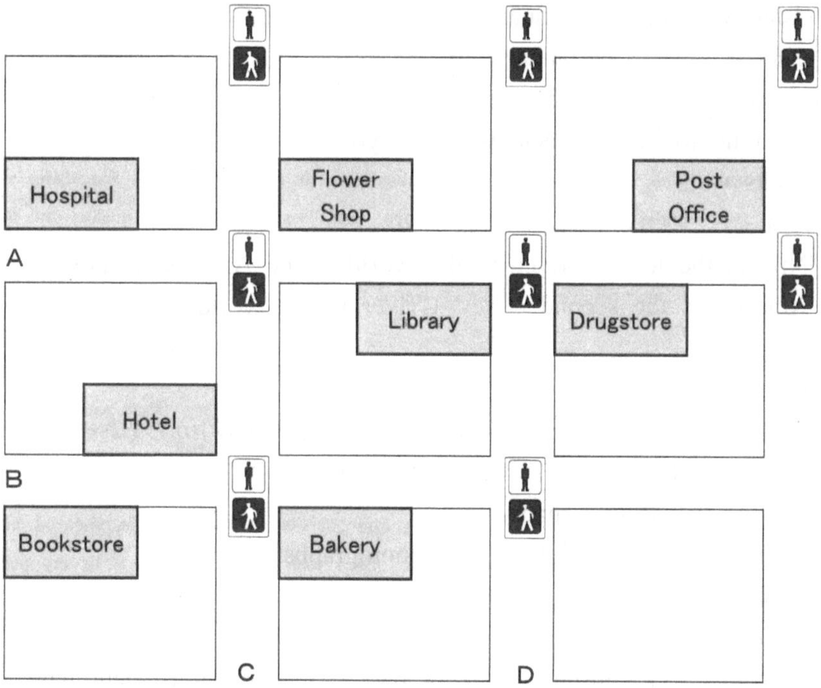

［6］（　）内の語（句）を並べ替えて英文を完成させるとき，２番目と５番目に来る語（句）を数字で答えなさい。ただし，文頭に来る語（句）も小文字で表記してあります。

1．麺類を食べるときには音を立ててはいけません。

Don't （１．eat　２．noodles　３．make　４．you　５．any sounds　６．when ）.

2．どうやってあなたの名前を英語で書くのか教えてあげますよ。

Let me teach you（１．English　２．write　３．your name　４．how　５．in　６．to ）.

3．エコバッグを使うことは私たちの環境を健全に保つ方法の一つです。

Using eco-bags （１．keep　２．our environment　３．is　４．one way　５．to　6. healthy ）.

4．私の作品は自然からのイメージに影響を受けています。

（１．images　２．from　３．have　４．my works　５．nature　６．influenced ）.

5．私たちは過去の経験から学ばなければなりません。

We have to（１．from　２．learn　３．the past　４．of　５．the experience ）.

［7］次の各組の英文がほぼ同じ意味になるように，（　）に適切な語を入れなさい。ただし，文頭に来る語は大文字で書きなさい。

1．What is the name of your cat?

What do you（　　）your cat?

2．My sister was born on January 25.
My sister's (　　) is January 25.

3．If you are kind to her, she will like you.
(　　) kind to her, and she will like you.

4．She cooks well.
She is a (　　) cook.

5．The Nile is the longest river in the world. The Amazon is next.
The Amazon is the second (　　) river in the world.

［8］ Listening Test

英文と質問を聞いて，その答えとして適切なものを次のア～エの中からそれぞれ一つずつ選び，記号で答えなさい。なお，英文と質問は2回読まれます。

1．ア．Because they found many books.
イ．Because they found lots of old photographs.
ウ．Because they found old clothes.
エ．Because they found an old TV.

2．ア．a zoo　イ．a museum　ウ．a park　エ．an amusement park

3．ア．last Monday　イ．last Tuesday
ウ．last Thursday　エ．last Friday

4．ア．a doll　イ．a camera　ウ．a bag　エ．a pencil case

5．ア．9:00　イ．9:30　ウ．10:00　エ．10:30

〈リスニング　スクリプト〉

1．Last weekend, I cleaned up my house with my family. We found many old books. We also found lots of old photographs. They were taken when my grandfather was a child. My grandfather looked so happy, and he told us his old stories. They were really interesting.
Question. Why did the man's grandfather tell them about his old stories?

2．Yesterday, I was going to go to a zoo near my house. When I got up and looked outside, however, it was raining. I was sad but I changed my plans and went to a museum. I saw a lot of famous pictures. They were really good. I want to go there again!
Question. Where did the man plan to go first yesterday?

3．Last Wednesday, I was going to watch my favorite movie, but I couldn't because I had a lot of things to do. So, I watched it two days later. It was really good. I'm looking forward to the next one.
Question. When did the man watch the movie?

4．The man is looking for presents for his daughter. She is 6 years old and her school starts next year. He wants to buy her something used for studying.

He has already bought a new bag to get her ready for school.
Question. What is the man going to buy?

5. We are going to watch the baseball game, but I heard the time changed. The starting time has been changed from 9 o'clock to 10 o'clock. I think there are long lines in front of the gate so let's meet up 30 minutes before the game starts.
Question. What time will they meet?

【理　科】（40分）　＜満点：100点＞

［1］ 植物のからだのつくりとはたらきに関する次の〔1〕～〔3〕の文を読み，次の問いに答えなさい。

〔1〕いろいろな植物の花を比べてみると，外側から順に①(おしべ，花弁，がく，めしべ) があるものが多い。

②おしべの先端部分には花粉が入っていて，③めしべの先端部分は，花粉がつきやすくなっている。めしべのもとのふくらんだ部分は④子房といい，子房の中には⑤胚珠がある。

問1　下線部①の（　）内の語句を正しい順に並べなさい。

問2　下線部②と下線部③は，それぞれ何というか答えなさい。

問3　下線部④と下線部⑤は，受粉が起こると成長して，それぞれ何になるか答えなさい。

問4　〔1〕の文のように，胚珠が子房で包まれている植物を何というか。漢字で答えなさい。

問5　胚珠が子房で包まれている植物を，次の（ア）～（オ）からすべて選び，記号で答えなさい。

（ア）サクラ
（イ）マツ
（ウ）アブラナ
（エ）イチョウ
（オ）スギ

〔2〕 植物の葉をうすく切って観察すると，内部に小さな部屋のようなものがあり，これを細胞という。植物の葉の細胞の中には，⑥緑色の粒がたくさん見られ，この粒に光が当たると，光合成が行われる。

光合成に使われる材料は，空気中からとりこまれる二酸化炭素と，根から吸い上げられた（　⑦　）である。これらを材料として，光のエネルギーを使い，デンプンなどの養分と（　⑧　）がつくられる。

問6　下線部⑥の緑色の粒を何というか。**漢字で答えなさい。**

問7　二酸化炭素や（⑧）などの気体が出入りしている部分を何というか答えなさい。

問8　（⑦）の特徴として**誤っているもの**を，次の（ア）～（エ）から1つ選び，記号で答えなさい。

（ア）青色の塩化コバルト紙につけると桃色になる。
（イ）根から道管を通って吸収される。
（ウ）マッチの火を近づけるとポンと音を立てて燃える。
（エ）炭酸水素ナトリウムを加熱すると発生する。

問9　（⑧）の特徴として正しいものを，次の（ア）～（エ）から1つ選び，記号で答えなさい。

（ア）線香の火を近づけるとはげしく燃える。
（イ）有機物を燃やすと発生する。
（ウ）空気中にもっとも多くふくまれている。
（エ）うすい塩酸にマグネシウムリボンを入れると発生する。

〔3〕 植物も動物と同じように，一日中呼吸を行い，二酸化炭素を出している。暗いところと明るいところに植物を置いて，それぞれ二酸化炭素の出入りを時間をおって調べてみると，下の表のようであった。

暗いところでは，植物は呼吸しか行わないので，二酸化炭素が増加する。⑨明るいところで光合成が行われるときは，呼吸による気体の出入りより，光合成による気体の出入りのほうが多いので，全体としては二酸化炭素が減少する。

なお，呼吸による気体の出入りは，明るさに関係なく一定であるものとする。

表

時間〔分〕		0	10	20	30	40	50
二酸化炭素の質量〔mg〕	暗いところ	10.0	10.1	10.2	10.3	10.4	10.5
	明るいところ	10.0	9.7	9.4	9.1	8.8	8.5

問10　30分のとき，呼吸によって出た二酸化炭素の質量は何㎎か答えなさい。

問11　60分のとき，光合成でとり込んだ二酸化炭素は何㎎か答えなさい。

問12　下線部⑨について，表の結果からは，光合成でとり込んだ二酸化炭素の質量は，呼吸で出た二酸化炭素の質量の何倍であるか答えなさい。

［2］ 水溶液に電流を流して，電極における変化を調べるために，2つの実験を行った。次の問いに答えなさい。

Ⅰ　下図の装置で塩化銅水溶液に電圧を加えて電流を流した。

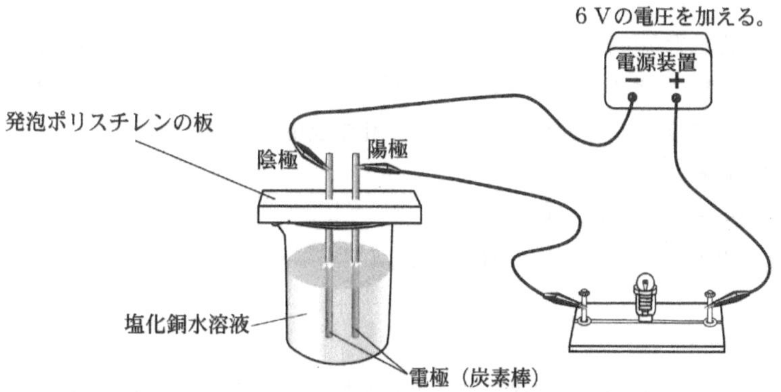

問1　水に溶かしたときに，電流が流れる物質を何というか答えなさい。

問2　塩化銅が電離している様子をイオン式で表しなさい。

問3　陰極で生成した物質の性質について述べた文として正しいものを，次の（ア）～（オ）からすべて選び，記号で答えなさい。

（ア）赤色の物質で軽くこすると金属光沢がある。

（イ）黄緑色の気体で刺激臭をもつ。

（ウ）無色無臭の気体で，空気中で燃えると水になる。

（エ）水道水の消毒剤や，漂白剤として利用されている。

（オ）酸素と化合して酸化銅になる。

問4　塩化銅が2つの物質に分解した反応を化学反応式で答えなさい。

Ⅱ　下図の装置でうすい塩酸に電圧を加えて電流を流した。

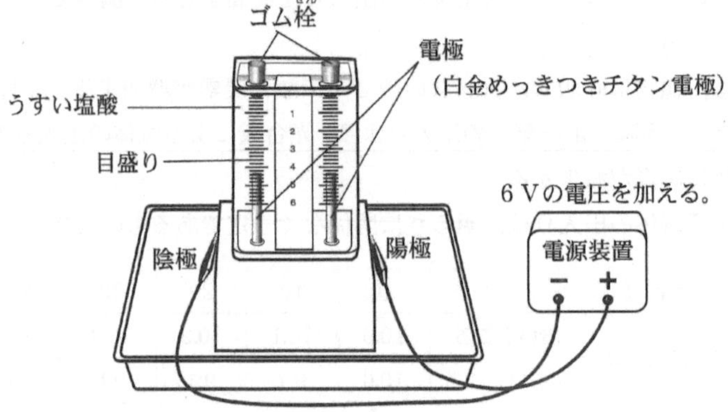

問5　塩酸の性質について述べた文として正しいものを，次の（ア）～（エ）からすべて選び，記号で答えなさい。

（ア）赤色のリトマス紙を青色に変える。

（イ）亜鉛を加えると水素を発生する。

（ウ）BTB溶液を加えると黄色になる。

（エ）フェノールフタレイン溶液を加えると赤色になる。

問6　塩化水素が電離している様子をイオン式で表しなさい。

問7　陽極から発生した気体を化学式で答えなさい。

問8　塩化水素が2つの物質に分解した反応を化学反応式で答えなさい。

問9　100個の塩化水素が反応したとき，陰極から発生した気体の分子の数は何個か答えなさい。

問10　1種類の物質がもとの物質とは異なる性質をもった2種類以上の物質に分かれる変化が起こる反応を，次の（ア）～（ウ）から1つ選び，化学反応式で答えなさい。

（ア）銅を加熱する。

（イ）炭酸水素ナトリウムを加熱する。

（ウ）酸化銅と炭素を混ぜ合わせて加熱する。

［3］

Ⅰ　波のない水面上に，2艘《そう》の汽笛の鳴る船A，Bが静止して浮かんでいる。船A，Bの間の距離を621mとり，船Aに乗っている人が汽笛を鳴らし，船Bに乗っている人が船Aからの汽笛を聞いた後，船Bの汽笛を鳴らした。船Aに乗っている人はその汽笛を，初めに汽笛を鳴らしてから，3.6秒後に聞いた。

次に，互いに船を向かい合わせて，船を同時に進め，1.5秒後に，先ほどと同じように，汽笛を鳴らしあった。船Bが船Aの汽笛を聞いたのは，船Aが汽笛を鳴らしてから，1.6秒後に聞いた。

ただし，汽笛を聞いてから，汽笛を鳴らすまでの反応時間はないものとする。また，船は静止状態から，瞬間的に速くなるとする。

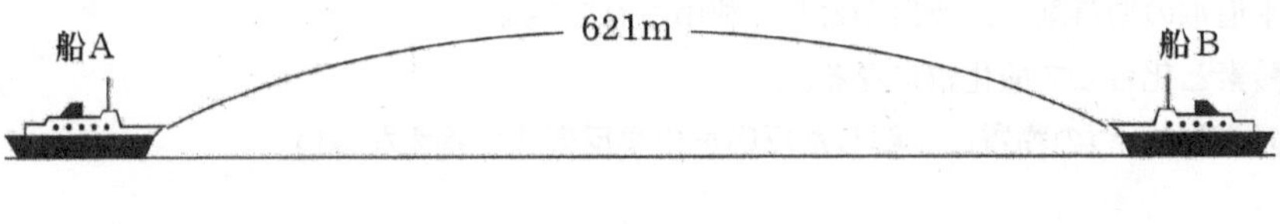

問１　音の速さは何m/ｓか答えなさい。

問２　向かい合って船を進めるとき，船の速さは同じ場合，船の速さは何m/ｓか答えなさい。

問３　問２のとき，船Ａに乗っている人が再び汽笛を聞いたときの船Ａ，Ｂの距離は何mか答えなさい。

問４　音に関する記述として正しいものを，次の（ア）～（オ）からすべて選び，記号で答えなさい。

（ア）音は物体が振動することで発生する。

（イ）音は水中では伝わらない。

（ウ）音の振幅は，音の高さに関係しない。

（エ）音の振動数が小さくなると，低い音になる。

（オ）太さの異なる弦でも，振動数が同じならば，音の大きさは同じになる。

Ⅱ　下の図のように，コイルの上に棒磁石のＳ極を下にして，コイルから真上に遠ざけた。この時コイルに電流が流れ，検流計の針が右に振れた。

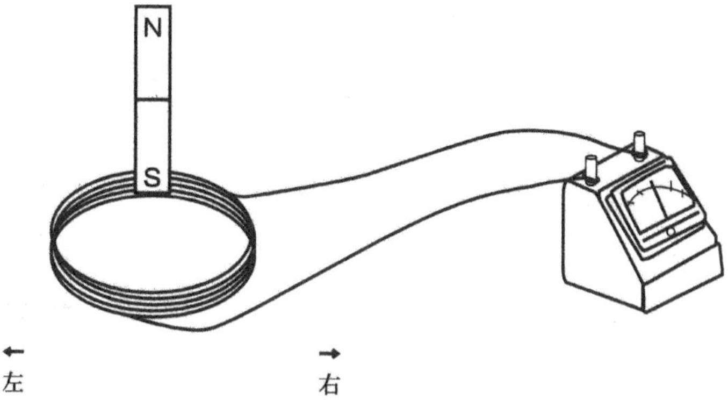

問５　コイルに流れる電流を何というか。**漢字で答えなさい。**

問６　この装置のままで，流れる電流を大きくしたい場合はどうすればよいか答えなさい。

問７　検流計の針が右に振れるものを，次の（ア）～（オ）からすべて選び，記号で答えなさい。

（ア）コイルの下に棒磁石のＮ極を上にして，コイルに近づける。

（イ）コイルの上に棒磁石のＮ極を下にして，コイルに近づける。

（ウ）コイルの上に棒磁石のＮ極を下にして，コイルから遠ざける。

（エ）コイルの上に棒磁石のＳ極を下にして，コイルを右に動かす。

（オ）コイルの上に棒磁石のＮ極を下にして，コイルを左に動かす。

〔４〕　大気の動きを調べるために，次のページの図１のように水そうの左側の空気を保冷剤で冷やして線香の煙で満たしたあと，静かにしきりを上げて空気の動きを観察した。次の問いに答えなさい。

問１　図１のしきりを静かに上げたときの水そうの中の様子を，次の（ア）～（ウ）から１つ選び，記号で答えなさい。

（ア）左側の空気は水そうの下部で右側に移動し，右側の空気は水そうの上部で左側に移動した。

（イ）左側の空気は水そうの上部で右側に移動し，右側の空気は水そうの下部で左側に移動した。

（ウ）左側と右側の空気は不規則に混じり合った。

図1

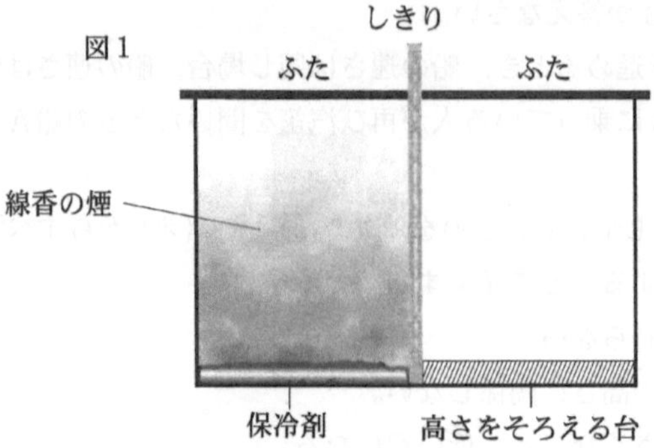

問2　暖かい空気と冷たい空気の密度の関係を，次の（ア）～（ウ）から1つ選び，記号で答えなさい。

（ア）暖かい空気は冷たい空気より密度が大きい。

（イ）暖かい空気は冷たい空気より密度が小さい。

（ウ）暖かい空気と冷たい空気の密度は同じ。

問3　図1の左側の空気を陸上の空気，右側の空気を海上の空気とすると，水そう下部での空気の動きは，昼夜のどちらの時間帯に動く，どのような向きの海陸風を表しているか。次の（ア）～（エ）の模式図から1つ選び，記号で答えなさい。

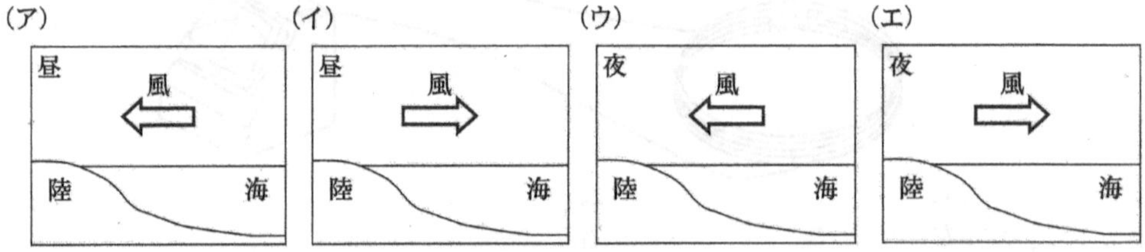

問4　海陸風とよく似た現象は，より広範囲の大陸と海洋の間でも起こる。大陸と海洋のあたたまり方は，1年のうちでちがい，季節に特徴的な風がふく。冬の時期に発達する高気圧はどれか。図2のA～Dから1つ選び，記号で答えなさい。

また，この高気圧を何というか答えなさい。

図2

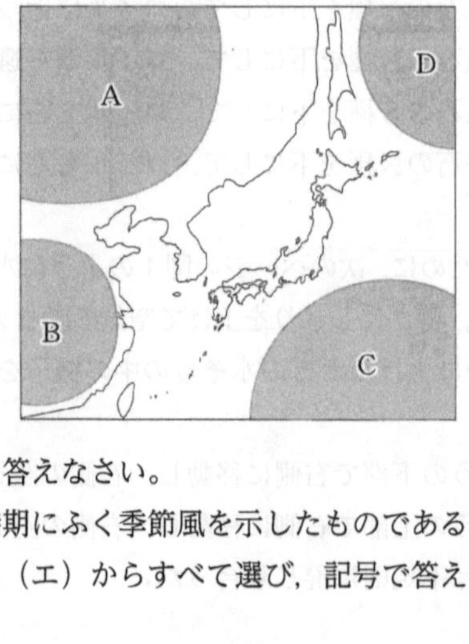

問5　冬にふく季節風の風向きを答えなさい。

問6　次のページの図3は冬の時期にふく季節風を示したものである。乾燥した空気となっているところを次のページの（ア）～（エ）からすべて選び，記号で答えなさい。

図3

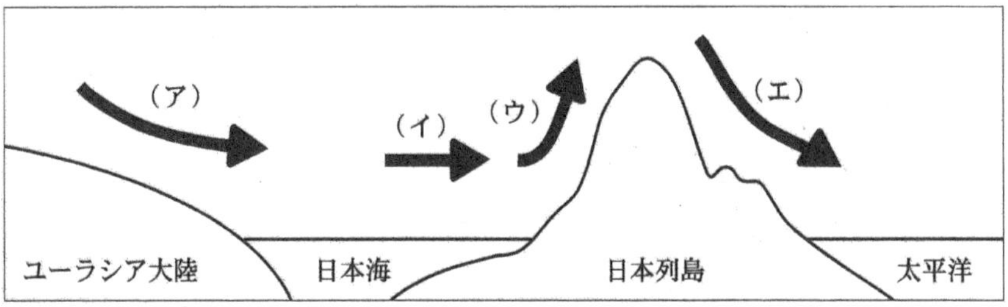

問7　海面からの高さ0mのところに，気温10℃，湿度59.6％の空気のかたまりがある。この空気のかたまりは周囲の空気と混ざらないものとする。また，上昇する空気の温度は，雲ができるまでは100mにつき1.0℃ずつ下がる。表1は飽和水蒸気量と気温の関係を示したものである。

表1

空気の温度〔℃〕	0	1	2	3	4	5	6	7
飽和水蒸気量〔g/m^3〕	4.8	5.2	5.6	5.9	6.4	6.8	7.3	7.8
空気の温度〔℃〕	8	9	10	11	12	13	14	15
飽和水蒸気量〔g/m^3〕	8.3	8.8	9.4	10.0	10.7	11.4	12.1	12.8

①　この空気1m^3あたりに含まれる水蒸気の量は何gか。小数第2位を四捨五入して答えなさい。

②　この空気のかたまりが上昇するとき，およそ何mの高さで雲ができ始めるか答えなさい。

問8　ある学校の校庭の大きさは縦80m，横90mである。降水量が15㎜のとき，この校庭に降った雨の総量は何㎏か答えなさい。ただし，水の密度を1.0g/cm^3とする。

問9　地球の大きさと比べると，大気の層はとてもうすい。そして，気象現象が起こるのは，大気の下層のほんの一部である。気象現象が起こるのは地表から何㎞の範囲か。次の（ア）～（オ）から1つ選び，記号で答えなさい。

（ア）0.1㎞　　（イ）1㎞　　（ウ）10㎞　　（エ）100㎞　　（オ）1000㎞

問10　日本列島は，中緯度帯に位置している。中緯度帯の上空を，西から東へ向かって一周している大気の動きを何というか答えなさい。

【社　会】（40分）　＜満点：100点＞

［１］ 次の地図を見て，後の各問に答えなさい。

地図１

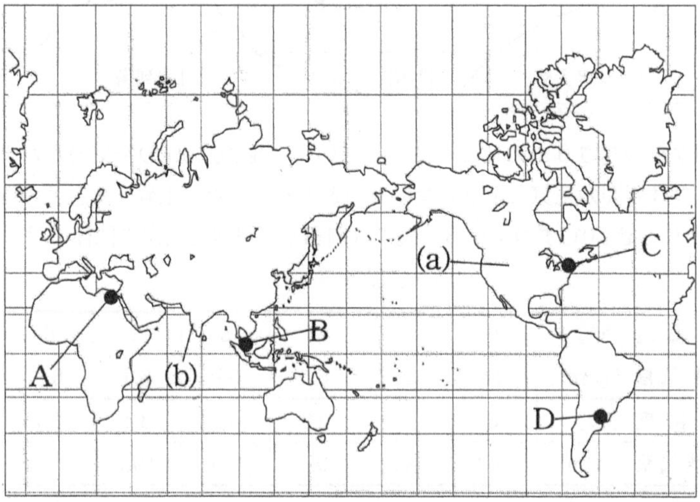

地図２

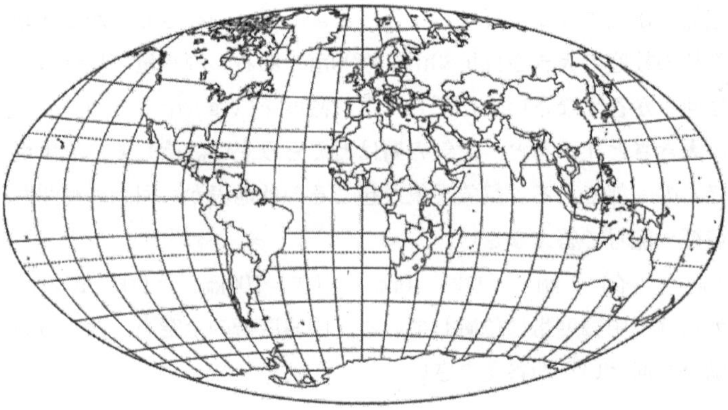

問１　地図１・地図２について説明している文章で**誤っているもの**を，次の（ア）～（エ）の中から１つ選び，記号で答えなさい。

（ア）地図１は，すべての地点での角度が正しく表わされる図法で，地図上ではかった角度が，航空図などに利用されている

（イ）地図１は，北極・南極に近づくにつれて，面積や形・距離・方位は不正確に表わされている

（ウ）地図２は，面積の割合が正しく表わされる図法で，分布図として利用されている

（エ）地図２は，地図を楕円形《だえんけい》に表わすことによって，高緯度地方は見やすくなったが，左右の端へいくほど，形がゆがんで表わされている

問２　地図１中には描かれていないが，地図２に描かれている大陸の名称を何といいますか，漢字４字で答えなさい。

問3　地図1中の（a）の国について，次の⑴⑵の各問に答えなさい。

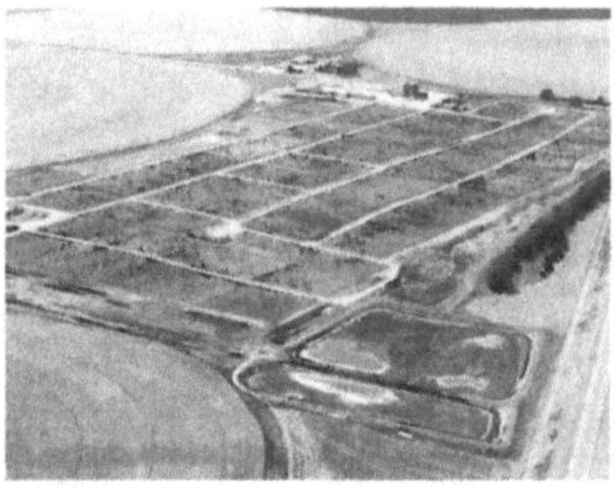

⑴　先端技術産業が発達している北緯37度以南の地域を何といいますか，カタカナ5字で答えなさい。

⑵　右の写真は放牧地で1～2年間育てられた牛が出荷前にとうもろこしを中心とした栄養の高い肥料が与えられ，効率よく育てられるところです。これを何といいますか，カタカナ7字で答えなさい。

問4　地図1中の（b）の国について説明している文章で誤っているものを，次の（ア）～（エ）の中から1つ選び，記号で答えなさい。

（ア）人口は約13億人（2018年）で，世界第2位の人口をほこる

（イ）情報技術（ＩＴ）産業がさかんでシリコンバレーを中心に成長している

（ウ）最も多くの人たちが信仰している宗教はヒンドゥー教で，牛は神の使いとされている

（エ）降水量の多いガンジス川下流部は稲作，降水量が少ない上流部は小麦の栽培が盛んである

問5　下の資料Ⅰの①～④の雨温図は，地図1中のＡ～Ｄで示した都市のいずれかです。雨温図と都市の正しい組み合わせを，次の（ア）～（エ）の中から1つ選び，記号で答えなさい。

資料Ⅰ

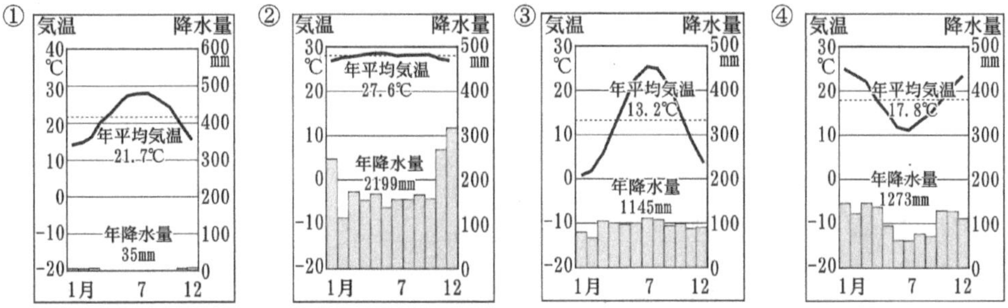

（ア）①－Ａ　　②－Ｂ　　③－Ｃ　　④－Ｄ

（イ）①－Ａ　　②－Ｃ　　③－Ｄ　　④－Ｂ

（ウ）①－Ｂ　　②－Ａ　　③－Ｃ　　④－Ｄ

（エ）①－Ｂ　　②－Ｃ　　③－Ｄ　　④－Ａ

［2］　次のページの地図3を見て，後の各問に答えなさい。

問1　日本の中央にそびえる3つの山々を総称して日本アルプスといいます。地図3中の①～③の山脈の名称の組み合わせとして正しいものを，次の（ア）～（エ）の中から1つ選び，記号で答えなさい。

（ア）①－木曽山脈　　②－赤石山脈　　③－飛驒山脈

（イ）①－赤石山脈　　②－木曽山脈　　③－飛驒山脈

（ウ）①－飛驒山脈　　②－赤石山脈　　③－木曽山脈

（エ）①－飛驒山脈　　②－木曽山脈　　③－赤石山脈

地図3

問2　下の資料Ⅱの①～③の雨温図は，地図3中のA～Cで示した都市のいずれかです。雨温図と都市の正しい組み合わせを，次の（ア）～（エ）の中から1つ選び，記号で答えなさい。

資料Ⅱ

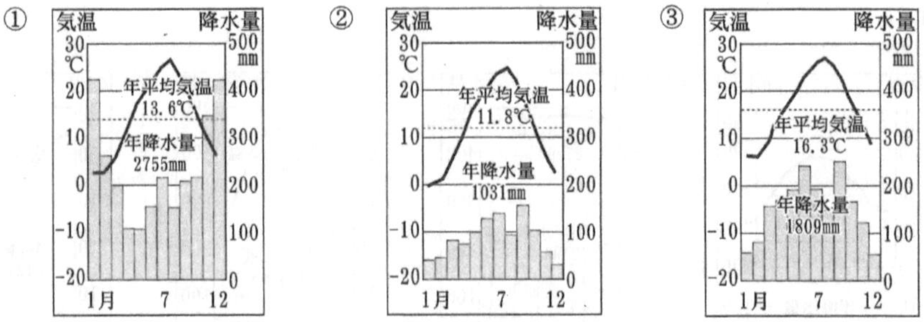

（ア）①－A　②－B　③－C　　（イ）①－B　②－A　③－C

（ウ）①－C　②－A　③－B　　（エ）①－C　②－B　③－A

問3　次の資料A，Bを見て，後の各問に答えなさい。

資料A

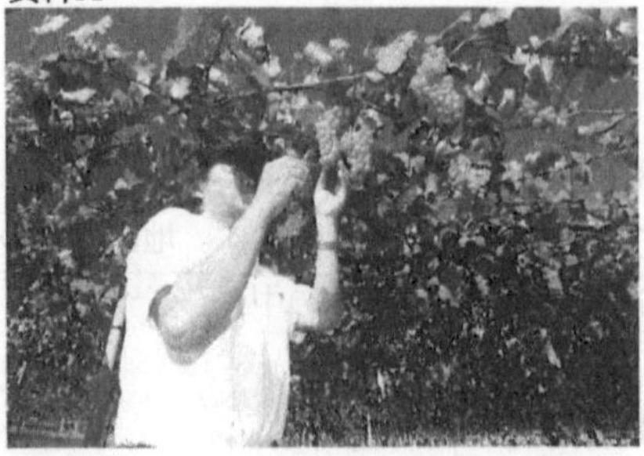

資料B

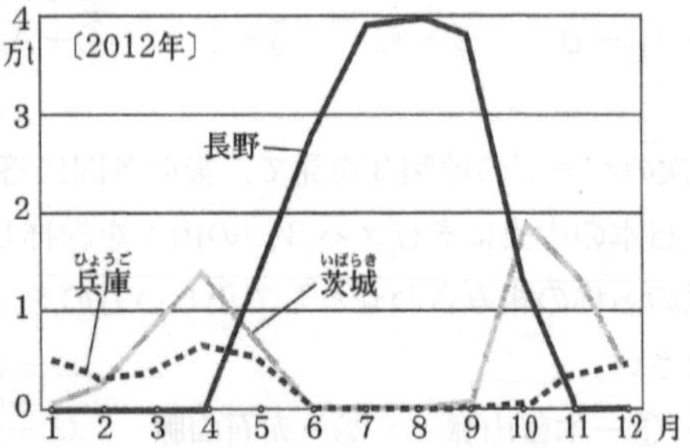

⑴　資料Aのようなりんごやぶどう，ももなどの果樹栽培が盛んな盆地の周辺部の水がしみこみやすい土壌が広がった扇形の地形を何といいますか，漢字3字で答えなさい。

⑵　資料Bのグラフは，ある野菜の生産量上位3県の月別出荷量を示しています。この野菜は何ですか，カタカナ3字で答えなさい。

［３］ ３年Ａ組では，縄文から江戸時代までの国際交流を中心とした出来事について，次の年表のようにまとめました。これを見て，後の各問に答えなさい。

【国際交流の歴史（年表）】

時代	出来事
縄　文	
弥　生	A…大陸（主に朝鮮半島）から移り住んだ人々（渡来人）によって、稲作が九州北部に伝えられ、やがて東日本にまで広がった。
古　墳	B…倭の王としての地位と、朝鮮半島南部の軍事的な指揮権とを中国の皇帝に認めてもらおうとして、たびたび使者を送った。（南朝「宋」の歴史書『宋書』倭国伝）
飛　鳥	C…小野妹子などが遣隋使として派遣され、多くの留学生や僧が同行した。 D…百済から仏像や経典がおくられ、仏教が伝わった。 E…隋が滅び、唐が建国される。（遣唐使の開始）
奈　良	F…唐の法律にならった大宝律令が作られる。 G…遣唐使を多く派遣し、都を中心に、仏教と唐の文化の影響を強く受けた国際的な文化が栄えた。
平　安	H…菅原道真は、唐のおとろえと往復の危険を理由に派遣の停止を訴え、遣唐使の派遣が停止される。 I…（　a　）貿易を行う。
鎌　倉	J…モンゴル勢力による２度の元寇。
室　町	K…（　b　）貿易を行う。 L…ポルトガル人を乗せた中国人の倭寇の船が種子島に漂着する。 M…（　c　）貿易が始まる。
安土桃山	N…１５万人の大軍を朝鮮に派遣（出兵）する。
江　戸	O…貿易の発展のため、渡航を許す朱印状を発行し、朱印船貿易を行う。 P…幕府による禁教、貿易統制、外交独占の体制を鎖国とよぶ。 Q…異国船打払令により、通商を求めたアメリカの商船を砲撃する事件が起こる。 R…開国、欧米と貿易を始める。

問１　トミコさんのグループは年表を見て国際交流の影響について話し合っています。会話の内容として誤っているものはどれですか，次の（ア）～（エ）の中から１つ選び，記号で答えなさい。

（ア）Ａによって，人々が協力し合う必要が強まって，村や国ができたんだね

（イ）Ｌによって，鉄砲が伝わって戦の仕方が大きく変わったよ

（ウ）Ｎによって，朝鮮とは江戸時代の終わりまで国交が断絶したんだ

（エ）Ｒによって，幕府に対する不満が高まって，尊王攘夷運動がおこったんだ

問２　ハルトさんのグループは中国について調べました。年表中のａ～ｃの空欄にあてはまる語句の組み合わせとして正しいものはどれですか，次の（ア）～（エ）の中から１つ選び，記号で答えなさい。

（ア）ａ－日宋　ｂ－日明　ｃ－南蛮　　（イ）ａ－日宋　ｂ－南蛮　ｃ－日明

（ウ）ａ－日明　ｂ－日宋　ｃ－南蛮　　（エ）ａ－南蛮　ｂ－日明　ｃ－日宋

問３　ツバサさんのグループはＪの影響について調べました。次の資料Ｉは，ある戦いを描いた絵巻物の一部です。この戦いについて述べた文章として正しいものはどれですか，次の（ア）～（エ）の中から１つ選び，記号で答えなさい。

資料Ｉ

（ア）防備を固めるために，六波羅探題が設置された
（イ）この戦いに勝ったことで北条氏の力が強まり，執権政治が確立された
（ウ）恩賞が十分にあたえられなかったこともあり，幕府に対する御家人の不満が強まった
（エ）攻めてきた国は，これをきっかけに周辺の国々に対する支配力を強めた

問４　シオリさんのグループは沖縄の歴史と関係を調べました。15世紀の琉球王国の成立に最も近いできごとはどれですか，年表中のＡ～Ｒの中から１つ選び，記号で答えなさい。

問５　ヒカルさんのグループは日本の文化について調べました。次の「まとめレポート」を読んで，資料Ⅱの浮世絵の作者名を何といいますか，次の（ア）～（エ）の中から１つ選び，記号で答えなさい。

―まとめレポート―　　作成者：ヒカル

１９世紀初めの文化・文政年間には、文化の中心が上方から江戸に移りました。主に第１１代将軍の徳川家斉の時期に、庶民をにない手として発展した文化を「化政文化」といいます。浮世絵の技術も進み、錦絵（多色刷りの版画）が大流行し、美人画、風景画など優れた作品を残しました。これらの作品はヨーロッパの絵画にも大きな影響をあたえました。資料Ⅱは「富嶽三十六景より神奈川沖浪裏」（東京国立博物館蔵）

文学では、十返舎一九の「東海道中膝栗毛」や滝沢

資料Ⅱ

（ア）菱川師宣　　（イ）葛飾北斎　　（ウ）狩野永徳　　（エ）喜多川歌麿

問６　ユウジさんのグループは飛鳥時代について，さらに詳しく調べることにしました。資料Ⅲは十七条の憲法をグループで分かりやすくまとめた一部です。この憲法をつくった資料Ⅳの人物名を何といいますか，漢字４字で答えなさい。また，世界最古の木造建築といわれる資料Ⅴの建物は何といいますか，漢字３字で答えなさい。

資料Ⅲ

【十七条の憲法まとめ】　作成者：ユウジ

第１条　人の和を大切にしなさい。
第２条　仏教を深く信じなさい。
第３条　天皇の命令には必ずしたがいなさい。
第４条　役人は礼儀正しく

資料Ⅳ

資料Ⅴ

問７　カズコさんのグループは平安時代の文化について，さらに詳しく調べることにしました。資

料Ⅵは藤原道長がよんだ和歌です。資料Ⅶは天皇のきさきとなった，道長の娘に仕えた人物の絵巻（一部）です。この作品を何といいますか，漢字４字で答えなさい。また，作者名は何といいますか，漢字３字で答えなさい。

資料Ⅵ

> 今日は威子（道長の娘）を皇后に立てる日である。…太閤（道長）が私を呼んでこう言った。
> 「和歌をよもうと思う。ほこらしげな歌ではあるが、あらかじめ準備していたものではない。」
> この世をば　わが世とぞ思う
> 望月の欠けたることも　無しと思えば
> （小右記）

資料Ⅶ

問８　チハルさんのグループは鎌倉時代の仏教について，さらに詳しく調べることにしました。チハルさんたちは，人物を中心に宗派や特徴などをレポートにまとめることにしました。資料Ⅷの（Ａ）～（Ｃ）の人物名を何といいますか，それぞれ漢字２字で答えなさい。

資料Ⅷ

【鎌倉時代の仏教】　　作成者：チハル

鎌倉時代には、たくましく成長した民衆や、自分の運命を切り開いてきた武士の心のよりどころとして、新しい仏教が広がりました。これらは分かりやすく、実行しやすかったので、多くの人々の心をとらえました。

開　祖	 （　Ａ　） （京都府　二尊院蔵）	 （　Ｂ　） （奈良国立博物館蔵）	 （　Ｃ　） （福井県　宝慶寺蔵）
宗　派	浄土宗	浄土真宗	曹洞宗
主な寺院	知恩院　（京都市）	本願寺　（京都市）	永平寺　（福井県永平寺町）
特　徴	一心に「南無阿弥陀仏」と念仏を唱える	阿弥陀如来を信じて念仏を唱える	宋から伝わる。座禅を組み、自分の力でさとりを開く

源平の争乱の前後に、浄土信仰の教えを徹底することを目指し

一心に「南無阿弥陀仏」と念仏を唱

［4］ 次の表を見て，後の各問に答えなさい。

時代	できごと
江戸時代	日米和親条約…　B
	日米修好通商条約
	大政奉還
	戊辰戦争
明治時代…　A	
	岩倉使節団の欧米派遣…　C
	西南戦争
	日清戦争…　D
	日露戦争…　E
大正時代…　F	↕ X
昭和時代…　G	
	サンフランシスコ平和条約…　H
	警察予備隊…　I

問１　Aについて，この時代の人々の生活の特徴を述べた下記の①～④の正誤の組み合わせとして正しいものを，次の（ア）～（エ）の中から１つ選び，記号で答えなさい。

①　重い年貢による農民の生活問題　　②　三井・三菱・住友などの資本家が財閥へ成長

③　鉱毒の被害による社会問題　　④　女性や児童への労働問題

（ア）①－誤　②－誤　③－正　④－正

（イ）①－正　②－正　③－正　④－誤

（ウ）①－誤　②－正　③－正　④－正

（エ）①－正　②－誤　③－正　④－正

問２　Bについて，次のページの地図を見て，この条約で開港された場所を（ア）～（カ）の中から２つ選び，記号で答えなさい。

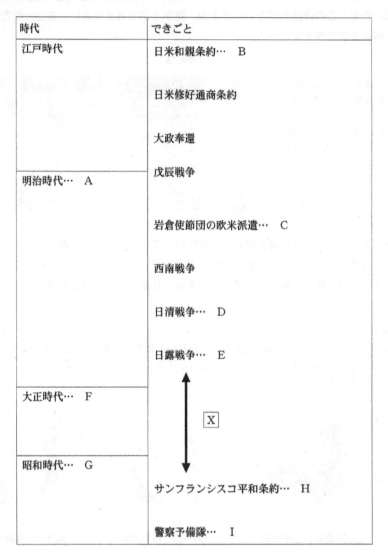

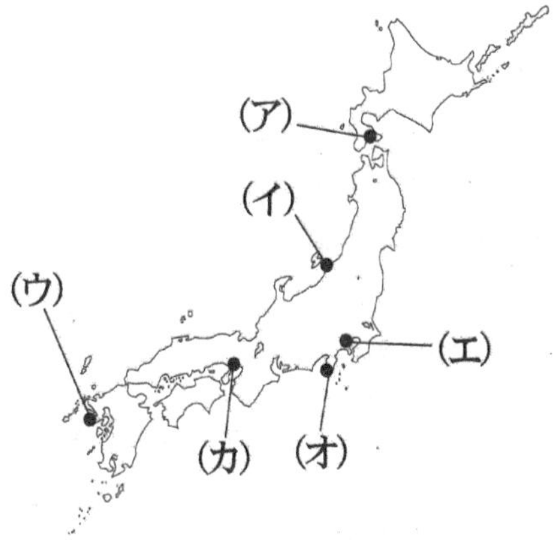

問３　Ｃについて，次の文章は，帰国後の国内の動きをまとめたものです。文中の（ア）～（オ）の中から誤っているものを１つ選び，記号で答えなさい。また，正しい答えを漢字５字で答えなさい。

政府内では，(ア)征韓論が高まり，(イ)西郷隆盛を朝鮮に派遣することが決定されたが，欧米から帰国した(ウ)大久保利通らが派遣を延期させました。その後も，日本は朝鮮と国交を結ぶ交渉を続けましたが，(エ)朝鮮出兵を口実に(オ)日朝修好条規を結び，朝鮮を開国させました。

問４　Ｄ・Ｅについて，下記の表を見て，後の各問に答えなさい。

	日清戦争	日露戦争
講和条約	（ａ）条約	（ｂ）条約
条約内容	・（ｃ）の独立を認める ・遼東半島・（ｄ）・澎湖諸島を日本にゆずりわたす ・賠償金２億両を日本に支払う	・（ｅ）における日本の優越権を認める ・旅順や大連の租借権 ・北緯５０度以南の（ｆ）を日本にゆずりわたす

①（ａ），（ｂ）にあてはまる条約名を答えなさい。（ａ）は漢字２字，（ｂ）はカタカナ５字で答えなさい。

②（ｃ）～（ｆ）にあてはまる地名または国名の組み合わせとして正しいものを，次の（ア）～（エ）の中から１つ選び，記号で答えなさい。

（ア）（ｃ）－韓国　（ｄ）－樺太　（ｅ）－朝鮮　（ｆ）－台湾
（イ）（ｃ）－朝鮮　（ｄ）－上海　（ｅ）－韓国　（ｆ）－台湾
（ウ）（ｃ）－台湾　（ｄ）－樺太　（ｅ）－満州　（ｆ）－樺太
（エ）（ｃ）－朝鮮　（ｄ）－台湾　（ｅ）－韓国　（ｆ）－樺太

問５　Ｘについて，次の（ア）～（オ）のできごとを古い順に並べ，４番目にあてはまるものを記号で答えなさい。

（ア）－世界恐慌　（イ）－日中戦争　（ウ）－満州事変　（エ）－関東大震災
（オ）－太平洋戦争

問６　Ｆについて，次のページの資料１は被差別部落の人々が，差別からの解放をめざすために結成された団体の設立宣言です。この団体を何といいますか，漢字５字で答えなさい。

資料1

> 全国に散在する部落の人々よ，団結せよ。ここに我々が人間を尊敬することによって，自らを解放しようとする運動を起こしたのは当然である。我々は，心から人生の熱と光を求めるものである。
>
> （中略）
>
> 人の世に熱あれ，人間に光あれ。

問7　Gについて，この時代の世界のできごととして，正しいものを次の（ア）～（エ）の中から1つ選び，記号で答えなさい。

（ア）ロシアでは，社会主義者レーニンの指導の下，ソビエトに基盤を置く新しい政府が誕生した

（イ）インドでは，イギリスの支配に反対し，東インド会社に雇われていたインド人兵士が反乱を起こした

（ウ）中国では，毛沢東を首席とする中華人民共和国が成立した

（エ）アメリカでは，南北戦争中，リンカンが演説で「人民の人民による人民のための政治」を訴えた

問8　Hについて，この条約の調印と同時にアメリカとの間で結ばれた条約を何といいますか，漢字6字で答えなさい。

問9　Ⅰについて，警察予備隊は次第に強化されていき，現在の名称に変更されました。現在の名称を漢字3字で答えなさい。

［5］　次の文章を読んで，後の各問に答えなさい。

一昨年の2019年には，台風19号に象徴されるような大型台風や，長野県や関東地方をおそった豪雨災害など，私たちの住んでいる日本は，A.大規模な自然災害に見舞われました。また南海トラフ地震や活火山の噴火活動なども，「数百年，数千年に一度の大災害」であるとか，「いまだかつて経験したことがない災害」といった表現が，B.テレビや新聞，インターネットなど，多くの情報伝達手段において多用され，さらに，ここ数年の間は近年の人間の経験値では，はかりしれないほどのC.世界的な自然災害や感染症災害が発生し，その結果として，2次的・3次的な自然もしくはD.人的・社会的な災害を引き起こしてしまう事例も予想されています。

そのため，近年のE.災害警報は，F.迅速かつ正確に，また詳細な地域ごとに情報が発信されるようになりました。そのような中，2019年の年末に，中国の武漢に端を発したG.新型コロナウィルスの感染拡大にともなう災害の事例は，こうした自然災害と人的災害または社会的災害があいまって，まさに複合的な社会情勢の大きな変化を日本だけではなく，世界中にもたらすような災害状況となり，いわゆるH.伝染病（感染症）の世界的大流行（パンデミック）とよばれる事態となりました。

問1　下線部Aについて，近年の「サミット（主要国首脳会議）」や国際会議等で議論されることが多い地球環境問題の1つで，二酸化炭素などの排気ガスが原因で，深刻化している問題の名前を何といいますか，漢字5字で答えなさい。

問2　下線部Bについて，情報伝達手段の総称を何といいますか，カタカナ4字で答えなさい。

問３　下線部Ｃについて，次にあげる災害は，今までの人類の歴史上で世界的に被害が拡大した(世界的に大流行した)「自然災害や感染症災害」の例です。発生時期の古い順番に並べかえたとき，最も正しい発生順を次の（ア）～（エ）の中から１つ選び，記号で答えなさい。

（ア）天然痘　→　ペスト（黒死病）→　スペイン風邪　→　サーズ（重症急性呼吸器症候群）
（イ）サーズ（重症急性呼吸器症候群）→　天然痘　→　ペスト（黒死病）→　スペイン風邪
（ウ）スペイン風邪　→　サーズ（重症急性呼吸器症候群）→　天然痘　→　ペスト（黒死病）
（エ）ペスト（黒死病）→　スペイン風邪　→　サーズ（重症急性呼吸器症候群）→　天然痘

問４　下線部Ｄについて，世界の全ての人々が最高の健康水準を維持できるように設立された国連（国際連合）の専門機関・世界保健機関の略称を何といいますか，アルファベット３字で答えなさい。

問５　下線部Ｃや下線部Ｄについて，国連（国際連合）の専門機関であるＵＮＨＣＲ（国連難民高等弁務官事務所）の職員として，多くの「難民」や「被災者」の支援に活躍した日本人女性の名前を何といいますか，次の（ア）～（エ）の中から１つ選び，記号で答えなさい。

（ア）緒方貞子《おがたさだこ》　（イ）津田梅子《つだうめこ》　（ウ）渡辺和子《わたなべかずこ》　（エ）神谷美恵子《かみやみえこ》

問６　下線部Ｄについて，災害情報を発信する際に活用されるようになった地図のことで，各種の災害の被害を予測してその被害状況や範囲を地図化したものを何といいますか，カタカナ７字で答えなさい。

問７　下線部Ｅについて，今までの災害時においても同様ですが，この度の新型コロナウィルス感染拡大にともなう災害時においても，やはり人々の「生存権」の保障が大切です。日本国憲法25条には「すべて国民はどのような生活」を営む権利を有すると保障していますか，次の文章の（１）～（３）を補うのに最も適切な語句を，それぞれ漢字２字で答えなさい。

すべて国民は，（　１　）で（　２　）的な（　３　）限度の生活を営む権利を有する

問８　下線部Ｆについて，こうした情報を発信できるようになった背景（理由）には，あるシステムの開発と発展があるといわれています。人工衛星を用いた位置を知るシステム（全地球測位システム）のことを何といいますか，アルファベット３字で答えなさい。

問９　下線部Ｇについて，現在の私たちの生活や社会は，さまざまな課題を解決するためには「持続可能な開発や社会」を実現するような目標が大切だといわれています。この「持続可能な開発」のための目標の略称を何といいますか，アルファベット４字の略語を，次の（ア）～（エ）の中から１つ選び，記号で答えなさい。

（ア）ＳＤＧｓ　（イ）ＮＤＧｓ　（ウ）ＨＤＧｓ　（エ）ＫＤＧｓ

問10　下線部Ｈについて，こうした課題を解決していくためには個人の力を超えた「国家」や「社会」的な取り組みも必要不可欠です。特に生活に困っている人々に対して法律に基づいて現金や物資を支給することを何といいますか，漢字４字で答えなさい。別のいい方では「公的扶助」ともいわれます。

問11　あなたは上の文章のような様々な「災害」に直面した際に，何が一番大切だと考えますか。「命」という言葉を必ず使用しながら，あなたの考えを40字以上50字以内で書きなさい。

※注意　**横書き**で左上のマス目から**マスを空けず**に，書き始めて下さい。**句読点も１字**とします。

い。

水を　　　　**行動**。

２　第二段落の話の何が、第一段落一行目の「財」にあてはまるか。文中の一語で答えなさい。

問七　「徒然草」について当てはまるものを次の中から一つ選び、記号で答えなさい。

ア　平安時代の物語　　イ　鎌倉時代の物語　　ウ　室町時代の物語

エ　平安時代の随筆　　オ　鎌倉時代の随筆　　カ　室町時代の随筆

ア　科学的な考え方はさまざまな経験の中で育まれるものであり、生きる力に変えるために何よりも実体験を大事にすべきである。

イ　科学とはさまざまな角度から自然を認識することであり、科学を学ぶためには英知など物事の道理や知恵一般を身につける必要がある。

ウ　科学的な考え方で物事に向き合うことによって、新しい発見の喜びを味わった人は、何事にも自信を持って人と対応できるようになる。

エ　科学の精神は自然だけでなく何に対しても適用できるため、日常生活の問題を全て科学的な知識で解決しなければならない。

オ　科学的な考え方で一番大切なのは、ある物事について立てた仮説を確かな証拠を基に検証することである。

【三】　※問題に使用された作品の著作権者が二次使用の許可を出していないため、問題を掲載しておりません。

（出典：小川糸『リボン』）

【四】　次の古文の文章を読んで、後の問いに答えなさい。

人は、己《おの》れをつづまやかにし（質素にし）、おごり（ぜいたく）を退けて、財《たから》を持たず、世をむさぼらざらん（欲望のままむやみに欲しないようにするのが、）ぞ、いみじかるべき（素晴らしいことだ）。昔より、賢き人の富めるはまれなり。

①唐土《もろこし》に許由《きょゆう》といひける人は、さらに（全く）身にしたがへる（自分の身に備えた）②たくはへもなくて、水をも手して（手を使って）捧《ささ》げて飲みけるを見て、なりひさこといふ物を人aの得させたりければ（与えたところ）、ある時、木bの枝に懸《か》けたりけるが、風に吹かれて鳴りけるを、かしかましとて（やかましい）③捨てつ。また、手にむすびて（再び、手ですくって）ぞ水も飲みける。いかばかり心cのうち涼《すず》しかりけん。

『徒然草』

注　なりひさこ・・ひょうたん。水筒として用いた。

問一　傍線部①「唐土」とは、今のどこの国のことをいうのか。漢字で答えなさい。

問二　傍線部②「たくはへ」を現代かなづかいに直してひらがなで書きなさい。

問三　二重線部a～cの「の」のうち、一つだけ意味・用法が異なるものがある。それはどれか。記号で答えなさい。

問四　傍線部③「捨てつ」とは、誰が何を捨てたのか。文中の語で答えなさい。

問五　最後の一文は「どんなに心の中が涼しかったであろう」という意味だが、この場合の「涼しい」とはどういう状態をいうのか。最も適切と思われるものを次の中から選び、記号で答えなさい。

ア　余計なわずらわしいものがなくてさっぱりしている状態。

イ　あえて不便な生活に甘んじてやせ我慢をしている状態。

ウ　せっかくの人の好意を無にしておいて平然としている状態。

エ　何事も思うにまかせず、心が満たされなくて空しい状態。

オ　多少の寂しさはあっても生活に不満はなく晴れ晴れした状態。

問六　第二段落に書かれている許由のエピソードは、第一段落で述べている、作者が好ましいと思う人の生き方の具体例になっているが、

1　第一段落一行目の「己れをつづまやかにし」ているとは、許由のどういう行動にあてはまるか。次の空欄を埋めることで答えなさ

ちが当面する自然現象に関わる問題を『科学』と呼ぶ」のはなぜか。その説明として最も適切なものを次の中から選び、記号で答えなさい。

ア　理科は自然現象を対象とするが、科学は学校の科目でいう社会が関わり、理科と社会の二科目で成り立つものであるから。

イ　理科は自然物を対象とするが、科学は自然現象と人間とが関わるような現象の全てを対象とするから。

ウ　理科は社会的な事象や人間の生き方を対象とするが、科学はそれに加え自然物を対象とするから。

エ　理科は自然物についての予測をするものだが、科学は人間や自然に対する判断を行うものであるから。

オ　理科は自然現象と国語や社会に関わる問題を対象とするが、科学は自然現象と国語や社会以外の教科に関わるから。

問三　傍線部②「そんな可能性」とあるが、これはどのような可能性か。可能性の説明として最も適切なものを次の中から選び、記号で答えなさい。

ア　さまざまな問題に対してヒントが得られる科学を学ぶことによって、実際に目に見えない発見ができるようになる可能性。

イ　いろんなことを学び考える科学を学ぶことによって、見えない部分で何が起こっているのかを想像できるようになる可能性。

ウ　さまざまな問題に応用できる科学を学ぶことによって、物事の見方が広がったり社会的関係を発見できたりするようになる可能性。

エ　見えない部分を想像する科学を学ぶことによって、直接経験していないことも体験できるようになる可能性。

オ　実際に経験していない問題に対しても応用できる科学によって、どんな問題でも必ず解決できるようになる可能性。

問四　傍線部③「『知は力なり』」とあるが、筆者はどのような意味で受け取っているか。最も適切なものを次の中から選び、記号で答えなさい。

ア　経験によって得られた多様な知識を活用することで、自然や社会を支配する力を得ることができるという意味。

イ　科学的な知識によって自然を支配することで、自然だけでなく社会や人間世界の真実まで認識することができるという意味。

ウ　多種多様な科学的な知識を蓄えてそれらを組み合わせ活用することで、自然や世界の全てを認識できるという意味。

エ　さまざまな科学的な経験を積み重ねることで、自然だけに留まらず人間世界の真実をも認識できるという意味。

オ　科学的な経験によって獲得した知識を使うことで、自然を支配し社会の真実を見抜くことができるという意味。

問五　傍線部④「『インテリジェンス』」とあるが、これを端的に説明した言葉を本文中から探し、十二字で抜き出しなさい。

問六　傍線部⑤「科学の精神は何に対しても適用できる」とあるが、具体的に何に対して適用できるのか。次の文の空欄に当てはまる言葉を本文中から探し、十五字以上二十字以内で抜き出しなさい。

自然に対してだけでなく［　　　］適用できる

問七　本文の内容として最も適切なものを次の中から選び、記号で答えなさい。

真髄《しんずい》なのですから、直接自分で経験したことがなくても、科学の力によって頭の中で追体験できるようになるでしょう。それによって、難問に対して新しいヒントが得られるかもしれません。違った観点からものを見ると、違った姿に見えることは確かで、それによってこれまで考えたことがなかったような新鮮なイメージが思い浮かんだりするでしょう。科学は、②そんな可能性を秘めているのです。

　実際、思いがけない結びつきが発見できると知ることが楽しくなり、「そんなことが本当にあるの?」と、自分が見つけた意外な発見に、自分自身が感動するに違いありません。それに留まらず、人に話したい、一緒に感動したいという気にもなり、何事にも自信を持って人と対応できるようになります。豊かで、やさしく人と接し合えるようになるということです。そのような人間の集団では、人それぞれが異なった発見をしているだろうし、それを互いに尊重するという気にもなるのではないでしょうか。[Y]、科学を学び、科学の考え方を応用するということを通して、「知ることが生きる力に変えられる」ということに繋がるのです。

　昔、フランシス・ベーコンという人が③「知は力なり」と言ったそうです。元々は、経験によって得られた知識を活かして自然に対すれば、自然を支配する力を得ることができるという意味の言葉のようです。私は、自然を支配するという考え方は好きではないので、この言葉を、さまざまな科学的な経験を積み重ねれば、自然のみならず社会や人間の世界の真実まで認識する力を獲得することができる、という意味に受け取っています。

　そして、「知」という言葉には科学的知識も含まれるけれど、英知や理知や機知など物事の道理や知恵一般のことを意味する英語の④「インテリジェンス」という言葉がもっとも近い感じがします。インテリジェンスは、理解力、思考力、知性、理性、知識などを総称した、知的な世界をつかみ取る力のことを意味します。そのような知を弁《わきま》えている人間こそ、本当の生きる力を備えていると言ってもいいのではないかと思います。

　「科学する」ということは、私たちが自然のうちにできる知的作業であるとともに、「知は力」を証明するために人が意識的に行う営みの一つでもあると言えるのではないでしょうか。[Z]、いろんな社会的・人間的事柄に対しても、

①なぜその事柄が起こったかの仮説を持ち、

②それが事実であるか事実ではないかをさまざまな証拠によって検証し、

③その事柄の背景にある、まぎれもない一つの確かな「真実」を発見する、

というふうに言い換えることができるでしょう。つまり、⑤科学の精神は何に対しても適用できることになります。「科学する」ということを幅広くさまざまな問題に応用して、私たちの生き方に反映させるということが大事なのではないでしょうか。

（池内了『なぜ科学を学ぶのか』）

問一　空欄X～Zに入る最も適切な語をそれぞれ次の中から選び、記号で答えなさい。

ア　しかし　　イ　また　　ウ　ところで
エ　だから　　オ　つまり

問二　傍線部①「学校の科目では『理科』と呼んでいますが、通常私た

【国 語】（四〇分）〈満点：一〇〇点〉

字数を指示した解答については、句読点、かぎ（「 」）も一字に数えること。問題の作成上、表記を一部改めたところがある。

【一】 次の問いに答えなさい。

問一 次の（1）から（6）の傍線部について、カタカナは漢字に改め、漢字は読みを記しなさい。

（1） おかずの支度は姉がする。

（2） いつもよりもっと雄弁になっている。

（3） 雑木林を歩く。

（4） 人質がカイホウされた。

（5） 理論をツイキュウする。

（6） エラそうに腕組みをする。

問二 次の熟語の中で組み立てが他と違うものを一つ選び、記号で答えなさい。

ア 美人　イ 開会　ウ 投球　エ 着席　オ 読書

問三 次のカタカナ語の意味として正しいものを一つ選び、記号で答えなさい。

ソーシャル

ア 民主的　イ 社会的

ウ 個人的　エ 歴史的

オ 驚異的

問四 （1）宮沢賢治（2）清少納言の作品をそれぞれ選び、記号で答えなさい。

ア 徒然草　イ 注文の多い料理店　ウ 源氏物語

エ 坊ちゃん　オ くもの糸　カ 枕草子

キ みだれ髪　ク 伊豆の踊子

【二】 次の文章を読み、後の問いに答えなさい。

①学校の科目では「理科」と呼んでいますが、通常私たちが当面する自然現象に関わる問題を「科学」と呼ぶのは、それが社会的な事象や人間の生き方、つまり学校の科目で言えば社会や歴史や国語など他の科目にも関連しているためでしょう。理科が対象とするのは自然物そのものですが、「科学」はそれだけに留まることがなく、「科学的判断」とか「科学的予測」と言われるように、生じている自然現象に対する考え方（判断、予測）や社会との関係までをも問うことになるからです。「理科的判断」とか「理科的予測」と言うのと、ニュアンスが大きく異なることがわかると思います。［ X ］、直面する問題の解決のために科学の立場からどう考えるかは人間の生き方への重要なヒントになるように、科学は自然と人間が関係して繰り広げられる現象を全分野から論じるという意味があります。

　つまり、科学を学ぶとさまざまな問題に応用でき、科学の力によって物事の仕組みや歴史的繋《つな》がり、そして思いがけない社会的関係までも発見することができると考えられるのです。科学は、見えない部分で何が起こっているかを想像し、あたかもそれが実際に目の前で起こっているかのように見抜く学問なのです。そのような科学の営みを積み重ねていくと、世の中のさまざまな事柄に対しても幅広い見方ができるようになるのではないでしょうか。いろんなことを学び考え想像するのが科学の

2021年度

解　答　と　解　説

《2021年度の配点は解答欄に掲載してあります。》

＜数学解答＞

[1]　(1)　-19　　(2)　$-6ab^3$　　(3)　$\frac{19x-3}{10}$　　(4)　$4\sqrt{3}$

[2]　(1)　$x=-4,\ 7$　　(2)　$\frac{5}{36}$　　(3)　21　　(4)　14個

[3]　(1)　ア　$75x-y$　　イ　$60x-y$　　(2)　(電車の速さ)　秒速24m　　(鉄橋の長さ)　600m

[4]　(1)　(Aの式)　$y=3x-6$　　(Bの式)　$y=-\frac{1}{2}x+\frac{3}{2}$　　(2)　$\left(\frac{15}{7},\ \frac{3}{7}\right)$　　(3)　$\frac{225}{28}$

[5]　(1)　4：3　　(2)　17：4

[6]　(1)　$b:a$　　(2)　7.5cm

○推定配点○

[3](2)　10点(完答)　　他　各5点×18　　計100点

＜数学解説＞

基本 [1]　(数・式の計算，平方根の計算)

(1)　$-5^2-2\times(-3)=-25+6=-19$

(2)　$12ab\div(-4a)\times2ab^2=-12ab\times\frac{1}{4a}\times2ab^2=-6ab^3$

(3)　$\frac{2x+1}{5}+\frac{3x-1}{2}=\frac{2(2x+1)+5(3x-1)}{10}=\frac{4x+2+15x-5}{10}=\frac{19x-3}{10}$

(4)　$\sqrt{27}+5\sqrt{3}-\sqrt{48}=3\sqrt{3}+5\sqrt{3}-4\sqrt{3}=(3+5-4)\sqrt{3}=4\sqrt{3}$

基本 [2]　(方程式，確率，数の性質)

(1)　$x(x-3)=28$　　$x^2-3x-28=0$　　$(x+4)(x-7)=0$　　$x=-4,\ 7$

(2)　2個のさいころの目の出方は全部で，$6\times6=36$(通り)　　目の和が8である場合は，(2，6)，(3，5)，(4，4)，(5，3)，(6，2)の5通り　　よって，求める確率は，$\frac{5}{36}$

(3)　$20=2\times2\times5$　　$42=2\times3\times7$　　よって，20と42の最小公倍数は$2\times2\times3\times5\times7$　　したがって，$3\times7=21$より，21をかければよい。

(4)　5で割り切れる数は，$100\div5=20$より，20個　　そのうち，3で割り切れる数は，15，30，45，60，75，90の6個　　よって，3で割り切れないが5で割り切れる数は，$20-6=14$(個)

[3]　(連立方程式の応用問題)

(1)　$75x=300+y$から，$75x-y=300$　　$2x\times30=120+y$から，$60x-y=120$

(2)　$75x-y=300$…①　　$60x-y=120$…②　　①−②から，$15x=180$　　$x=12$　　これを②に代入して，$60\times12-y=120$　　$y=720-120=600$　　よって，電車の速さは，$12\times2=24$より，秒速24m，鉄橋の長さは，600m

[4]　(図形と関数・グラフの融合問題)

基本 (1)　直線Aの式は，$y=3x-6$　　直線Bは，傾きが負であることから，右下がりのグラフになる。よって，$x=-5$のとき$y=4$，$x=3$のとき$y=0$　　$4=-5a+b$…①　　$0=3a+b$…②　　②−

①から，$-4=8a$　$a=-\frac{4}{8}=-\frac{1}{2}$　これを②に代入して，$0=3\times\left(-\frac{1}{2}\right)+b$　$b=\frac{3}{2}$
したがって，直線Bの式は，$y=-\frac{1}{2}x+\frac{3}{2}$

(2)　$y=3x-6$…③　$y=-\frac{1}{2}x+\frac{3}{2}$…④　③－④から，$0=\frac{7}{2}x-\frac{15}{2}$　$\frac{7}{2}x=\frac{15}{2}$　$x=\frac{15}{2}\times\frac{2}{7}=\frac{15}{7}$　これを③に代入して，$y=3\times\frac{15}{7}-6=\frac{45}{7}-\frac{42}{7}=\frac{3}{7}$　よって，交点Pの座標は，$\left(\frac{15}{7},\ \frac{3}{7}\right)$

重要　(3)　直線A，Bとy軸との交点をそれぞれC，Dとすると，C$(0,\ -6)$，D$\left(0,\ \frac{3}{2}\right)$　$CD=\frac{3}{2}-(-6)=\frac{3}{2}+\frac{12}{2}=\frac{15}{2}$　求める面積は△PCDの面積で，CDを底辺とみると，点Pのx座標が高さになるから，$\frac{1}{2}\times\frac{15}{2}\times\frac{15}{7}=\frac{225}{28}$

［5］ **(平面図形の計量問題－平行線と線分の比の定理，面積比)**

(1)　点Rを通り辺BCと平行な線を引きACとの交点をDとすると，平行線と線分の比の定理から，AD：DC＝AR：RB＝1：2…①　RD：BC＝AR：AB＝1：3　RD＝$\frac{1}{3}$BC　BC：CP＝5：3から，CP＝$\frac{3}{5}$BC　DQ：QC＝RD：CP＝$\frac{1}{3}$BC：$\frac{3}{5}$BC＝5：9…②　①と②から，DCを2と14の最小公倍数14とみると，AD：DQ：QC＝7：5：9　よって，AQ：QC＝(7＋5)：9＝12：9＝4：3

重要　(2)　△ARQ＝$\frac{1}{3}$△ABQ＝$\frac{1}{3}\times\frac{4}{7}$△ABC＝$\frac{4}{21}$△ABC　(四角形BCQR)＝△ABC－△ARQ＝△ABC－$\frac{4}{21}$△ABC＝$\frac{17}{21}$△ABC　よって，(四角形BCQR)：△ARQ＝$\frac{17}{21}$：$\frac{4}{21}$＝17：4

［6］ **(空間図形の計量問題)**

基本　(1)　(Aの容器の底面積)×a＝(Bの容器の底面積)×bから，(Aの容器の底面積)：(Bの容器の底面積)＝b：a

重要　(2)　(Aの容器の底面積)：(Bの容器の底面積)＝6：10＝3：5　Aの容器の底面積を$3k$，Bの容器の底面積を$5k$として，求める水面の高さを$h$cmとすると，$3k\times(10-h)=5k\times(h-6)$
$30-3h=5h-30$　$8h=60$　$h=\frac{60}{8}=\frac{15}{2}=7.5$(cm)

★ワンポイントアドバイス★

[5](1)は，$\frac{AQ}{QC}\times\frac{CP}{PB}\times\frac{BR}{RA}=1$になることを利用して解くこともできる。$\frac{AQ}{QC}\times\frac{3}{8}\times\frac{1}{2}=1$から，$\frac{AQ}{QC}=\frac{4}{3}$　よって，AQ：QC＝4：3

＜英語解答＞

〔1〕　1. a　イ　b　ア　c　ウ　2. ア　of　イ　with　ウ　from　エ　by　オ　at　3. ア　×　イ　○　ウ　×　エ　×　オ　×　4. ウ
5. I have never experienced such a feeling (.)

〔2〕　1. a　ア　b　イ　c　ア　2. (例)　(Eastgate Center は)エネルギーをほとんど消費しないにもかかわらず，夏でも中はとても涼しい(という点)。　3. (例)　小さ

な窓を開閉することにより，生活空間を涼しく保つ(という点)。

〔3〕 1. ア　2. ウ　3. ウ　4. ウ　5. エ

〔4〕 1. ウ　2. エ　3. ア　4. オ　5. イ

〔5〕 B　〔6〕 (2番目，5番目の順)1. 5，1　2. 6，5　3. 4，2　4. 2，6　5. 1，3

〔7〕 1. call　2. birthday　3. Be　4. good　5. longest

〔8〕 1. イ　2. ア　3. エ　4. エ　5. イ

○推定配点○

〔2〕 2.・3.　各5点×2　〔5〕 4点　他　各2点×43(〔6〕各完答)　計100点

＜英語解説＞

〔1〕 (長文読解問題・説明文：不定詞，語句補充，内容吟味，語句整序)

(全訳)　人間が最初に地球に現れたのは約700万年前のことでしたが，人間は世界のごく一部にすぎませんでした。周りにはすでに大きくてどう猛な動物がいて，人々はそれらの動物の影の下に住んでいました。それらの初期の人々は洞窟に住んでいました。洞窟は丘の側面や地下にある大きな穴です。やがて，彼らは火を(a)使うことを始めました。彼らはまた，ナイフや槍などの道具や武器の作り方も学びました。彼らはそれらの道具を(b)作るために，石，木，動物の骨を使いました。彼らは大きな動物と(c)戦うための武器を持っていたので，今では彼らは恐れていませんでした。彼らは互いに協力することを学び，大きな動物を餌として狩り始めました。

それらの初期の人々はかなり良い芸術家でした。彼らは洞窟の壁に動物や人々の美しい絵を残しました。ヨーロッパには有名な洞窟がたくさんあります。あなたは自分で絵を訪ねて見ることができます。私の歴史の授業で，最も有名な洞窟はフランスとスペインにあると聞きました。フランスの洞窟はフランス人の少年たちによって発見されました。ある日，それらの少年たちは洞窟の近くで遊んでいて，偶然それを見つけました。洞窟の中の動物の絵がとても生きているように見えるので，彼らは非常に驚いたと思います。古代の人々は手形も残しました。アルゼンチンには有名な「手の洞窟」があります。そこには，約9,000年前に作られた多くの手形が洞窟の壁に見られます。なぜ彼らは手形を残したのでしょうか？　誰も知りません。おそらく彼らは動物だけを描くことに(ア)うんざりしていて，絵の具(イ)で何か新しいことをしようとしたのでしょう。しかし，これは私の考えです。とにかく，あなたが見るとき，それらは人々が過去(ウ)から私たちに向かって手を差し伸べようとしているような気がします。私はアルゼンチンで夏休みを過ごしていたとき，友達と一緒に洞窟を訪れました。洞窟の中に入ってランタンで壁を照らすと，突然たくさんの手形に(エ)よって囲まれました。そんな気持ちは今まで経験したことがありませんでした。非常に昔の人々の手形に囲まれているのは不思議でした。あの手形(オ)を見ているのは私だったのですが，昔からあの古代の人たちが私を見ているような気がしました。私は彼らの精神を感じることができるかのように感じました。洞窟を訪れる機会があれば，注意深く聞いてください。あなたは彼らの声を聞くかもしれません―「私たちはここにいる！」

基本　1　(a)は名詞的用法，(b)は副詞的用法，(c)は形容詞的用法である。

2　(ア)　<be tired of ～>で「～にうんざりしている，～に飽きている」という意味を表す。
(イ)　with ～＝「～を使って」　(ウ)　<from ～>＝「～から」　(エ)　<be surrounded with ～>で「～に囲まれる」という意味を表す。　(オ)　<look at ～>で「～を見る」という意味を表す。

3　ア　「彼らは非常に驚いたと思います」とあるが，これは筆者の想像なので，誤り。　イ　「アルゼンチンには有名な『手の洞窟』があります」とあるので，正しい。　ウ　約9,000年前というのは手形が作られた時なので，誤り。　エ　筆者の想像なので，誤り。　オ　文中に書かれていない内容なので，誤り。

4 「おそらく彼らは動物だけを描くことにうんざりしていて，絵の具で何か新しいことをしようとしたのでしょう」とあるので，ウが答え。

5　現在完了の文なので，<have +過去分詞>の形になる。また，never は一般動詞の前に置く。

〔2〕 **(長文読解問題・説明文：指示語，内容吟味)**

(全訳)　世界にはたくさんの建物がありますが，ジンバブエのイーストゲートセンターは他の建物とは大きく異なります。

その建物は特別です。イーストゲートセンターはエネルギーをほとんど使用しませんが，夏でも内部は非常に涼しいです。建物は環境に優しい空調システムで有名です。建物の設計者であるミック・ピアース氏は，シロアリの塚からアイデアを得ました。

シロアリは白いアリとも呼ばれます。彼らは木を食べて私たちの家に多くの損害を与えるので，通常人々に好まれません。

シロアリは広い場所にシロアリの塚を作ります。それらはシロアリの集団によって泥で作られた巣です。塚の小さな窓を開閉することで，生活空間を涼しく保ちます。ピアス氏はイーストゲートセンターの建物に同様のシステムを使用し，より少ないエネルギーを使用することに成功しました。

1 (a)　人々が好きでないものなので，直前の文にある termites を指している。　(b)　シロアリの巣のことなので，直前の文にある termite mounds を指している。　(c)　巣の中を涼しくしているものなので，直前の文にある termites を指している。

2　第2段落にある「イーストゲートセンターはエネルギーをほとんど使用しませんが，夏でも内部は非常に涼しいです」という部分の内容を使ってまとめる。

3　最後の段落にある「塚の小さな窓を開閉することで，生活空間を涼しく保ちます」という部分の内容を使ってまとめる。

〔3〕 **(会話文問題：語句補充)**

1　A：コンサートはどう思いましたか。　B：とてもよかったです。　A：そうですか。私はいいと思いませんでした。　B：本当ですか？

返事の文で be 動詞を使っているので，アが答え。イ「あまりよくなかった。」，ウ「歌手たちが上手に歌った。」，エ「歌手たちがひどかった。」

2　A：父さん，今日学校に行く途中でカギを見つけました。　B：本当ですか？　それをどうしましたか？　A：家に帰る途中で交番に持って行きました。　B：よろしい。

ア「どこでそれを見つけましたか。」，イ「どうやってそれを得ましたか。」，エ「どうしてそれを交番に持って行きましたか。」

3　A：ローマでは休暇中に美しい天候でした。　B：そうですか。

had を使った文に答えるので，ウが答え。

4　A：チャンネルを変えましょう。　B：なぜですか？　とてもいい試合です。　A：ルールがわかりません。　B：心配しないで。わかりますよ。

ア「興味ありません。」，イ「私はボールを投げられません。」，エ「とてもわくわくするとは思いません。」

重要　5　A：今朝は何をしましたか。　B：友達と買い物に行きました。　A：宿題はなかったのですか。　B：ありました，でも昨夜終えました。

宿題はあったので，ウかエになる。ウを選ぶと，昨夜終えたからあったという意味になるので，合わない。ア「いいえ，それで」，イ「いいえ，でも」，ウ「はい，だから」

〔4〕 **(会話文問題：語句補充)**

デボラ：母さん，これを見て。

母親　：何ですか？　それは指輪ですか？　まあ，信じられないわ。

デボラ：(1)それについて何か知っている？

母親　：ええ，もちろん。どこでこれを見つけたの？

デボラ：ええと，庭でバラの手入れをしていて，茂みの下にある何か光るものが私の目をとらえたの。だから私は茂みの下に手を伸ばして，指輪を見つけたの。

母親　：信じられないわ。それをまた見るなんて夢にも思わなかったわ。

デボラ：(2)それは母さんので，それを失くしたということ？

母親　：実は，それはおばあちゃんの指輪なの。私がとても小さかったとき，私が彼女の机の引き出しからそれを取り出したのね。その後失くしちゃったのよ。20年以上も前ね。

デボラ：(3)そんなに長い間庭にあったということかしら。

母親　：ええと，私が指輪をつけて庭に出たとき，彼女は一つまり，あなたのおばあちゃんが帰って来たの。それで私はそれを外して，ポケットに入れたわ。後で，それを失くしたことがわかったの。あらゆるところを探したけど，見つけられなかったのよ。

デボラ：(4)おばあちゃんにそのことを言ったの？

母親　：もちろん言ったわ。彼女は私にとても怒ったわ。同時にそのことは彼女をとても悲しくさせたのよ，なぜならあなたのおじいちゃんからの贈り物だったから。

デボラ：(5)母さんも悲しかった？

母親　：もちろんそうよ。でもあなたが見つけたのでうれしいわ。おばあちゃんが今ここにいてこれを見られたらねえ。

〔5〕 **(地図問題：内容吟味)**

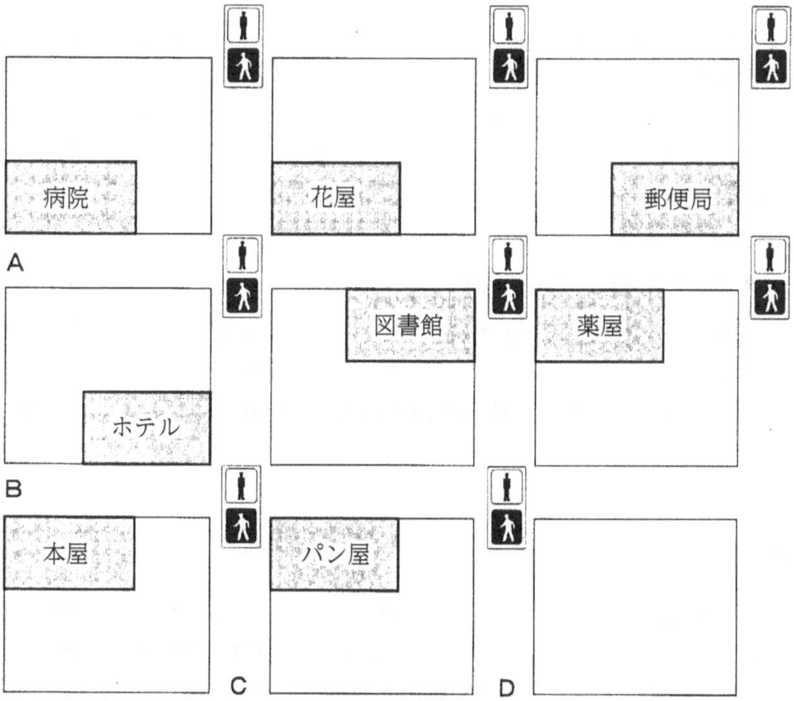

少女　：すみませんが，一番近い薬屋への道を教えてもらえませんか。
アンナ：もちろんです。まっすぐ行って，2つ目の信号で左に曲がってください。右側にあります。
少女　：ありがとう。
アンナ：どういたしまして。

Bからまっすぐ行って2つ目の信号で左に曲がると薬屋があることがわかる。

〔6〕 **(語句整序問題：命令文，接続詞，不定詞，動名詞，現在完了，助動詞))**

1 (Don't) make any sounds when you eat noodles(.)「～時」という意味を表すwhenを使う時は，その後に「主語＋動詞」を置く。

2 (Let me teach you) how to write your name in English(.)　<how to ～>で「～する方法(仕方)」という意味を表す。

3 (Using eco-bags) is one way to keep our environment healthy(.)　不定詞の形容詞的用法は「～するべき」という意味を表す。

4 Images from Nature have influenced my works(.)　現在完了の文なので，<have＋過去分詞>の形になる。

5 (We have to) learn from the experience of the past(.)　<have to ～>で「～しなければならない」という意味を表す。

〔7〕 **(書き換え問題：SVOC，名詞，命令文，形容詞，比較))**

1 「あなたのネコの名前は何ですか。」→「あなたはネコをどう呼びますか。」　<call A B〉で「AをBと呼ぶ」という意味を表す。

基本 2 「私の姉は1月25日に生まれました。」→「私の姉の誕生日は1月25日です。」　誕生日はbirthdayと表す。

3 「もし彼女に親切にすれば，彼女はあなたを好きになるだろう。」→「彼女に親切にしなさい，そうすれば彼女はあなたを好きになるだろう。」　<命令文，and ～>で「…しろ，そうすれば～」という意味になる。

4 「彼女は上手に調理します。」→「彼女はよいコックだ。」　<cook ～ well>は<a good cook>で書き替えることができる。

5 「ナイル川は世界で一番長い川です。アマゾン川はその次です。」→「アマゾン川は世界で2番目に一番長い川です。」　<助数詞＋最上級>で「～番目に一番…」という意味を表す。

〔8〕 リスニング問題解説省略。

★ワンポイントアドバイス★

〔7〕3には，<命令文，and ～>が使われている。関連する言い方としてそうしなかった場合についての言い方を表す<命令文，or ～>(…しろ，そうしないと～)も覚えておこう。(例)　Be kind to her, or she will not like you.

<理科解答>

〔1〕 問1　がく→花弁→おしべ→めしべ　　問2　②　やく　　③　柱頭　　問3　④　果実　⑤　種子　　問4　被子植物　　問5　(ア)，(ウ)　　問6　葉緑体　　問7　気孔　問8　(ウ)　　問9　(ア)　　問10　0.3mg　　問11　2.4mg　　問12　4倍

[2]　問1　電解質　問2　$CuCl_2 \rightarrow Cu^{2+} + 2Cl^-$　問3　(ア), (オ)
問4　$CuCl_2 \rightarrow Cu + Cl_2$　問5　(イ), (ウ)　問6　$HCl \rightarrow H^+ + Cl^-$　問7　Cl_2
問8　$2HCl \rightarrow H_2 + Cl_2$　問9　50個　問10　$2NaHCO_3 \rightarrow Na_2CO_3 + CO_2 + H_2O$

[3]　問1　345m/s　問2　15m/s　問3　484m　問4　(ア), (ウ), (エ)
問5　誘導電流　問6　磁石[コイル]を速く動かす[磁界の変化を大きくする]
問7　(イ), (エ)

[4]　問1　(ア)　問2　(イ)　問3　(エ)　問4　A, シベリア高気圧　問5　北西
問6　(ア), (エ)　問7　①　5.6g　②　800m　問8　108000kg　問9　(ウ)
問10　偏西風

○推定配点○
[1]　問1～問4　各1点×6　他　各2点×8　[2]　各3点×10
[3]　問1～問3　各4点×3　他　各3点×4　[4]　各2点×12　計100点

＜理科解説＞

[1]　(植物のからだ－花や葉のしくみ)

問1　花の中央にはめしべがあり，そのまわりをおしべが取り巻く。花弁の外側にはがくがある。

問2　おしべの先端には，花粉ができるやくがある。めしべの先端は，花粉が付く柱頭である。

問3　受粉，受精を経ると，子房は果実になり，その内側にある胚珠は種子になる。

基本　問4　種子植物のうち，胚珠が子房に包まれているグループを被子植物といい，子房がなく胚珠がむき出しのグループを裸子植物という。

問5　選択肢のうち，子房がない裸子植物には，マツ，イチョウ，スギがあり，どれも花びらのない花を咲かせ，花粉は風で運ぶ。残るサクラとアブラナが被子植物である。

問6　植物細胞にある緑色の粒は葉緑体であり，光合成をおこなっている。

問7　⑧は光合成でできる気体だから酸素である。酸素や二酸化炭素の出入りは，葉の表皮にある小さい穴の気孔で行っている。気孔では，水蒸気の蒸散も行われている。

問8　⑦は根から吸い上げた水である。誤りは(ウ)であり，水素の説明である。(ア)は，水があることの確認方法である。(イ)は，根からの水や養分が通るのが道管である。(エ)は，炭酸水素ナトリウムを加熱すると，炭酸ナトリウムと二酸化炭素と水ができる。

問9　⑧は酸素である。(ア)のように他の物質を燃焼させるはたらきがある。　(イ)　有機物を燃焼させると二酸化炭素と水ができる。　(ウ)　空気中に最も多いのは窒素の78％である。酸素は21％である。　(エ)　水素が発生する。

問10　植物を暗いところに30分おいたとき，10.0mgだった二酸化炭素は10.3mgに増加している。よって，呼吸によって出た二酸化炭素は，$10.3 - 10.0 = 0.3$(mg)である。

やや難　問11　表の値の変化から推定して，植物を暗いところに60分おいたとき，二酸化炭素は10.6mgになる。また，植物を明るいところに60分おいたとき，二酸化炭素は8.2mgになる。植物は，呼吸によって自分で出した二酸化炭素も回収し，さらに二酸化炭素を取り込んでいる。よって，光合成で取り込んだ二酸化炭素は，$10.6 - 8.2 = 2.4$(mg)となる。

問12　植物を暗いところに10分おいたとき，10.0mgだった二酸化炭素は10.1mgに増加しているので，呼吸によって出た二酸化炭素は，$10.1 - 10.0 = 0.1$(mg)である。一方，植物を明るいところに10分おいたとき，10.0mgだった二酸化炭素は9.7mgに減少している。植物は，呼吸によって自分で出した二酸化炭素も回収し，さらに二酸化炭素を取り込んでいる。よって，光合

成で取り込んだ二酸化炭素は，10.1－9.7＝0.4(mg)となる。よって，求める値は，0.4÷0.1＝4(倍)となる。

［2］ **(電気分解－塩化銅と塩酸の電気分解)**

問1　水に溶けている物質がイオンに分かれる(電離)と，水溶液に電流が流れる。このような物質を電解質という。

問2　塩化銅$CuCl_2$は，水に溶かすと，1個の銅イオンCu^{2+}と2個の塩化物イオンCl^-に分かれる。

重要　問3　陰極には，陽イオンのCu^{2+}が集まり，電子を受け取って固体の銅Cuになる。銅の説明としては(ア)・(オ)があてはまる。なお，(イ)・(エ)は陽極で発生する気体の塩素Cl_2の説明である。また，(ウ)は水素H_2の説明である。

問4　塩化銅$CuCl_2$は，イオンに分かれたあと，電流が流れることで電子の受け渡しを行い，最終的には固体の銅Cuと気体の塩素Cl_2に分かれる。

問5　塩酸は強い酸性の水溶液である。　(ア)　青色リトマス紙が赤色になる。　(イ)　正しい。(ウ)　正しい。BTB液は，酸性で黄色，中性で緑色，アルカリ性で青色になる。　(エ)　誤り。フェノールフタレイン液は，酸性と中性で無色，アルカリ性で赤色になる。

問6　塩酸は，気体の塩化水素が溶けた水溶液である。水に溶かすと，1個の水素イオンH^+と1個の塩化物イオンCl^-に分かれる。

問7　陽極には，陰イオンのCl^-が集まり，電子を放して塩素原子Clとなり，さらに2個が結び付いて気体の塩素分子Cl_2になる。

問8　塩化水素は，イオンに分かれたあと，電流が流れることで電子の受け渡しを行い，最終的には気体の水素H_2と気体の塩素Cl_2に分かれる。化学式を並べると，$HCl \rightarrow H_2 + Cl_2$だが，これでは左右の原子の数が合わない。左辺のHClを2つにすると，$2HCl \rightarrow H_2 + Cl_2$で数が合う。

問9　陰極から発生する気体は塩素Cl_2である。塩化水素HClが100個あれば，その中に含まれる塩素原子Clも100個あるから，2個ずつ結び付いた塩素分子Cl_2は50個できる。

問10　問題文の変化は分解である。選択肢のうち，同様に分解が起こるのは(イ)であり，炭酸水素ナトリウム$NaHCO_3$を加熱すると，炭酸ナトリウムNa_2CO_3と二酸化炭素CO_2と水H_2Oができる。これを化学反応式で表す。(ア)は，銅と酸素が結び付いて酸化銅ができるので，化合のうちの酸化である。(ウ)は，酸化銅と炭素から，銅と二酸化炭素ができており，酸化と還元が同時に起こる。

［3］ **(音，磁界－音の速さ，電磁誘導)**

問1　音は，621mの距離をA→B→Aと行って帰ってきたのと同じなので，621×2＝1242(m)伝わったことになる。これに3.6秒かかっているので，速さは1242÷3.6＝345(m/秒)である。

やや難　問2　船の速さをx[m/秒]とする。船Aは出発して1.5秒後に汽笛を鳴らしたので，その間に動いた距離は$1.5x$[m]である。音がA→Bと伝わる時間は1.6秒だから，その長さは345×1.6＝552(m)である。このとき，船Bは出発してから1.5＋1.6＝3.1(秒)経っているので，出発してからの距離は$3.1x$[m]である。船Aと船Bの最初の距離は621mだから，右図のように考えて，$1.5x + 552 + 3.1x = 621$となる。よって，$x = 15$[m/秒]となる。

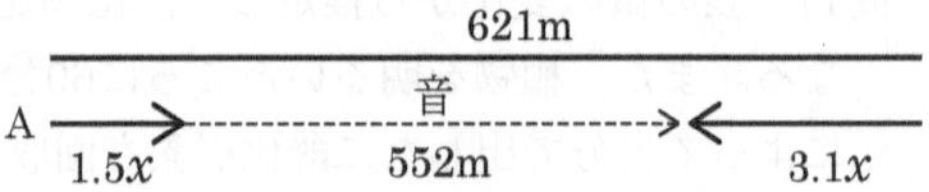

やや難　問3　船Bが音を聞いたとき，船Aも船Bも出発してから3.1秒経っている。どちらも15×3.1＝46.5(m)進んでいるので，両船の距離は，621－46.5×2＝528(m)になっている。ここから右図のよ

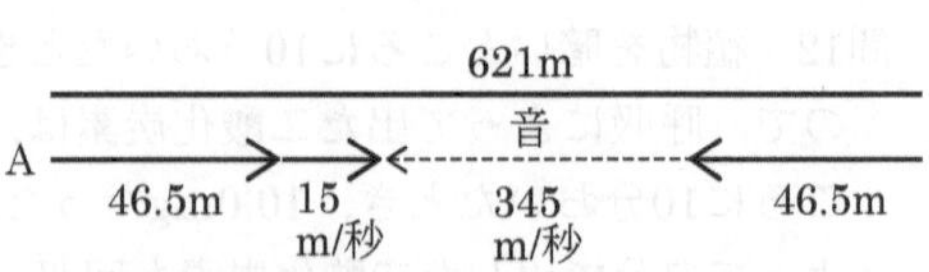

うに船Bが出す汽笛の音が345m/秒で左へ進み，船Aは15m/秒で右へ進むので，音が船Bから船Aに到達する時間は，$528\div(345+15)=\frac{22}{15}$(秒)である。その間に，船A，船Bとも，$15\times\frac{22}{15}=22$(m)ずつ進んでいるので，両船の距離は，$528-22\times2=484$(m)となっている。

問4　(ア)　正しい。音を出すものは振動しており，その振動が空気の振動となって伝わる。
(イ)　誤り。音は空気中だけでなく，液体や固体でも伝わる。真空は伝わらない。　(ウ)　正しい。音の振幅は，音の大きさに関係するが，音の高さには関係しない。　(エ)　正しい。振動数が少ないほど，音は低くなる。音の振動数が多いほど，音は高くなる。　(オ)　誤り。音の大きさは振幅で決まるので，弦の太さや振動数とは無関係である。

問5　コイルを貫く磁界が変化すると，コイルに電流が発生する。この現象を電磁誘導といい，流れる電流を誘導電流という。

問6　電磁誘導は，コイルを貫く磁界の変化によって起こる。よって，問題の装置を変えずに誘導電流を大きくするには，磁界の変化を大きくするために，棒磁石を速く動かせばよい。コイルを速く動かしてもよい。もし，装置を変えることができるなら，コイルの巻き数を増やしたり，より強い棒磁石を使ったりすることも考えられる。

問7　問題文で棒磁石のS極をコイルの真上から遠ざけたとき，検流計が右に振れている。誘導電流は磁界の変化を妨げる向きに流れるので，棒磁石のS極が遠ざかるときには，それを引き留めようとして，コイルの上端がN極になっている。以上をまとめると，『コイルの上端がN極になると，検流計は右に振れる』といえる。この『　』の内容と選択肢を比較する。
(ア)　誤り。コイルの下端に棒磁石のN極を近づけると，コイルの下端がN極になるので，上端はS極となり，上の『　』の内容と逆になるので，検流計は左に振れる。　(イ)　正しい。コイルの上端に棒磁石のN極を近づけると，コイルの上端がN極になる。　(ウ)　誤り。コイルの上端から棒磁石のN極を遠ざけると，コイルの上端がS極になる。　(エ)　正しい。コイルの上端から棒磁石のS極を遠ざけると，コイルの上端がN極になる。　(オ)　誤り。コイルの上端から棒磁石のN極を遠ざけると，コイルの上端がS極になる。

[4]　(天気の変化－冬の天気)

重要　問1・問2　暖かい空気は冷たい空気よりも密度が小さい(軽い)。そのため，図1の実験では，左側の冷たい空気は下へ動こうとし，右側の空気は冷たい空気に押しのけられて上へ動こうとする。両方の空気の境界が，実際の天気では前線にあたる。

問3　図1の実験では，空気が冷やされることを再現している。これは，現実の夜の場面である。夜は海面よりも地面の方がより低温になるので，(エ)のように陸風が吹く。逆に，昼間は陸の方が高温になるので，(ア)のような海風が吹く。

問4　冬には，大陸に冷たく乾燥したシベリア高気圧が発達する。

問5　冬の日本列島には，シベリア高気圧から吹き出す北西の季節風が吹く。

問6　シベリア高気圧は大陸の上にある高気圧なので，(ア)は乾燥している。この空気が季節風として日本列島に吹き込むとき，日本海から蒸発する水蒸気を取り込み，日本列島の日本海側に大量の雪を降らせる。つまり，(イ)・(ウ)は湿潤である。その後，山を越え太平洋側へ吹き込むときには，水分を落とした後なので，(エ)は乾燥している。

問7　①　表1から，気温10℃の飽和水蒸気量は9.4g/m^{3}である。湿度が59.6％だから，空気中に実際に含まれる水蒸気量は，$9.4\times0.596=5.6024$で，四捨五入により5.6gである。　②　表1から，5.6g/m^{3}が飽和水蒸気量になるのは2℃である。つまり，問題の空気の温度が10℃から2℃まで下がると，雲ができ始める。問題文より，上昇気流の温度は，100mごとに1.0℃下がるので，8℃下がるのは800mの高さである。

問8　15mm＝0.015mだから，校庭に振った水の体積は80×90×0.015＝108(m^3)である。水1m^3の質量は1tだから，108m^3の質量は108t，つまり108000kgである。なお，水1cm^3＝1mL＝1g，水1L＝1kg，水1m^3＝1kL＝1tの関係がある。

問9　ふだん身近な天気は，地表から高度10km程度，真夏で16km程度までの範囲で起こっている。最も高い位置にできる雲の頂上がその程度であり，飛行機が飛ぶ高度でもある。この範囲は対流圏とよばれる。(ア)や(イ)は，それより高い山が多数ある。(エ)は大気と宇宙の境界の目安とされることが多い。

問10　中緯度には，西から東に地球を周回する偏西風が吹いており，気象に大きく影響している。

★ワンポイントアドバイス★

本年は例年よりも問題数がやや多めであった。解ける大問から手をつけて，取りこぼしをしないように気をつけよう。

＜社会解答＞

[1]　問1　ア　　問2　南極大陸　　問3　(1)　サンベルト　　(2)　フィードロット
問4　イ　　問5　ア

[2]　問1　エ　　問2　エ　　問3　(1)　扇状地　　(2)　レタス

[3]　問1　ウ　　問2　ア　　問3　ウ　　問4　K　　問5　イ　　問6　(人物名)　聖徳太子　(建物)　法隆寺　　問7　(作品)　源氏物語　　(作者名)　紫式部　　問8　A　法然　B　親鸞　　C　道元

[4]　問1　ウ　　問2　ア，オ　　問3　(記号)　エ　　江華島事件　　問4　①　a　下関　b　ポーツマス　　②　エ　　問5　イ　　問6　全国水平社　　問7　ウ
問8　日米安全保障(条約)　　問9　自衛隊

[5]　問1　地球温暖化　　問2　メディア　　問3　ア　　問4　WHO　　問5　ア
問6　ハザードマップ　　問7　(1)　健康　　(2)　文化　　(3)　最低　　問8　GPS
問9　ア　　問10　生活保護　　問11　(例)　まずは自分の命や他者の命を守る行動をとることが大切で，その情報の発信や受信の判断を適正に行うこと。

○推定配点○

[5]問11　10点　　他　各2点×45([4]問2，問3各完答)　　計100点

＜社会解説＞

[1]　(地理―地図・気候・産業など)

問1　(1)　メルカトル図法は羅針盤に頼っていた大航海時代に最も重要な地図として利用された。

問2　オーストラリア大陸のほぼ2倍で約98%が氷で覆われている大陸。

問3　(1)　1970年代以降ハイテク産業が相次いで進出，企業や人口の増加が著しい地域。

やや難　(2)　出荷する前の家畜をフェンスで囲った施設に入れ，運動量を減らして太らせるための施設(肥育場)。

問4　バンガロールはIT企業が集中しインドのシリコンバレーと呼ばれている。

問5　Aは砂漠，Bは熱帯雨林，C・Dは温暖湿潤気候。

[2]　**(日本の地理―中部地方の地形・気候・農業など)**

問1　ヨーロッパアルプスに似た岩峰や雪渓から名付けられた日本の屋根と呼ばれる地域。

問2　①は豪雪で知られる上越，②は寒暖の差が大きい松本，③は太平洋に面した浜松。

重要　問3　(1)　川が山間部から開けた地点に出るところに形成された地形。　(2)　長野では高原の涼しい気候を利用し時期をずらした野菜の抑制栽培が盛んである。レタスは全国の約4割を占める。

[3]　**(日本の歴史―古代～近世の外交・社会・文化史など)**

問1　17世紀初め幕府は朝鮮との国交を回復，将軍の代替わりには通信使も来日した。

重要　問2　平安末期，平清盛は大輪田泊(現神戸港)で宋と貿易，15世紀初めに足利義満は「臣源」と称して明との朝貢貿易を開始，16世紀中ごろにはスペインやポルトガルとの貿易が始まった。

問3　幕府は徳政令を発布したが経済混乱に拍車がかかり幕府崩壊を早める結果となった。

問4　日明貿易の開始は1404年，1429年中山の尚巴志は三山を統一し琉球王国を建国。

問5　葛飾北斎の富嶽三十六景・神奈川沖浪裏の図。

問6　天皇中心の国家建設を目指した人物。670年に火災で全焼，7世紀末～8世紀初めに再建。

問7　中宮・彰子に仕えた女官。光源氏を主人公とする長編小説。

問8　A　比叡山で学び京都で専修念仏を称えた。　B　法然の弟子で悪人こそ救済されると説いた。　C　権力者から距離を置き座禅を中心に厳格な修行を説いた。

[4]　**(日本と世界の歴史―近世～現代の政治・社会史など)**

やや難　問1　①　明治以降は金納。　②　日露戦争後の不況の中で形成。　③　田中正造の天皇への直訴は1901年。　④　日露戦争後には労働運動も活発化。

問2　箱館と下田の2港を開港した条約。下田は日米修好通商条約の締結で閉港された。

問3　日本軍艦が江華島付近で朝鮮を挑発(江華島事件)，鎖国政策をとる朝鮮を無理やり開国させた。

重要　問4　①　a　伊藤博文と陸奥宗光が全権となって締結。　b　アメリカ大統領セオドア・ルーズベルトの仲介で締結。　②　朝鮮は清との宗属関係を断ち独立，直後に大韓帝国と名称を変更。

問5　エ(1923年)→ア(1929年)→ウ(1931年)→イ(1937年)→オ(1941年)の順。

問6　大正デモクラシーの社会運動が盛り上がる中で不当に差別されていた人々が結成。

問7　1949年，国共内戦に勝利した共産党の毛沢東が建国を宣言。アは大正，イ・エは江戸時代。

問8　アメリカの日本防衛義務が明記されないなど不平等かつ片務的な内容であった。

問9　1950年，朝鮮戦争の勃発に伴いGHQの指示で結成，1952年に保安隊，1954年に自衛隊と変更。

[5]　**(公民―社会生活・憲法・国際政治など)**

重要　問1　二酸化炭素などの温室効果ガスのため地球の温暖化が進行，異常気象も各地で発生している。

問2　情報化社会の進展でメディアを使いこなす力(メディアリテラシー)が重要となっている。

問3　天然痘は紀元前から猛威を振るい日本でも奈良時代に大流行したことが知られている。ペストの大流行は14世紀，スペイン風邪は第1次世界大戦中，サーズは2003年。

問4　1948年成立，伝染病の予防にも力を入れ1980年には天然痘撲滅宣言も出した。

問5　国際政治学者。1991年～2000年，第8代の国連難民高等弁務官を務めた。

問6　地震や洪水などの自然災害を予測し被害の種類や程度・範囲などを示した地図。

重要　問7　人間たるに値する生活の保障を国家に要求する権利。憲法25条の生存権。

問8　米国防省が開発した人工衛星を利用して位置を決定するシステム。

問9　「誰一人取り残さない」を理念に貧困や飢餓，教育・ジェンダー平等など17の目標を設定。

問10　「生活に困窮する国民に対し必要な保護と自立を助長(生活保護法1条)」と規定。
問11　災害時にはやるべきことが山のようにあるが，なんといってもその第1は人命にかかわることである。二つ目には事態の鎮静化であり冷静な対応で被害の拡大を防ぐことが大切である。

★ワンポイントアドバイス★

分野を問わず資料に関する出題は増える傾向にある。日ごろからこれらに注意を払い，わからないものに関しては必ず自分で調べる習慣をつけよう。

＜国語解答＞

[一]　問一　(1)　したく　(2)　ゆうべん　(3)　ぞうきばやし　(4)　解放
(5)　追究　(6)　偉　問二　ア　問三　イ　問四　(1)　イ　(2)　カ

[二]　問一　X　イ　Y　エ　Z　オ　問二　イ　問三　ウ　問四　エ
問五　知的な世界をつかみ取る力　問六　いろんな社会的・人間的事柄に対しても
問七　ウ

[三]　問一　X　エ　Z　ウ　問二　ウ　問三　オ　問四　魂がけがれてしまったら，すべてを失います　問五　ア　問六　イ　問七　オ

[四]　問一　中国　問二　たくわえ　問三　a　問四　(誰が)　許由　(何を)　なりひさこ　問五　ア　問六　1　(例)　手を使って飲む　2　なりひさこ　問七　オ

○推定配点○

[一]　各2点×10　[二]　問一　各2点×3　他　各5点×6
[三]　問一・問二　各2点×2(問一完答)　他　各4点×5
[四]　問四・問五　各4点×2(問四完答)　他　各2点×6　計100点

＜国語解説＞

[一]　(漢字の読み書き，熟語の組み立て，語句の意味，文学史)

問一　(1)　「度」の音読みはほかに「ド」「ト」。熟語は「度量」「法度」など。訓読みは「たび」。
(2)　「雄弁」は，力強く堂々と話すこと。または，その話しぶり。「雄」を使った熟語はほかに「雄大」「英雄」など。訓読みは「お」「おす」。　(3)　「雑」を使った熟語はほかに「雑巾」「雑煮」など。音読みはほかに「ザツ」。熟語は「雑音」「雑踏」など。「雑魚(雑魚)」という読み方もある。訓読みは「ま(じる)」。　(4)　「解」を使った熟語はほかに「解散」「解体」など。音読みはほかに「ゲ」。熟語は「解熱」「解毒」など。訓読みは「と(かす)」「と(く)」「と(ける)」。
(5)　「追究」は，わからないことを明らかにしようと，深く調べていくこと。同音の「追求」「追及」との使い分けに注意。「追」を使った熟語はほかに「追加」「追伸」など。訓読みは「お(う)」。
(6)　「偉」の音読みは「イ」。熟語は「偉人」「偉大」など。

問二　アの「美人」の組み立ては，上の字が下の字を修飾している。イの「開会」，ウの「投球」，エの「着席」，オの「読書」は，下の字が上の字の目的語になる組み立てで，下から上へ「会を開く」，「球を投げる」，「席に着く」，「書を読む」と読むことができる。

問三　「ソーシャル」は，社会の，社会的，社交的，という意味。「ソーシャル・セキュリティ(社会保障)」「ソーシャル・ダンス(社交ダンス)」などと使われる。

問四　(1)　宮沢賢治の作品は，『注文の多い料理店』のほかに『銀河鉄道の夜』『風の又三郎』など。　(2)　清少納言の作品は，平安時代中期に成立した随筆『枕草子』。アの『徒然草』は兼好法師，ウの『源氏物語』は紫式部，エの『坊ちゃん』は夏目漱石，オの『くもの糸』は芥川龍之介，キの『みだれ髪』は与謝野晶子，クの『伊豆の踊子』は川端康成の作品。

[二]　**(論説文－脱語補充，接続語，文脈把握，内容吟味，指示語，要旨)**

問一　X　直前の「……と言うのと，ニュアンスが大きく異なることがわかると思います」と「直後の「……科学は自然と人間が関係して繰り広げられる現象を全分野から論じるという意味があります」は，文末が「～ます」と揃っているので，並立を表す「また」が入る。　Y　直前の「……そのような人間の集団では，人それぞれが異なった発見をしているだろうし，それを互いに尊重するという気にもなるのではないでしょうか」と，直後の「科学を学び，……『知ることが生きる力に変えられる』ということに繋がるのです」は，順当に繋がる内容といえるので，順接を表わす「だから」が入る。　Z　後に「……言い換えることができるでしょう」とつながっているので，説明や言い換えを表す「つまり」が入る。

問二　直後に「理科が対象とするのは自然物そのものですが，『科学』はそれだけに留まることがなく，……社会との関係までをも問うことになるから」と説明されているので，イが適切。アは「二科目で成り立つ」という部分が合致しない。ウ・オは，本文に「理科が対象とするのは自然物そのものですが……」とあることと合致しない。エは，本文に「『科学』は……『科学的判断』とか『科学的予測』と言われるように……」とあることと合致しない。

やや難　問三　直前の「科学を学ぶとさまざまな問題に応用でき，科学の力によって物事の仕組みや歴史的繋がり，そして思いがけない社会的関係までも発見するとができると考えられるのです。……それによってこれまで考えたことがなかったような新鮮なイメージが思い浮かんだりするでしょう」という内容を指すので，ウが適切。アの「ヒントが得られる科学」，イの「何が起こっているのかを想像できる」，エの「見えない部分を想像する科学」，オの「どんな問題でも必ず解決できるようになる」は適切でない。

問四　後に「この言葉を，さまざまな科学的な経験を積み重ねれば，自然のみならず，社会や人間の世界の真実まで認識する力を獲得できる，という意味に受け取っています」とあるのでエが適切。「私は，自然を支配するという考え方は好きではないので」とあるので，「自然を支配」とあるア・イ・オは適切でない。ウは「すべてを認識できる」が適切でない。

問五　後に「インテリジェンスは，理解力……知識などを総称した，知的な世界をつかみ取る力のことです」と説明されているので，「知的な世界をつかみ取る力(12字)」を抜き出す。

問六　「何に対しても」に対応する表現を探すと，前に「いろんな社会的・人間的事柄に対しても(18字)」とある。

問七　ウは，「実際……」で始まる段落に「思いがけない結びつきが発見できると知ることが楽しくなり，……自分自身が感動するに違いありません。それに留まらず，……何事にも自信を持って人と対応できるようになります」とあることと合致する。アの「実体験を大事にすべき」，イの「英知など物事の道理や知恵一般を身につける必要がある」，エの「全て科学的な知識で解決しなければならない」，オの「仮説を確かな証拠を基に検証する」は，本文の内容と合致しない。

[三]　**(小説－脱語補充，副詞の用法，慣用句，情景・心情，文脈把握，内容吟味，表現，大意)**

問一　X　直前の「もったいぶった様子」と同様の表現が入るので，「ゆっくりと」が適切。

Z　直後の「芽吹いた」様子にあてはまるものとしては，「ぷわっと」が適切。

問二　Yの直後の「思うように声が出せない」様子にあてはまるものとしては，「喉がふさがって」が適切。

問三　「リボン」という名前については，「『けれど，ひばりさんより長く生きることは，まずないでしょう。……でもね，魂は，いつまでもひばりさんのそばにいると思うの。目に見えないけれど，きっといます。そのことを思い出してほしくて，リボンという名をつけたいのです』」とあるので，オが適切。

やや難　問四　「イチゴ大福」については，前に「魂は心に守られて，心は体に守られている」「『外のお餅が体だとしたら，次のあんこが心，中心にあるのがイチゴ……』」とある。「イチゴ」は「魂」のたとえであり，「『魂は，わたくしたちにとって，もっとも重要なものです。魂がけがれてしまったら，すべてを失いますから』」とあるので，「イチゴ＝魂」がなくなってしまうことを言い換えた表現として，「魂がけがれてしまったら，すべてを失います(20字)」を抜き出す。

問五　直前に「リボンが，私とすみれちゃんの魂を結んでいる」とあり，雛の「リボン」に対して，「リボンへの愛情が……巨大な葉っぱのように芽吹いた」とあるので，アが適切。

問六　ア・ウ・エは，「リボン」と名づけられた雛を指す。直前に「透明な，見えない」とあるイの「リボン」は，「すみれちゃん」と「わたし」を結ぶものを指す。

やや難　問七　オは，本文には「ふたつのきれいな湖」「光り輝く湖の目」「イチゴ大福」「巨大な葉っぱのように」と，「ひばり」の瑞々しい感性が伝わるような比喩表現が多用されていることと合致する。アの「一文一文を短くする」，イの「二人の心理的距離間」，ウの「雛をまるで祖母のように感じていく」，エの「意志の強さ」は合致しない。

[四]　(古文－古典知識，仮名遣い，品詞・用法，文脈把握，心情，段落構成，文学史，口語訳)

〈口語訳〉　人は，自分の身を質素にし，ぜいたくを避けて財宝を持つことなく，欲望のままにむやみに欲しないようにするのが，素晴らしいことだ。昔から，賢人で富んでいるというのは，例が少ない。

中国に許由という人がいたが，その人は，全く自分の身に備えた持ち物もないから，その人は，水さえも手を使ってすくって飲んでいたのを見て，なりひさごという物をある人が与えたところ，ある時，木の枝に掛けておいたひさごが，風に吹かれて鳴ったので，やかましいといって捨ててしまった。再び，手ですくって水も飲んだという。どんなにか心の中はさっぱりしていたことであろう。

問一　「唐土(もろこし)」は，現代の「中国」のこと。

問二　語頭以外の「はひふへほ」は，現代仮名遣いでは「わいうえお」となるので，「は」は「わ」に直して，「たくわえ」となる。

問三　aは，その文節が主語であることを示す用法で，「が」に置き換えることができる。b・cは，その文節が連体修飾語であることを示す用法。

問四　直前に「木の枝に懸けたりけるが，風に吹かれて鳴りけるを，かしましとて」とある。木にかかっているものとは，その前にある「なりひさこ」。「なりひさこ」の所有者は，同段落冒頭に「許由」とある。「許由」が「なりひさこ」を捨てた，とする文脈である。

やや難　問五　直前に「また，手にむすびてぞ水を飲みける」とある。同様のことは，本文冒頭に「人は，己をつづましやかにして，おごりを退けて，財を持たず，いみじかるべき」とあるので，この内容と合致するアが適切。イの「やせ我慢」，ウの「平然と」，エの「空しい」，オの「多少の寂しさ」は合致しない。

問六　1　「質素」にあてはまる許由の行動は，第二段落に「水をも手して捧げて飲みける」とあることで，手で水を飲むことを表現すればよい。　2　第二段落に「なりひさことい ふ物を人の得させたり」とある。人から与えられた「なりひさこ」だけが，許由にとって唯一の持ち物だったので，「なりひさこ」が適切。

問七　『徒然草』は，鎌倉時代に成立した兼好法師による随筆。

★ワンポイントアドバイス★

現代文は，言い換え表現，指示内容をすばやく把握する力をつけよう！　国語知識は，幅広い出題に備えて，早めに着手して知識を充実させておこう！

MEMO

大切なことはメモしておこうネ！

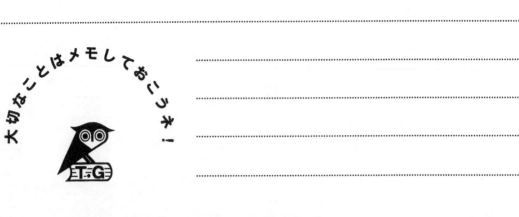

2020年度

★★★★★★★★★★★★★★★★★★★★★★★★

入　試　問　題

2020年度

岐阜東高等学校入試問題

【数　学】（40分）　＜満点：100点＞

［１］ 次の計算をしなさい。

(1) $-3\times(-2)^2\div(-4)$　　(2) $2(x+y-1)-\dfrac{2x-y}{2}$

(3) $-\dfrac{x^3y}{4}\div(-x^2)\times 12y$　　(4) $\dfrac{2}{\sqrt{2}}+\sqrt{32}-\sqrt{2}$

［２］ 次の問いに答えなさい。

(1) A，B，Cの３人でジャンケンを１回だけするとき，３人のグー，チョキ，パーの出し方は全部で何通りあるか答えなさい。

(2) ２次方程式 $x(x-2)=8$ を解きなさい。

(3) 素数のうち，自然数 n を用いて 2^n-1 の形で表されるものを「メルセンヌ素数」という。２桁のメルセンヌ素数を答えなさい。

(4) 次の①から⑤のうち，「ひし形の定義」として正しいものを１つだけ選びなさい。

①２組の向かい合う辺が平行な四角形
②１組の向かい合う辺が平行な四角形
③４つの角が等しい四角形
④４つの辺が等しい四角形
⑤４つの角が等しく，４つの辺が等しい四角形

［３］ 右図のように，関数 $y=ax^2$…① のグラフと直線 l が２点A，Bで交わっている。点Aの y 座標は１であり，点Bの座標は（６，４）である。次の問いに答えなさい。

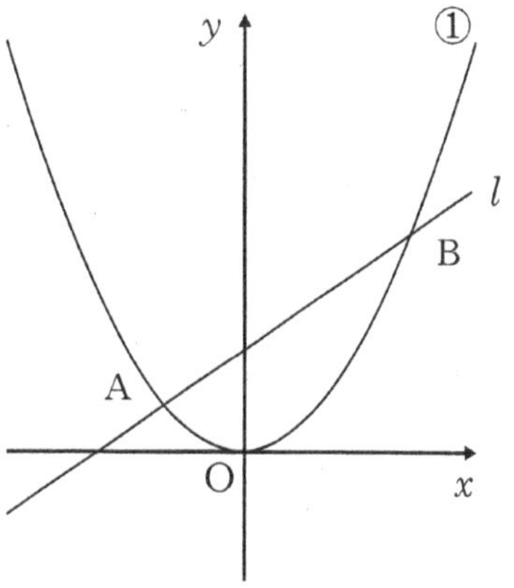

(1) a を求めよ。

(2) 直線 l の方程式を求めよ。

(3) △AOBの面積を求めよ。

(4) ①のグラフの上の，$x>0$ の範囲に点Pをとる。
△ABPの面積が△AOBの面積の２倍になるとき，点Pの座標を求めよ。

［４］ １ヶ月の電気料金は基本料金と電力量料金の合計金額を支払うようになっている。１ヶ月の基本料金は2000円であり，電力量料金の詳細は次のページの表のようになっている。ある月の電気使用量は，昼間と夜間合わせて350kWhで電気料金が8800円であった。なお，昼間の使用料は

100kWhを超えていた。次の問いに答えなさい。

1kWhあたりの
電力料金について

昼　間	夜　間
最初の100kWhまで　19円 100kWhを超えた分　26円	10円

⑴　昼間の電気使用量を x kWh，夜間の電気使用量を y kWhとして連立方程式を作った。空欄の（ア），（イ）に入る式または数を入れなさい。

$$\begin{cases} \boxed{\quad（ア）\quad} = 350 \\ \boxed{\quad（イ）\quad} = 3750 \end{cases}$$

⑵　昼間の電気使用量と夜間の電気使用量をそれぞれ求めなさい。

［５］　右図のように２本の平行線があるとき，角 x の大きさを求めなさい。

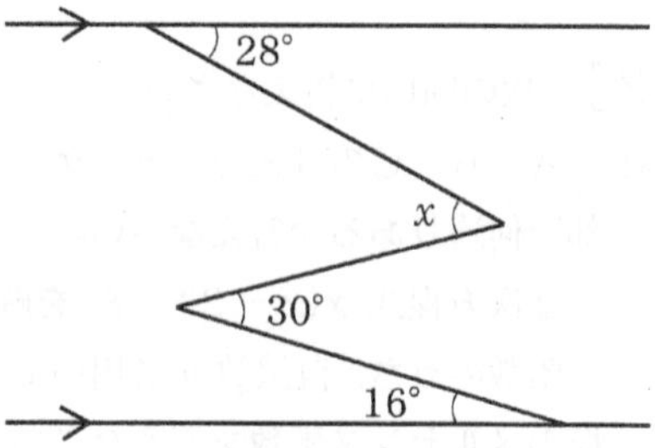

［６］　右図のように１辺が14cmの正方形がある。このとき，斜線の部分の四角形の面積は何cm²か求めなさい。

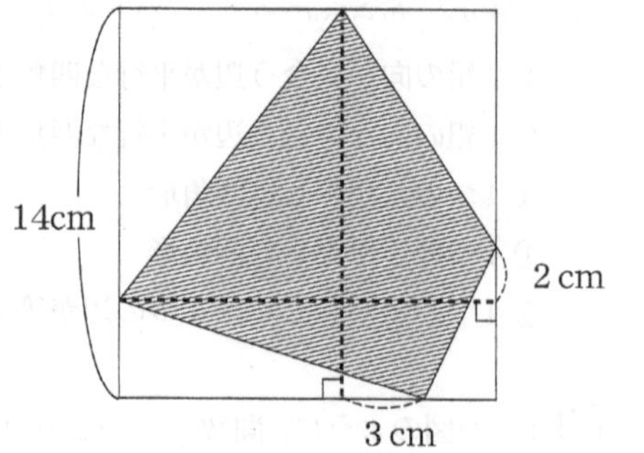

［７］　立体Mは，底面の半径が６cm，高さが４cmの円柱である。立体Nは底面の半径が４cmの円柱である。立体Mと立体Nの体積が等しいとき，次の問いに答えなさい。

⑴　立体Nの高さは何cmか求めなさい。

⑵　⑴のとき，立体Mと立体Nそれぞれの全ての面の面積の合計（表面積）は，どちらがどれだけ大きいか答えなさい。

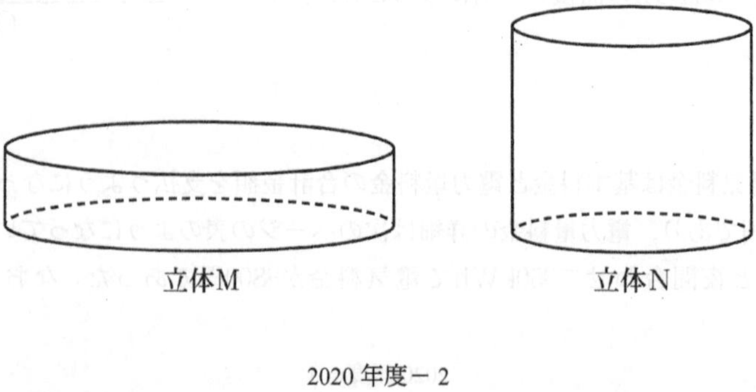

【英　語】（40分）　＜満点：100点＞

【注意】 試験開始10分後に，［８］Listening Test を始めます。

〔１〕 次の英文を読んで，後の問いに答えなさい。

Let me tell you about my father. Well, he is a captain of a tanker. I guess everyone knows a little bit about tankers. A tanker is a big ship that carries oil and delivers it all over the world. His job is taking care of everything that goes on on that big ship.

He spends about (①) months on the sea. When he comes back, he brings back a lot of souvenirs for me. My house is full of strange, mysterious things no one my age has ever seen before. A few years ago, he (ア) me a very beautiful, golden lamp — one of those you might have seen in the movie Aladdin. I would not be surprised if Genie came out of it. Have you ever seen a lamp like the one I'm talking about? I'm sure you haven't. A lot of friends come to my house every day. The first thing they do when they come into the living room is ②to touch the lamp. It really is beautiful. (③) souvenir I'm very proud of is the Persian carpet. He got it in Alexandria, Egypt. He says it (イ) three to four years to make a Persian carpet the size of a large table. You use a lot of beautiful thread to make a carpet. All the work is (ウ) with your hands, which means that you don't use a machine. You have to make about 100,000 small knots in order to make a Persian carpet. Can you (④) it? It's just amazing. The one on the floor in our living room has an arabesque design. I wouldn't be surprised if one day, when I came back from school, I find Aladdin and Jasmine sitting on it. It's beautiful.

There are many, many things in my house that I am very proud of. However, those things, including the lamp and the carpet I just told you about, are not the most important presents I have gotten from my father. The best present to me is my (⑤). You know, I only spend about two months a year with my father since, as I have told you, he is out on the sea most of the year. So those two months are very special to me. When he is home, he talks about the many things he heard and saw around the world. Last night he told me about all the animals he saw in Congo, like elephants and lions. His stories make you want to visit places he talks about. They are so real that I dreamed of many wild animals in Africa last night. ⑥[story / good / a / is / teller / he / such]. His stories are more fantastic and important to me than the presents he brings back!

＊注） tanker：原油輸送船　deliver：～を運ぶ　go on：起こる　souvenir：おみやげ
strange：奇妙な　mysterious：不思議な　lamp：ランプ　Aladdin：アラジン
Genie：ジーニー（魔人の名前）　Persian carpet：ペルシャ絨毯
Alexandria：アレクサンドリア（都市名）　Egypt：エジプト　thread：糸　machine：機械

knot：結び目　in order to ～：～するために　amazing：驚くほどの　floor：床
arabesque：唐草模様　Jasmine：ジャスミン（人名）　however：しかし
including ～：～を含めて　Congo：コンゴ（国名）　dream of ～：～の夢を見る
fantastic：素晴らしい

1．（ア）～（ウ）に入る適語を次から選び，必要があれば適切な形に直しなさい。
　do　have　make　take　give
2．内容を考え（①），（⑤）に入る適語を英単語１語で答えなさい。
3．下線部②の to と同じ用法の to を含む文を次から選び，記号で答えなさい。
　ア．It is fun to speak English.
　イ．We were excited to watch the game.
　ウ．I'll study hard to become a doctor.
　エ．I have a lot of homework to do this weekend.
4．（③）に入る適語を次から選び，記号で答えなさい。
　ア．Other　イ．The other　ウ．The another　エ．Another
5．（④）に入る，b から始まる適語を答えなさい。
6．下線部⑥を文の意味が通るように正しく並べかえなさい。ただし，文頭の文字は大文字にしなさい。
7．本文の内容と合わないものを１つ選び，記号で答えなさい。
　ア．筆者の父は，原油輸送船の船長である。
　イ．筆者の父がくれた金色のランプは，とても美しかった。
　ウ．学校から帰宅した時に，ペルシャ絨毯にアラジンとジャスミンが座っていたので，筆者は驚いた。
　エ．父と過ごす時間は筆者にとって，かけがえのないものだった。
　オ．筆者の父のみやげ話は，父がくれるプレゼントよりも素晴らしいものだった。

〔２〕 次の対話文を読み，後の問いに答えなさい。

Takako : Satomi?
Satomi : Takako!　What are you doing here?　Come in!
Takako : (　1　)　I got locked out of my house.　I took the 8:00 bus home after my piano lesson.
Satomi : Didn't you call your mother?　Where is she?
Takako : I think she is still at work in Nagoya.
Satomi : (　2　)
Takako : I forgot it.　I couldn't call anyone because the battery on my cellphone died.
Satomi : You're all wet.　I'll bring you a towel.　Now take off your clothes and take a shower.
Takako : I went to a friend's house nearby, but there was no one there, so I came here.

Satomi : It's seven kilometers! （ 3 ）
Takako : That would be great.
Satomi : Tea? Coffee?
Takako : Tea sounds great.
Satomi : （ 4 ） You had better call your mom and tell her you are with me now.
Takako : Yeah. Maybe she has been trying to call me.
Satomi : Ask your mom if you can stay for dinner. I'll make spaghetti while you're taking a shower.
Takako : Thanks, Satomi.

＊注） lock ～：～を閉じ込める battery：電池 towel：タオル take off ～：～を脱ぐ clothes：衣服 nearby：すぐ近くの kilometer：キロメートル had better ～：～しなさい

1．（1）～（4）に入る最も適切なものを次から選び，記号で答えなさい。ただし，同じものを２度以上使ってはいけません。

ア．Do you want something hot to drink first?
イ．I'm glad you are home.
ウ．Here's my phone.
エ．Don't you have a key?

2．対話の内容と合うものを１つ選び，記号で答えなさい。

ア．Takako went to Satomi's house to play with her.
イ．Both Takako and Satomi are good pianists.
ウ．Takako couldn't call her mother because she was working in Nagoya.
エ．Takako came to Satomi's house by bus because it was far from Takako's.
オ．Takako and Satomi will have dinner together.

〔3〕 次の対話文の（ ）に入れるのに適切なものを，次のア～エの中からそれぞれ１つずつ選び，記号で答えなさい。

1．A : I'll help you when you need me.
B : It's very （ ） of you.
ア．easy イ．happy ウ．kind エ．cold

2．A : You look pale. What's （ ） with you?
B : I have a toothache.
ア．name イ．bad ウ．wrong エ．matter

3．A : Thank you for coming to see me off.
B :（ ）. Any time.
ア．Good idea イ．Keep smiling ウ．Not at all エ．Let's try

4．A : How much do you make in a week?
B :（ ）.
ア．I have a lot of money イ．I make 20,000 yen
ウ．I made two cakes エ．I have two cakes

5．A：What day of the week is it tomorrow?
B：(　　　).
ア．I'm very busy tomorrow　イ．We will go to the zoo
ウ．It'll rain tomorrow　エ．It's Saturday

〔4〕 次の英文の（ ）に入れるのに適切なものを，ア～エの中からそれぞれ1つずつ選び，記号で答えなさい。

1．Reiko visited Spain to study Spanish (　　　) her summer vacation.
ア．in　イ．during　ウ．at　エ．by

2．Braille is (　　　) because blind people can read various things like books and maps by touch.
ア．usual　イ．difficult　ウ．delicious　エ．convenient

3．We should not use plastic bags because they don't (　　　) down in nature.
ア．come　イ．go　ウ．break　エ．make

4．We can get a lot of knowledge by (　　　) newspapers.
ア．have read　イ．reading　ウ．read　エ．to read

5．I don't think Asako is a (　　　) piano player than Nobuko.
ア．better　イ．more　ウ．best　エ．most

〔5〕（ ）内の語を並べかえて英文を完成させるとき，（ ）内で3番目と5番目にくる語（句）を，記号で答えなさい。

1．1週間には7日あります。
There (ア．days / イ．a week / ウ．are / エ．seven / オ．in).

2．私は1週間に2回ピアノのレッスンがあります。
I (ア．a / イ．week / ウ．two / エ．take / オ．piano lessons).

3．雪が降っていたから私達は外出しませんでした。
We (ア．snowing / イ．didn't / ウ．was / エ．go out / オ．because / カ．it).

4．ラップは年配の人にはあまり人気がありません。
Rap music is (ア．not / イ．among / ウ．popular / エ．elder people / オ．very).

5．1年の10番目の月は10月です。
The (ア．October / イ．month / ウ．tenth / エ．of / オ．is / カ．the year).

〔6〕 次の各組の英文がほぼ同じ意味になるように，（ ）に適切な語を入れなさい。

1．Jason is a good guitar player.
Jason plays the guitar (　　　).

2．Will you tell me how to get to the nearest station?
Will you tell me the (　　　) to the nearest station?

3．Do you know her age?
Do you know how (　　) she is?
4．He went to Spain.　He is still there.
He has (　　) to Spain.
5．What is the name of the mountain?
What do you (　　) the mountain?

〔7〕 上段の日本文に合うように，下段の英文の（　）に適切な語をそれぞれ1語ずつ入れなさい。ただし，（　）内に示された文字で始めること。

2016年のオリンピックはリオデジャネイロで開催されました。私は幸運にも，ボランティアとして働くことが出来ました。私の仕事は街角で，お客さんたちがスタジアムに行くバスを見つけるのを手伝うことでした。私はたくさんの外国からのお客さんたちに会いました。最も印象深かったのは，アフリカ諸国からの女性たちが，とてもきれいで明るい色のドレスを着ていることでした。びっくりしたのは，たくさんの人達がポルトガル語で私に話しかけてくれたことです。そのうちの1人が私に大切なことを教えてくれました。それは，少しでもその国の言葉を知っていれば，旅は楽しくなるということです。

The 2016 Olympic Games were (①h　　) in Rio de Janeiro.　I was lucky to work as a volunteer.　My (②j　　) was standing at the corner of the street and help people find buses that would take them to each stadium.　I met a lot of people from (③a　　).　The thing that impressed me most was that women from African countries were (④w　　) very beautiful, bright colored dresses. Surprisingly, many people tried to (⑤t　　) to me in Portuguese.　One of them told me a very important thing.　That is, a little knowledge of the language of the country makes your trip more enjoyable.

〔8〕 Listening Test

英文と質問を聞いて，その答えとして適切なものを次のア～エの中からそれぞれ1つずつ選び，記号で答えなさい。なお，英文と質問は2回読まれます。

1．ア．England　　イ．France
ウ．Australia　　エ．Germany
2．ア．He bought a jacket.
イ．He left something at the hotel.
ウ．He wants to know the address.
エ．He picked up a bag.
3．ア．holiday　　イ．hospital
ウ．bath　　エ．weather
4．ア．basketball　　イ．soccer
ウ．tennis　　エ．baseball

5．ア．playing sports　　イ．reading books
　ウ．going to the library　　エ．watching movies

＜リスニング放送台本＞

1．John's family is planning to go on a trip. His father wants to go to England. His mother wants to go to France. John visited Australia on a school trip, and he wants to go again. In the end, his family decided to go to Australia because his family loves the sea.
Question: Which country does John want to go to?

2．Excuse me. I stayed at your hotel, but I left my jacket in the room. Could you send it to my address? If you can't, I'll come back and pick it up.
Question: What happened to the man?

3．It's cold today. A lot of clouds are coming, and it's going to snow this evening. Tomorrow will be warm and sunny. It's perfect weather for your holiday weekend.
Question: What is the man talking about?

4．This sport is very popular in the world. It is played by two teams and each team has eleven players. Only keepers can use their hands. Players try to kick the ball into the other team's goal. The World Cup was held in Russia two years ago.
Question: What sport is this?

5．Naoto and Ken are brothers, but they are very different. Naoto likes sports very much. Ken loves reading books, and he often goes to the library, but he doesn't like playing sports. Both of them like movies, so they sometimes go to movies together and talk about them.
Question: What does Ken not like?

【理　科】（40分）　＜満点：100点＞

［1］　図1は，じん臓と管X，器官Y，血管A，血管Bを表したものである。また，図2は，図1のじん臓の断面を拡大し，血管C，血管Dを表したものである。なお，図中の矢印は，血液の流れる向きを示している。ヒトの排出のしくみについて，次の問いに答えなさい。

図1

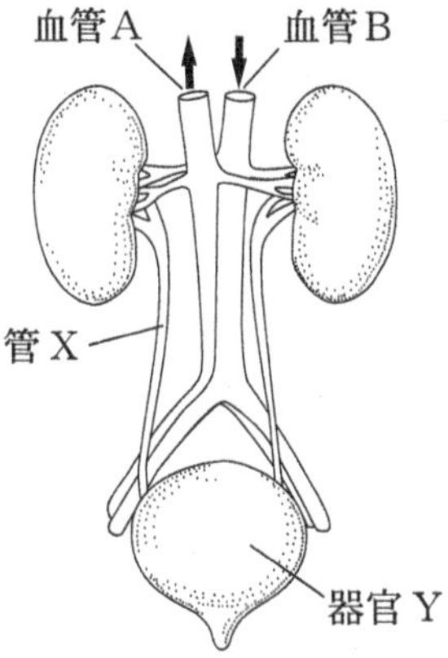

図2

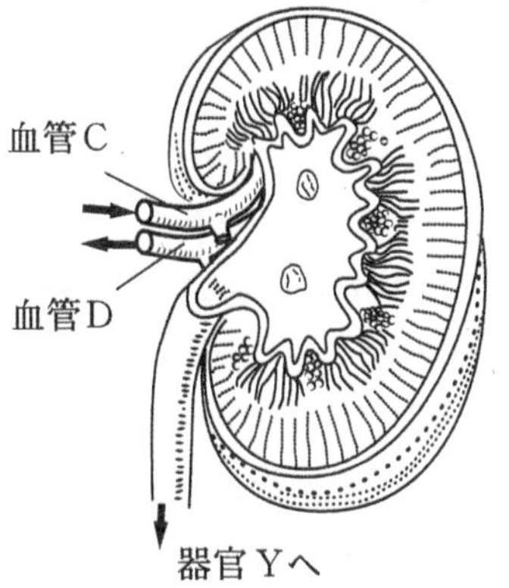

問1　管Xと器官Yの名称を，それぞれ答えなさい。

問2　二酸化炭素以外の不要な物質が少ないのは，どの血管を流れる血液か。図1，図2の血管A～血管Dからすべて選び，記号で答えなさい。

問3　次の文の空欄①と②に適する語句を，それぞれ答えなさい。

細胞で養分や酸素を使って生命活動が行われると，細胞のはたらきにとって有害なアンモニアができる。アンモニアは細胞から組織液中に出された後，血液にとりこまれて（　①　）に運ばれ，①で無害な（　②　）に変えられる。

問4　富田さんは，じん臓の働きを考えるために，次の〔条件1〕～〔条件4〕であるとして，計算することにした。次の問いに答えなさい。

〔条件1〕　心臓の左心室が1回収縮した時に，全身へ送り出される血液の量は64㎝^{3}。なお，1分間の心拍数（拍動の回数）を75回とする。

〔条件2〕　心臓から全身に送り出された血液のうち，25％が2個のじん臓を通るものとする。

〔条件3〕　2個のじん臓で作られる尿の量の合計は，1分間で1㎝^{3}であるとする。

〔条件4〕　2個のじん臓の働きには，全く差がないものとする。

①　2個のじん臓で，1日に作り出される尿の量は何㎝^{3}か。

②　1個のじん臓を通る1日あたりの血液の量は何㎝^{3}か。

③　尿になるのは，2個のじん臓を通る血液の量の何分の1か。

［2］うすい塩酸，うすい硫酸，食塩水，石灰水，砂糖水の5種類の水溶液が，A，B，C，D，Eのいずれかのビーカーに1種類ずつ入っている。どの水溶液がどのビーカーに入っているかを調べるため，〔実験1〕～〔実験4〕を行った。次のページの問いに答えなさい。

〔実験1〕　A，B，C，D，Eのビーカーの水溶液をそれぞれ試験管にとり，マグネシウムリボンを入れたところ，A，Bの水溶液は気体が発生したが，C，D，Eの水溶液は変化が見られなかった。

〔実験２〕 A，B，C，D，Eのビーカーの水溶液に電極を入れ，電流が流れるかを調べると，Eだけが流れなかった。

〔実験３〕 CとDのビーカーの水溶液をそれぞれ試験管にとり，二酸化炭素を吹き込むと，Cの水溶液は白く濁ったが，Dの水溶液は変化が見られなかった。

〔実験４〕 A，Bのビーカーの水溶液をそれぞれ試験管にとり，水酸化バリウム水溶液を加えると，Aの水溶液は一瞬にして白くなったが，Bの水溶液は変化が見られなかった。

問１ 水溶液にしたとき，電流が流れる物質を何というか答えなさい。

問２ pHの値が７より小さいのは，どのビーカーの水溶液か。A～Eのビーカーの水溶液からすべて選び，記号で答えなさい。

問３ 〔実験１〕で発生した気体について，次の問いに答えなさい。

① 発生した気体の名称を答えなさい。

② 発生した気体はどのような方法で集めるか。図の（ア）～（ウ）から１つ選び，記号で答えなさい。また，この気体の集め方を何というか答えなさい。

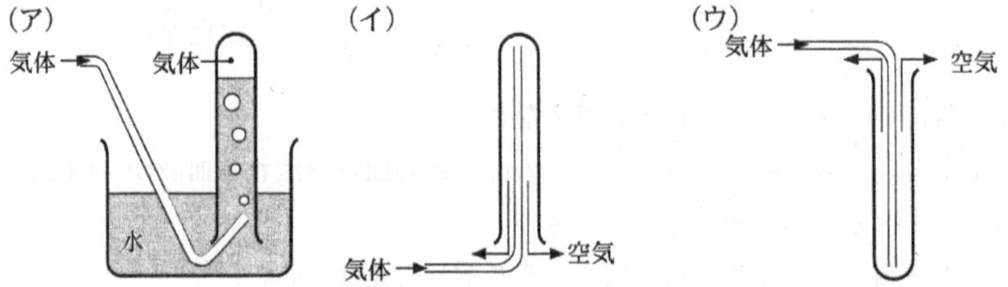

③ 発生した気体の説明として，適切なものをすべて選び，記号で答えなさい。

（ア）物質の中でいちばん密度が小さい。

（イ）水によく溶けて酸性の水溶液になる。

（ウ）黄緑色で刺激臭をもつ。

（エ）化合物である。

（オ）うすい水酸化ナトリウム水溶液を電気分解すると陰極から発生する。

問４ 〔実験３〕と異なる方法で，CとDのビーカーの水溶液を区別するための操作として，最も適切なものを次の（ア）～（エ）から１つ選び，記号で答えなさい。また，その操作をしたときの結果をC，Dの水溶液について簡潔に答えなさい。

（ア）それぞれの水溶液にヨウ素液を入れて，色の変化を調べる。

（イ）青色のリトマス紙をそれぞれの水溶液につけ，色の変化を調べる。

（ウ）それぞれの水溶液にBTB溶液を加え，色の変化を調べる。

（エ）青色の塩化コバルト紙にそれぞれの水溶液をつけ，色の変化を調べる。

問５ 〔実験４〕でAの水溶液でおきた化学変化を化学反応式で表しなさい。また，この反応を何といいますか。漢字で書きなさい。

問６ 〔実験４〕で水酸化バリウム水溶液を加えるために次のページの図１の器具を使った。この器具の名称を答えなさい。また，この器具の持ち方として最も適切なものをあとの（ア）～（エ）から１つ選び，記号で答えなさい。

図1

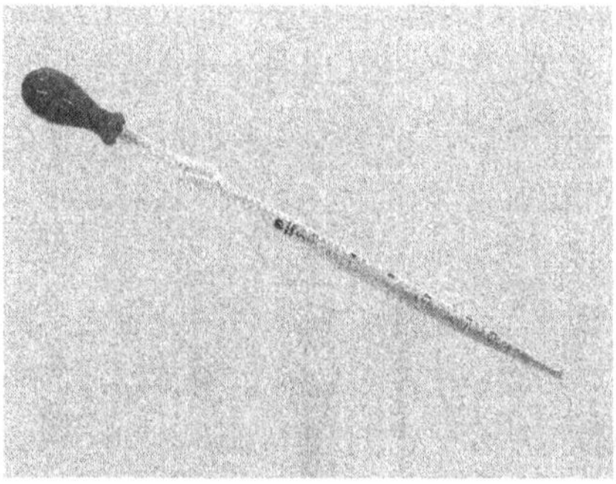

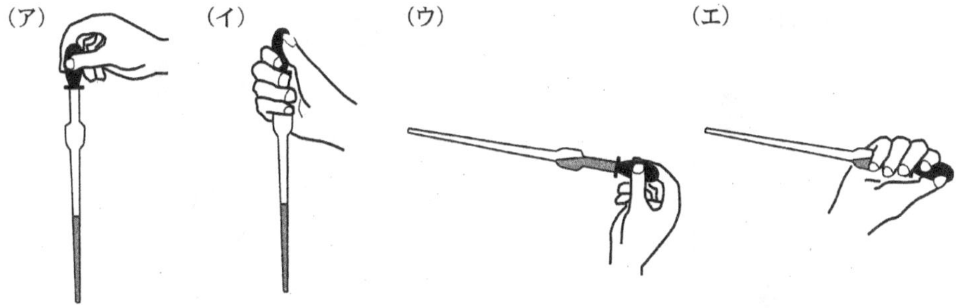

[3]　I　図1のように，水平面からの高さが30.0cmである斜面上のO点に，糸でつながれた小球を置いたところ，小球は糸からはずれ，斜面を転がった。図1のP～U点は，糸をはなれてから0.1秒ごとの小球の位置であり，表1は各区間の距離を測定した結果をまとめたものである。これについて，次の問いに答えなさい。

図1

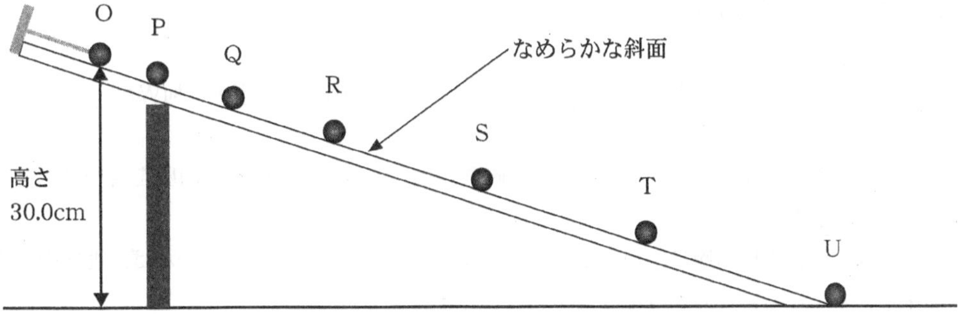

表1

区　間	OP	PQ	QR	RS	ST	TU
区間の距離〔cm〕	2.0	6.0	10.0	14.0	18.0	22.0

問1　OP間を動く小球の平均の速さは何cm/sか。

問2　QS間を動く小球の平均の速さは何cm/sか。

問3　TU間を動く小球の平均の速さは，OP間を動く小球の平均の速さの何倍か。

問４　小球がQ点に達したとき，小球の位置エネルギーが小球の運動エネルギーの８倍であったとすると，U点に達したときの小球の運動エネルギーは，Q点での小球の運動エネルギーの何倍か。

問５　図の装置を用いて，糸を長くし，初めに小球を置く斜面上の位置だけをO点より低い位置に変えて，同じように実験を行ったところ，小球は糸をはなれてから0.3秒後に水平面に達した。このとき，初めに小球を置いた位置の水平面からの高さは何㎝か。

Ⅱ　質量が同じ物体を，図２，図３の２種類の方法で引き上げた。表2はそれぞれの方法をまとめたものである。これについて，次の問いに答えなさい。ただし，100ｇの物体にはたらく重力の大きさを１Ｎとし，摩擦や空気抵抗，ひもや滑車の質量は考えないものとする。

図２

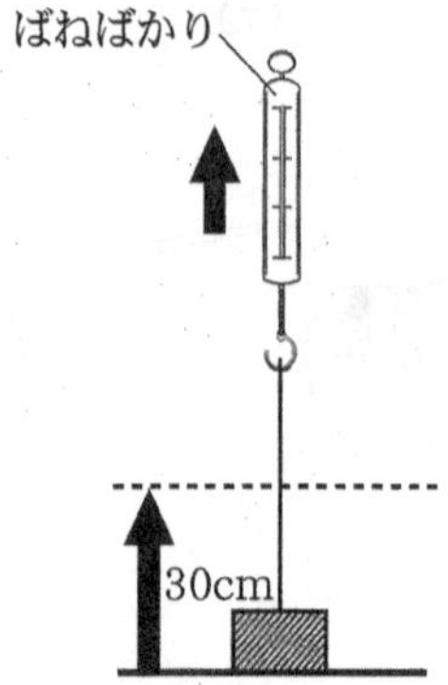

図３

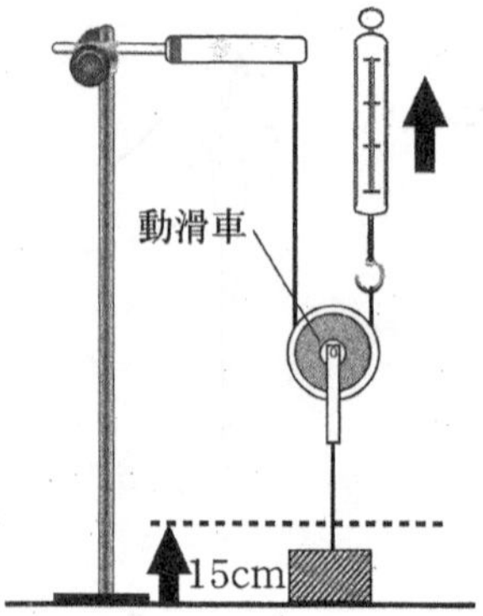

表２

図２	垂直方向に30cm引き上げた。
図３	動滑車を１つ使い，15cm引き上げた。このとき，ばねばかりの値は，6.0Nであった。

問１　この物体の質量は何kg か。

問２　図２の仕事は何Ｊか。

問３　ばねばかりを引く速さが５㎝／ｓであったとすると，図３の仕事率は何Wか。

［４］　ある道路沿いのがけに見られた地層を観察したところ，地層中に火山灰を含む層があった。次の問いに答えなさい。

問１　地層中の火山灰の層は，いつどこの火山が噴火したときのものかわかれば，地層の年代を知る手がかりとなる。このような地層を何というか。

問２　地層の中にある火山灰の層から採取した火山灰を，図１の器具を使用して観察した。

①　図１の器具の名称を答えなさい。

②　図１の器具の使い方として，次の文のア～ウの空欄に適する語句を答えなさい。

図１の器具を使って観察するとき，器具をできるだけ（　ア　）に近づけてもち，観察するものを

図１

（　イ　）に動かしてピントを合わせる。観察するものが動かせない場合には，器具を（　ア　）に近づけたまま（　ウ　）を動かしてピントを合わせる。

問３　火山灰を観察したところ，この火山灰には無色鉱物が多く含まれ，有色鉱物は少なかった。火山灰に含まれる無色鉱物を２つ答えなさい。

問４　問３のような火山灰のもととなった火山は，どのような火山であると考えられるか。最も適切なものを次の（ア）～（エ）から１つ選び，記号で答えなさい。

（ア）マグマのねばりけが弱く，穏やかな噴火をする。

（イ）マグマのねばりけが弱く，爆発的な噴火をする。

（ウ）マグマのねばりけが強く，穏やかな噴火をする。

（エ）マグマのねばりけが強く，爆発的な噴火をする。

問５　問３のような火山灰のもととなったマグマから，冷え方のちがいによってできる火成岩の組み合わせとして適切なものを（ア）～（カ）から１つ選び，記号で答えなさい。

	（ア）	（イ）	（ウ）	（エ）	（オ）	（カ）
火山岩	玄武岩	流紋岩	安山岩	流紋岩	流紋岩	花こう岩
深成岩	流紋岩	玄武岩	花こう岩	安山岩	花こう岩	流紋岩

問６　問３のような火山灰のもととなったマグマからできた溶岩は，火口付近に岩石のかたまりをつくることがある。このような岩石のかたまりを何というか答えなさい。

問７　火山による災害で，火山灰などの火山噴出物と大量の水が混ざって，火山の斜面を流れ下る現象を何というか答えなさい。

問８　過去の噴火のようすなどをもとにして噴火時の災害予測を立て，地図上にまとめたものを何というか答えなさい。

問９　活火山とは，現在活発に活動している火山と，およそ過去何万年以内に噴火した記録がある火山のことをいうか。次の（ア）～（オ）から１つ選び，記号で答えなさい。

（ア）１万年　（イ）10万年　（ウ）100万年　（エ）1000万年　（オ）5000万年

【社　会】（40分）　＜満点：100点＞

［1］　下の地図を見て，後の各問いに答えなさい。

地図Ⅰ

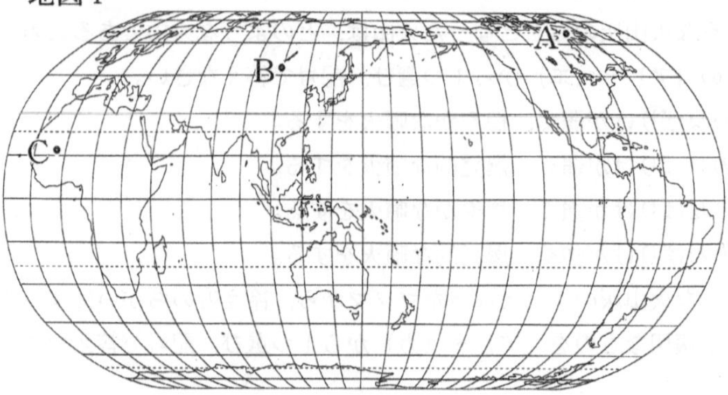

問1　地図Ⅰ中のAの地域について，下の各問に答えなさい。

⑴　この地域で生活している人々を何と呼びますか，カタカナ5字で答えなさい。

⑵　⑴の人々の暮らしの変化について，当てはまるものを，次の（ア）～（エ）の中から1つ選び，記号で答えなさい。

（ア）政府が定住化を進め，居住する町を造った

（イ）外国の食べ物が手に入るようになり，あざらしやカリブーの肉をもう食べなくなった

（ウ）近年，資源開発や商業，観光業の仕事をすることが少なくなった

（エ）まだ発電は行われていないので，冷蔵庫や電子レンジは使われていない

問2　地図Ⅰ中のBの地域について，下の各問に答えなさい。

⑴　地図Ⅰ中のBはイルクーツクです。イルクーツクはロシアの何という地域にありますか，カタカナ4字で答えなさい。

⑵　右の写真のような針葉樹林を何といいますか，カタカナ3字で答えなさい。

⑶　⑵の下には，1年中こおったままの土があります。最近では夏に解けだし，建物がゆがんだりするなどの問題が起きています。この土を漢字4字で答えなさい。

問3　地図Ⅰ中のCの地域について，下の各問に答えなさい。

⑴　アフリカ北部の広大なサハラ砂漠の南に接した地域はサハラ砂漠を大海原に見立てて，アラビア語の「岸辺」を意味する何と呼ばれていますか，カタカナ3字で答えなさい。

⑵　⑴の地域では，草も育たないやせた土地が広がっています。このような状態を何といいますか，漢字3字で答えなさい。

⑶　⑵を引き起こしている原因として当てはまるものを，次の（ア）～（エ）の中から1つ選び，記号で答えなさい。

（ア）家畜の放牧をしなかった　　（イ）土地を十分に休ませ，耕作をした

（ウ）雨が少ない年が何年も続かなかった　　（エ）たきぎなどを切りすぎた

問4　地図Ⅰ中のA～Cの地域に当てはまる雨温図を資料Ⅰの①～③から選び，その組み合わせとして正しいものを，次の（ア）～（ウ）の中から1つ選び，記号で答えなさい。

資料Ⅰ①

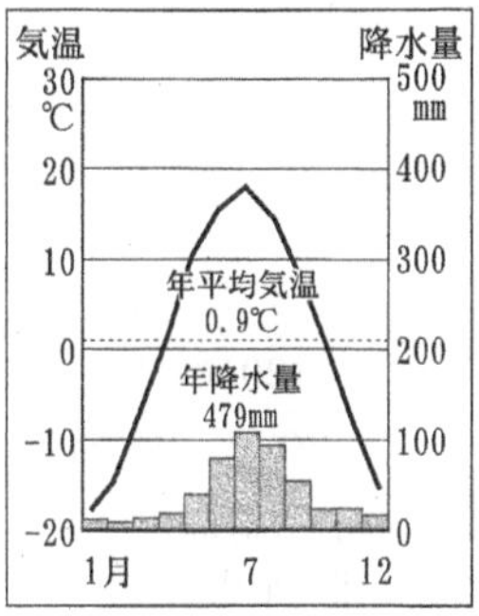

②

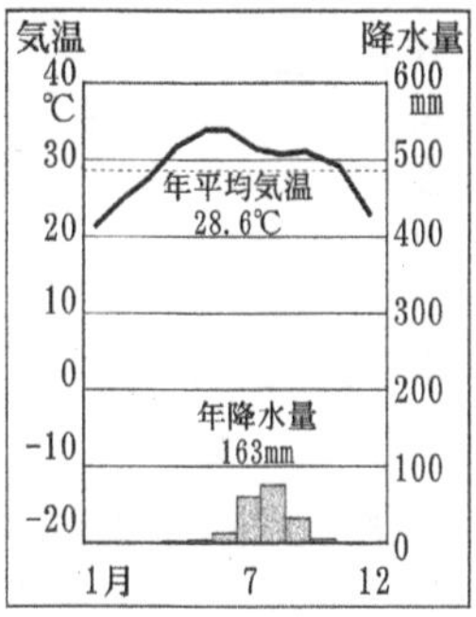

③

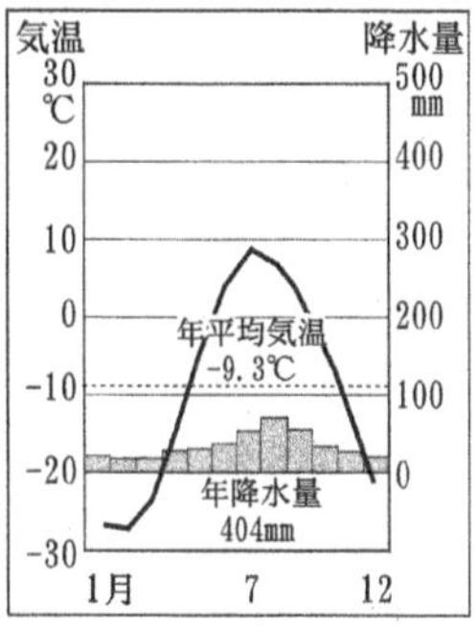

（ア）A①　B②　C③　　（イ）A②　B③　C①　　（ウ）A③　B①　C②

［2］　後の各問いに答えなさい。

問1　関東地方の気候の特徴について，当てはまらないものを，次の（ア）～（エ）の中から2つ選び，記号で答えなさい。

（ア）関東地方の大部分は日本海側の気候に属します

（イ）夏は蒸し暑く，特に内陸部で高温になり，山沿いを中心に雷雨がしばしば発生します

（ウ）南部の海岸部は黒潮（日本海流）の影響で，冬でも0℃以下になることがほとんどありません

（エ）冬は乾燥し，からっ風と呼ばれる冷たい南東の季節風が吹きます

問2　資料Ⅱから読み取れる現象をカタカナ8字で答えなさい。

資料Ⅱ

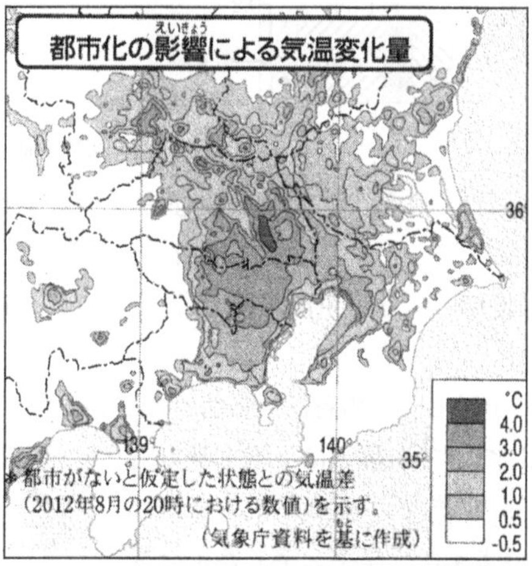

問3　埼玉，千葉，茨城などの各県では，大消費地に近い条件を生かして，都市向けに野菜を出荷する農業をおこなっています。このような農業を何といいますか，漢字2字で答えなさい。また，次のページの資料ⅢのグラフのA～Cには埼玉，千葉，茨城のいずれかが当てはまります。組み合わせとして正しいものを，あとの（ア）～（ウ）の中から1つ選び，記号で答えなさい。

資料Ⅲ

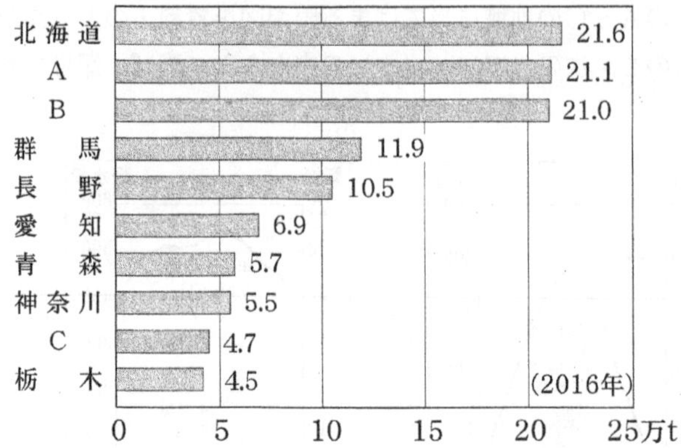

東京都中央卸売市場に入荷する野菜の県別入荷量
(「東京都中央卸売市場年報」平成28年)

(ア) A　埼玉　　B　千葉　　C　茨城
(イ) A　茨城　　B　埼玉　　C　千葉
(ウ) A　千葉　　B　茨城　　C　埼玉

問4　資料ⅣのA～Cのグラフは，京浜工業地帯，京葉工業地域，北関東工業地域の工業生産額をあらわしています。3つの工業地帯・地域の組み合わせとして正しいものを，次の（ア）～（ウ）の中から1つ選び，記号で答えなさい。

資料Ⅳ

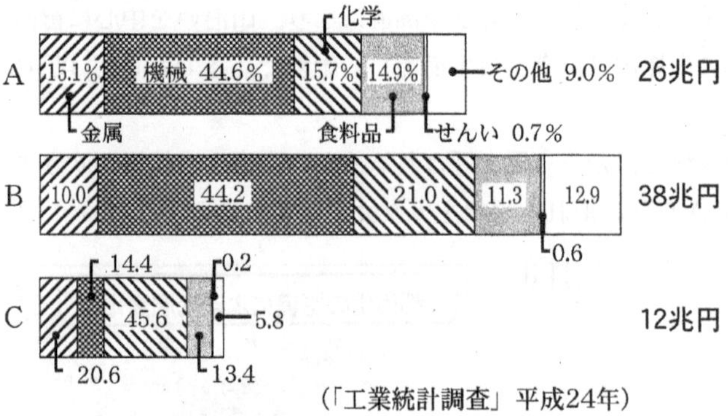

(「工業統計調査」平成24年)

(ア) A　京葉工業地域　　B　北関東工業地域　　C　京浜工業地帯
(イ) A　京浜工業地帯　　B　京葉工業地域　　C　北関東工業地域
(ウ) A　北関東工業地域　　B　京浜工業地帯　　C　京葉工業地域

［3］　次のページの年表を見て，後の各問いに答えなさい。

問1　下線部①の時代について，図1は，埼玉県で出土した鉄剣です。A にあてはまる大和政権の首長の呼び名を何といいますか，漢字2字で答えなさい。

図1

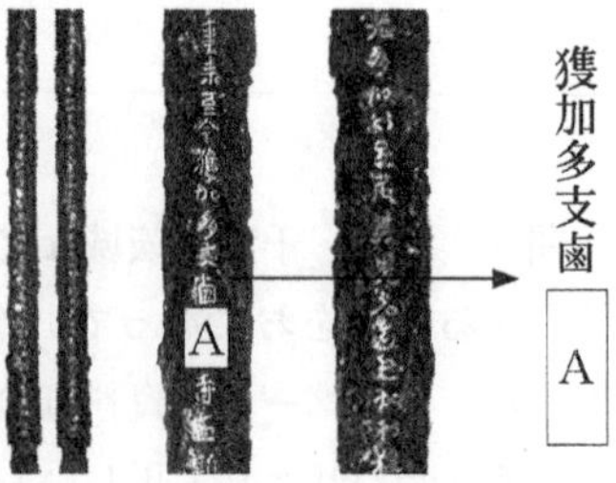

時　代	おもなできごと
弥生時代	邪馬台国の卑弥呼が魏に使いを送る
	a
①古墳時代	前方後円墳の大仙古墳がつくられる
	b
飛鳥時代	②聖徳太子が冠位十二階の制度・十七条の憲法を定める
	c
③奈良時代	東大寺の大仏が完成する
	d
平安時代	④藤原氏の摂関政治が始まる
	e
鎌倉時代	⑤鎌倉仏教の教えが人々の間に広まる
	f
⑥室町時代	足利義満が勘合貿易を始める
	g
⑦安土桃山時代	織田信長が滋賀に城を築く 豊臣秀吉が大阪に城を築く
	h
⑧江戸時代	徳川家康が征夷大将軍となり，江戸に幕府を開く
	i

問２　下線部②について，②が建立した寺院を，次の（ア）～（エ）の中から１つ選び，記号で答えなさい。

（ア）

（イ）

（ウ）

（エ）

問３　下線部③の時代について，下の表は人々にかけられた負担をまとめたものです。B を何といいますか，漢字２字で答えなさい。

租	稲（収穫量の約３％）
調	絹，糸，真綿，布（麻布など），特産物
庸	布（麻布など）：労役１０日のかわり
雑徭，兵役	地方での労役（年間６０日以下），九州北部の警備にあたる B などの兵役

問４　下線部④について，摂関政治は，11世紀前半の藤原道長とその子Cのころに，最盛期を迎えました。Cにあてはまる人物を漢字４字で答えなさい。また，このころから仮名文字がつくられ，紫式部によって書かれた作品を何といいますか，次の（ア）～（エ）の中から１つ選び，記号で答えなさい。

（ア）枕草子　　（イ）御伽草子　　（ウ）平家物語　　（エ）源氏物語

問５　下線部⑤について述べた下の文章を読み，D～Gにあてはまる人物として，正しいものを，後の（ア）～（エ）の中から１つ選び，記号で答えなさい。

源平の争乱の前後に，Dは，「南無阿弥陀仏」と念仏を唱える浄土宗を開き，その弟子のE

は，浄土真宗を農村に広めた。また，F は，踊念仏などによって念仏をすすめる時宗を開いた。G は，題目を唱えれば，救われると説いた。

（ア）D　法然　　E　親鸞　　F　一遍　　G　日蓮
（イ）D　親鸞　　E　法然　　F　栄西　　G　道元
（ウ）D　法然　　E　親鸞　　F　日蓮　　G　一遍
（エ）D　親鸞　　E　法然　　F　道元　　G　日蓮

問６　下線部⑥のころの東アジアの地図を見て，後の問いに答えなさい。

H：漢民族が建国した H を何といいますか，漢字１字で答えなさい。

I：尚氏が建国した I を何といいますか，漢字４字で答えなさい。

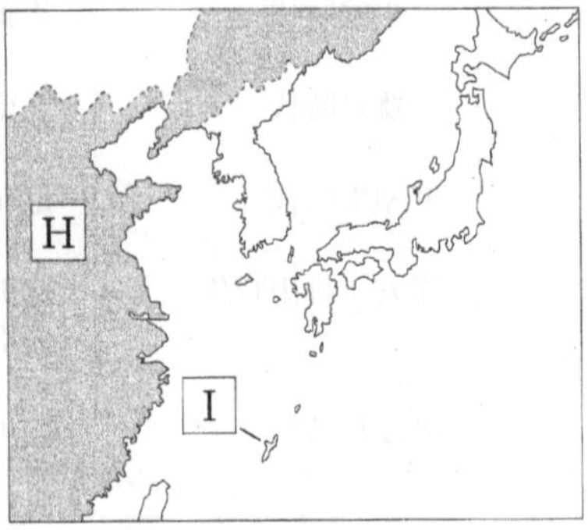

問７　下線部⑦の時代を代表する建築物が城です。美しい白壁から白鷺城とも呼ばれ，世界遺産に登録されている城を何といいますか，漢字３字で答えなさい。

問８　下線部⑧の時代の文化の特徴として正しいものを，次の（ア）～（エ）の中から１つ選び，記号で答えなさい。

（ア）京都や大阪を中心とする上方で，経済力が豊かな町人が担い手となった文化
（イ）日本の風土や生活，日本人の感情にあった文化
（ウ）大名や大商人たちの気風に影響された雄大で華やかな文化
（エ）貴族の文化と武士の文化を融合した文化

問９　資料Ⅰ，Ⅱにそれぞれ関係が深い時期を，前のページの年表中のａ～ｉの中から１つずつ選び，記号で答えなさい。

〈資料Ⅰ〉

一　寄合があることを知らせて，二度出席しなかった者は五十文のばつをあたえる。 一　森林の苗木を切った者は五百文のばつをあたえる。 一　若木の葉をとったり，くわの木を切ったりした者は百文のばつをあたえる。 （今堀日吉神社文書）

〈資料Ⅱ〉

この世をば　わが世とぞ思う　望月の欠けたることも　無しと思えば　　（小右記）

［４］ 次の文章を読んで，後の各問いに答えなさい。

17世紀から18世紀のヨーロッパでは，各国が激しく争いました。17世紀にはオランダが栄えましたが，フランスがオランダに対抗して強国として台頭し，続いてイギリスも急速に国力をつけて，18世紀にはイギリスとフランスが最強国の地位を競って何度も戦争をしました。またこの時代には，ⓐイギリスで革命が起こり，アメリカ合衆国が独立するなど，それぞれの国で，新しい政治の

しくみや考え方が生まれました。

19世紀の日本では，(b)ペリー来航以降，日本社会は大きく変化し始め，江戸幕府をたおして成立した新政府も，欧米諸国をモデルにして，さまざまな改革を進めました。このような，(c)江戸時代の幕藩体制の国家から近代国家へと移る際の，政治，経済，社会の変革を，(d)明治維新といいます。

欧米諸国は，中国などのアジア諸国に，近代的な国際関係を結ぶよう求めていました。欧米諸国どうしは対等な関係を結んでいましたが，19世紀にアジア諸国と結んだ関係は，植民地にしたり，個別に(e)不平等条約を結んだりすることで，欧米諸国が優位に立つ関係でした。政府は，欧米諸国に対抗するため，経済を発展させて国力をつけ，軍隊を強くすることを目指しました。新しい国づくりのためのこれらの政策を，「富国強兵」といいます。政府は，「強兵」を実現するため，徴兵制による軍隊をつくる一方，(f)殖産興業政策を進め，産業を育てることで経済の資本主義化を図りました。20世紀には，世界全体を巻き込んだ大きな戦争がありました。第一次世界大戦が終わると，(g)国際連盟の設立や軍縮会議がおこなわれるなど国際協調の動きがみられました。また，労働運動や社会運動もさかんにおき，婦人の参政権を求める動きもあり，民主主義を求める動きはいっそう強くなりました。しかし，世界恐慌により国際協調の体制はくずれ，(h)第二次世界大戦が始まりました。

問１　下線部(a)について，イギリスの政治の中心は国王と議会でしたが，17世紀半ばの国王は議会を無視した政治を続けたため，議会側が国王を処刑して共和制を始めました。この革命を何といいますか，カタカナ６字で答えなさい。また，この革命と関係の深い人物を，次の（ア）～（エ）の中から１つ選び，記号で答えなさい。

（ア）リンカン　（イ）クロムウェル　（ウ）ビスマルク　（エ）ルイ14世

問２　下線部(b)について，日本とアメリカが結んだ A の条約を何といいますか，漢字６字で答えなさい。また，内容について，次の条文の空欄 ① ～ ③ にあてはまる語句の組み合わせとして正しいものを，次の（ア）～（エ）の中から１つ選び，記号で答えなさい。

A 条約（部分要約）

第３条　下田・函館のほか，神奈川，長崎，新潟，兵庫を開港すること。… ① を開いた６か月後，下田を閉ざすこと。

第４条　全て日本に対して輸出入する商品は別に定めるとおり，日本政府へ関税を納めること。… ② の輸入は禁止する。もしアメリカの商船が ② を３斤以上を持ってきた場合は，超過分は没収する。

第６条　日本人に対して法を犯したアメリカ人は，アメリカ領事裁判所において取り調べのうえ， ③ の法律によって罰すること。

（ア）①神奈川　②お茶　③日本　（イ）①浦賀　②お茶　③アメリカ

（ウ）①浦賀　②アヘン　③日本　（エ）①神奈川　②アヘン　③アメリカ

問３　下線部(c)について，次のページの資料Ⅰは旧幕府軍と新政府軍の進路を表したものです。この戦いを何戦争といいますか，漢字２字で答えなさい。

問４　下線部(d)について，自由，平等などの思想も広がりました。青年たちに大きな影響をあたえた，ルソーの思想を紹介した人物を，漢字４字で答えなさい。また，次のページの資料Ⅱのような，国民が政治に参加する権利の確立を目指す運動にも発展していきました。これを何運動といいますか，漢字４字で答えなさい。

問５　下線部(e)について，幕府が外国の圧力に負け，朝廷の許可を得ずに条約を結んだことから，天皇に依り，外国勢力を排除しようとする動きが盛んになりました。これを何といいますか，次の（ア）～（エ）の中から１つ選び，記号で答えなさい。また，井伊直弼は幕府の政策に反対する大名，公家，藩士を処罰し，おさえようとしました。これを何といいますか，５字で答えなさい。

（ア）ええじゃないか　（イ）尊王攘夷運動　（ウ）義兵運動　（エ）王政復古の大号令

問６　下線部(f)について，富岡製糸場の建設をはじめ，多くの企業を設立し，経済の発展に力をつくした写真Ⅰの人物を，漢字４字で答えなさい。

問７　下線部(g)について，国際連盟の設立を提案した人物を，次の（ア）～（エ）の中から１つ選び，記号で答えなさい。

（ア）フランクリン＝ルーズベルト　（イ）ウッドロー＝ウィルソン

（ウ）ジョージ＝ワシントン　（エ）レーニン

問８　下線部(h)について，日本が受け入れた降伏文書（宣言）を何といいますか，カタカナ４字で答えなさい。また，GHQ（連合国軍総司令部）の最高司令官として，日本の戦後改革をおこなった人物を，カタカナ６字で答えなさい。

資料Ⅰ

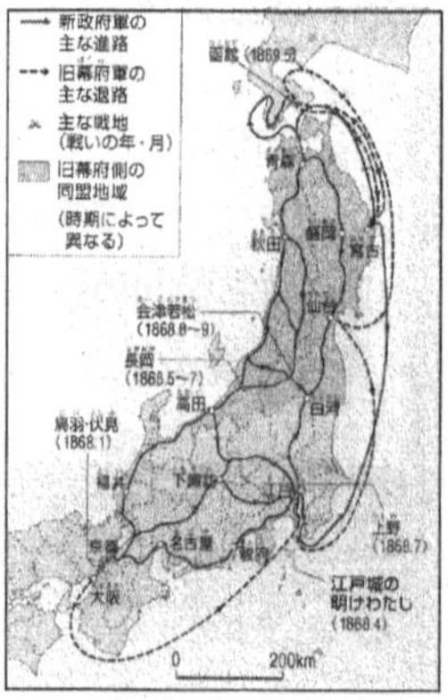

資料Ⅱ

写真Ⅰ

［５］　次の文章は「日本国憲法の前文」です。これを読んで，後の各問いに答えなさい。

前文　日本国民は，(1)正当に選挙された国会における（　A　）を通じて行動し，われらとわれらの子孫のために，諸国民との協和による成果と，わが国全土にわたつて自由のもたらす恵沢を確保し，政府の行為によつて再び戦争の惨禍が起ることのないやうにすることを決意し，ここに（　B　）が国民に存することを宣言し，この憲法を確定する。そもそも国政は，(2)国民の厳粛な信託によるものであつてその権威は国民に由来し，(3)その権力は国民の（　A　）がこれを行使し，その福利は国民がこれを享受する。これは人類普遍の原理であり，この憲法は，かかる原理に基づくものである。われらは，これに反する一切の憲法，法令及び詔勅を排除する。

日本国民は，恒久の（　C　）を念願し，人間相互の関係を支配する崇高な理想を深く自覚するのであつて，（　Ｃ　）を愛する諸国民の公正と信義に信頼して，われらの安全と生存を保持しようと決意した。われらは，（　Ｃ　）を維持し，専制と隷従，圧迫と偏狭を地上から永遠に除去しようと努めてゐる国際社会において，名誉ある地位を占めたいと思ふ。われらは，全世界の国民が，ひとしく恐怖と欠乏から免かれ，（　Ｃ　）のうちに生存する権利を有することを確認する。

われらは，いづれの国家も，自国のことのみに専念して他国を無視してはならないのであつて，政治的道徳の法則は，普遍的なものであり，この法則に従ふことは，自国の（　Ｂ　）を維持し，他国との対等関係に立たうとする各国の責務であると信ずる。

⑷日本国民は，国家の名誉にかけ，全力をあげて⑸この崇高な理想と目的を達成することを誓ふ。

（作問上，一部加工変更しました。作問者）

問１　「日本国憲法の前文」の（A）～（C）を補うのに最も適する語句を，（A）は漢字３字，(B)と（C）はそれぞれ漢字２字で答えなさい。

問２　下線部⑴について，昨年（2019年）７月に実施された参議院選挙では都道府県選挙区と全国を一つの単位にした何という選挙制度によっておこなわれましたか，漢字５字で答えなさい。

問３　下線部⑵について，このように国民の権利（基本的人権）を保障するためには「権力を分立」させる必要があるとして『法の精神』を著したフランスの思想家の名前をカタカナ７字で答えなさい。

問４　下線部⑶について，現代のアメリカやフランスが主に「大統領制」をとっているのに対して，日本やイギリスは何という政治制度をとっていますか，漢字５字で答えなさい。

問５　下線部⑷について，日本国憲法第１条で日本および日本国の象徴とされる「天皇」の行為のうち，**間違っているもの**を，次の（ア）～（エ）の中から１つ選び，記号で答えなさい。

（ア）最高裁判所の長たる裁判官を任命すること

（イ）憲法改正，法律，政令及び条約を公布すること

（ウ）大赦，特赦，減刑，刑の執行の免除及び復権を認証すること

（エ）国会議員の総選挙の施行を決定すること

問６　天皇がおこなう法的，政治的な権限の行使に当たらない範囲の公的な活動や行為は日本国憲法第７条の「国事行為」に相当します。憲法上，天皇が国事行為をおこなうときには，内閣による何が必要とされますか，それぞれ漢字２字ずつで完答しなさい。

問７　次の各文について，正しいものを，次の（ア）～（エ）の中から１つ選び，記号で答えなさい。

（ア）明治，大正，昭和，平成，そして新しく令和となった和暦は，元寇とよばれる

（イ）2019年５月から新しい天皇が即位されたが，国内外に即位を知らせる即位礼正殿の儀はまだとりおこなわれていない

（ウ）平成から令和に代わって新しい天皇が即位された経過には，前の天皇が生前退位されたことがある

（エ）2019年の新しい天皇の即位にともなって，現在の法律で，女性皇族も天皇の皇位を継承できるようになった

問８　下線部⑸について，この理想と目的を達成するために**ふさわしくないこと**を，あとの（ア）

～（エ）の中から１つ選び，記号で答えなさい。

（ア）日本は先の大戦における経験をもとに，全世界に向けて核兵器の廃止を訴えていくほうがよい

（イ）国際関係における貿易については，それぞれの国家が自国第一主義をかかげ，交渉したほうがよい

（ウ）この理想と目的は，常に時代によって変化させていくよりも，時代をこえて追求するほうがよい

（エ）世界の人々にはそれぞれの文化があるので，文化の間に優劣をつけないようにするほうがよい

イ　袈裟をまとっているのは仏弟子である証拠だから、むやみに殺生などすると仏罰を受けることになる。それは避けたい。

ウ　心中に善心がないのに袈裟をまとっているのは、仏弟子のふりをしているのである。そのような者は罰せられるべきだ。

エ　心中に善心がなくても袈裟さえまとえば、その機縁で仏になれると信じている。そんな奴には何とか危害を加えたい。

オ　袈裟をまとった者は、その機縁でやがて仏になる仏弟子に似た存在だ。だから、私に危害など加えることはできまい。

問五　空欄Aを補うのに最も適当な表現を、次の中から選び、記号で答えなさい。ただし、主語と目的語が明らかになるよう、それぞれかっこで補ってある。

ア　（猟師が堅誓獅子を）殺しけり

イ　（堅誓獅子が猟師を）殺しけり

ウ　（猟師が堅誓獅子を）殺さず

エ　（堅誓獅子が猟師を）殺さず

問六　「沙石集」は鎌倉時代に書かれた仏教説話集であるが、これと同様に鎌倉時代に成立した文学作品を次の中から一つ選び、記号で答えなさい。

ア　竹取物語　　イ　万葉集　　ウ　奥の細道

エ　古今和歌集　　オ　平家物語

かということ。

イ　血のつながらない父である吾郎が、千明のことを大切に思っているのか、分からないこと。

ウ　蕗子には、千明が戦時中の教育の悪影響を受けた、否定すべき人間のように思われること。

エ　蕗子には、家庭を顧みず、仕事に没頭してばかりいる千明が理解できないこと。

オ　蕗子には、生命に直結する血の仕事よりも、脳の仕事の方が大切だと思われること。

問七　本文の表現について説明したものとして、最も適切なものを次の中から選び、記号で答えなさい。

ア　「なるほど。そういう考え方もあるかな」のように、吾郎があいまいな返事をすることで、蕗子の大らかな性格を表している。

イ　「おかっぱ頭を傘のようにふくらませている」のように、擬人法を用いることで、躍動感あふれる場面を構成している。

ウ　「私、国民学校を恨みます。」のように、蕗子の千明に対する不満を表現することで、親子の対立を表している。

エ　「父の目にはまぶしい」のように、本文は吾郎の心情を中心に描写されている。

オ　会話を中心に話を展開させることで、吾郎の深刻な悩みを軽いタッチで描いている。

［四］　次の古文を読み、後の問いに答えなさい。

昔、注1堅誓獅子《けんせいしし》といひて金色の毛ある獅子ありけり。猟師ありて、「この獅子を射て、皮をはぎて王に注2奉《たてまつ》らん」とa思ひて、頭を剃《そ》り、僧の形となりて、毒の矢と弓を注3袈裟《けさ》の下に隠して、これに近づく。獅子、僧に慣れ近づくことなれば、尾を振りて近づくに、毒の矢を以《も》てこれを射る。獅子その時、「これ猟師なりけり」と知りて、これを噛《か》まんとするに、「①袈裟を懸《か》くるほどの者は、たとひ心中に善心なくとも、この注4因縁《いんえん》につひに仏になるべし。その形注5仏子《ぶっし》に似たり。いかが害せん」と思ひて、つひに［A］。

（無住『沙石集』）

注　1　堅誓獅子…獅子の名前。「獅子」はライオンのこと。
　　2　奉らん…さしあげよう。
　　3　袈裟…僧が左肩から右脇下にかけて衣の上にまとう布。
　　4　因縁…物事を引き起こす原因となるもの。縁故。機縁。
　　5　仏子…仏弟子。

問一　傍線部a「思ひて」を現代かなづかいに直し、ひらがなで書きなさい。

問二　猟師が堅誓獅子を射殺そうとした理由を、「～ため」につながる形で十字以上十五字以内で答えなさい。

問三　猟師が堅誓獅子を射るために、僧の形になった理由を説明した次の文の空欄Xを、本文中の言葉を用いて、四字で補いなさい。

堅誓獅子は［X］ていて、平気で近寄ってくるから。

問四　傍線部①「袈裟を懸くる…いかが害せん」とあるが、これはどのようなことを述べているのか。その内容に最も近いと思われるものを、次の中から選び、記号で答えなさい。

ア　悪い心の持ち主であっても、袈裟をまとったことが機縁となって仏になるはずだ。だから、危害は加えられない。

「それに、お母さんは、昔の教育をただ恨んでるだけじゃない。それをばねにして、今、彼女なりに一生懸命、教育に携わっているよね。そんな君のお母さんは、けっして、かわいげのない人ではないよ」

「ほんと?」

「うん。だって、あんなにがむしゃらな人はいない。ときどき、二階で居残り授業を受けてた生徒が帰っていったあと、お母さんがばたばたと階段を駆けおりて、注2厠《かわや》へ飛びこんでいくだろう。あの足音を聞くたびに、ぼくは、④お母さんをかわいい人だと思う」

蕗子は聡《さと》い目で吾郎を見つめ、「はい」と大きくうなずいた。⑤胸のつかえを出してすっきりしたのか、その表情は晴れている。

「ね。お父さん、白鷺《しらさぎ》、見たくない?」

威勢よく立ちあがった蕗子がつくしをにぎる手で背後の松林を示した。開発前を⑥しのばせる木立のあいだから、野うさぎを追いまわすブラウニーの影が見え隠れしている。

「白鷺がいるのか」

「うん、ときどきいるの、あの奥の池に。ね、お父さん、見に行こうよ」

吾郎の返事も待たずに走りだす。最近めっきり背がのびたその後ろ姿が、父の目にはまぶしい。

蕗子はどんどん賢くなる。頭脳もさることながら心の成長がいちじるしい。春先のつくしのようでもあるその姿に、吾郎は日々、ほかのなにものからも得難い活力をもらっている。

(森絵都「みかづき」)

注 1 ブラウニー…蕗子の愛犬の名前。　2 厠…トイレ。

問一 傍線部①「悩める吾郎を癒してくれるのは、もうじき小学四年生になる蕗子の存在だ」とあるが、本文中で蕗子は何に例えられているか。八字以内で抜き出しなさい。

問二 空欄Aに当てはまる最も適切な語を、次の中から選び、記号で答えなさい。

ア 不安げに　イ かなしげに　ウ 得意げに
エ もどかしげに　オ 恥ずかしげに

問三 傍線部②「教育を受け」とあるが、「教育を受け」ることを蕗子はどのように捉えているか。蕗子の捉え方が分かる表現を、五字以上十字以内で本文中から抜き出しなさい。

問四 傍線部③「虚をつかれた」、⑥「しのばせる」の本文中の意味として最も適切なものを、次の中から選び、記号で答えなさい。

③「虚をつかれた」
ア すきを襲われた　イ 嘘をつかれた
ウ あっけにとられた　エ 衝撃を受けた
オ 気づかされた

⑥「しのばせる」
ア 隠し持つ　イ 思い起こさせる　ウ 身を隠す
エ 呼び覚ます　オ 連想させる

問五 傍線部④「お母さんをかわいい人だと思う」とあるが、これは「お母さん」のどのような点を評価しての表現であると考えられるか。「~点」につながる形で、本文中から十五字以上二十字以内で抜き出しなさい。

問六 傍線部⑤「胸のつかえ」とあるが、その内容として最も適切なものを、次の中から選び、記号で答えなさい。

ア 吾郎も蕗子と同様に、千明に対して不信感を抱いているのかどう

思います」
「う―ん。でも、生命維持に直結する血液も軽んじられないけどね」
「脳だって、命にかかわるでしょう。脳がなければ人間は死んでしまうでしょう」
「うん。それはそうだ」
「ものを考えたり、創ったりすることは、ただ酸素や栄養を運ぶよりも大事で、だから、脳は、脳は……」
残雪がまだら模様を描く土の上にしゃがんだまま、蕗子は［A］吾郎をふりむいた。
「お父さん。お勉強や、いろいろなことを教わるっていうのは、脳を受けつぐってことでしょう?」
「脳を受けつぐ?」
「私、そういうことだと思う」
「なるほど。そういう考え方もあるかな」
その年齢によらず、女たちはときどき吾郎の理解をこえたことを言う。義娘の真意がつかめないまま吾郎があいまいな返事をすると、それを肯定と受けとめた蕗子は満足げにうなずき、再びつくしを摘みはじめた。春の息吹を含んだ旋風がおかっぱ頭を傘のようにふくらませている。
「ね、お父さん。脳を受けつぐって、いいことだけど、ちょっと怖いね」
「どうして」
「お母さんは、小学校へ通えなかったって、よく言うでしょう。国民学校ってところでへんな②教育を受けて、それがすごくいやで、だから今でも学校やお国を信じられないって」
「うん。よく恨みごとを言ってるね」
「へんな教育って、子どもを強い兵隊さんにするため?」
「そうだね。軍国主義と言って、戦争に勝つことを最優先とする精神を植えつけるための教育かな」
「お母さんは、そんな教えは信じなかったって言うけど、でも……」
「でも?」
「お母さんが兵隊さんみたいに強い人になったのは、やっぱり、その教育のせいなんじゃないの」
③虚をつかれた一拍のあと、吾郎はぶはっと吹きだした。「兵隊さんみたい」の一語が効いた。例によって、いったんつぼに入るとなかなかぬけられない。
「お父さん、私、まじめにお話ししてるのに」
「ごめん、ごめん。たしかに、お母さんの反骨精神を育んだって点では、戦中の教育は大きな功績をもたらしたかもしれない」
「私、国民学校を恨みます。お母さんを、あんなふうにしちゃって」
「あんなふう?」
「かわいげがないって、おばあちゃんがいつもこぼしてる」
一瞬またも笑いかけ、吾郎はどうにか留まった。どうやら娘の目に、千明は軍国主義教育の落とし子のように映っているらしい。
「蕗ちゃん。人間は、自分をとりまくいろいろなことから影響を受けて育つんだ。家族とか、学校とか、まわりの環境とかね。お母さんの場合、たしかに学校教育の影響は大きかったかもしれないけど、それだけってわけではないよ」
「はい」

【国　語】（四〇分）〈満点：一〇〇点〉

字数を指示した解答については、句読点、かぎ（「」）も一字に数えること。問題の作成上、表記を一部改めたところがある。

【一】　**次の問いに答えなさい。**

問一　次の（1）から（6）の傍線部について、（1）から（3）は読みを答え、（4）・（5）は漢字に改め、（6）は漢字と送り仮名に改めなさい。

（1）ひどく傲慢な言い方をする。

（2）人の行く手を遮る。

（3）油断しないように戒める。

（4）何時も冷静さがカンヨウである。

（5）失敗を素直にアヤマる。

（6）ホガラカナ声で歌う。

問二　次の（1）・（2）について、傍線部の品詞が他と異なるものを一つ選び、それぞれ記号で答えなさい。

（1）ア　いつ見てもきれいな風景だ。
　　イ　遠くに見える山を目指して歩く。
　　ウ　今日もこの町は平和だ。
　　エ　この案件は重要だろう。
　　オ　説明が細かで分かりやすい。

（2）ア　少ない食べ物を分かち合う。
　　イ　いつもありがたくいただいております。
　　ウ　値段が高ければ、買わないでおこう。
　　エ　小さな失敗を何度もする。
　　オ　最近、調子がよくない。

問三　次の（1）・（2）のかっこ内の語を適切な形に活用させ、**ひらがなで答えなさい。**

（1）明日が（来る）ば、分かるはずだ。

（2）人が笑顔になるようなことを（する）よう。

【二】

※問題に使用された作品の著作権者が二次使用の許可を出していないため、問題を掲載しておりません。

【三】　**次の文章を読み、後の問いに答えなさい。**

①悩める吾郎を癒やしてくれるのは、もうじき小学四年生になる蕗子《ふきこ》の存在だ。

「お父さん。血のお仕事は、体の中をぐるぐるまわって、酸素や栄養を運ぶことでしょう」

来期の授業日程も保留のまま三月に入ったある日の午後、注1ブラウニーの散歩についてきた蕗子がふとそんなことを口にした。通りかかった休耕畑につくしを見つけ、二人で夕食のおかず増量に励んでいたときだった。

「ん？　ああ、主にね」

なぜ急にそんな話を？　とまどいながらもうなずくと、蕗子はいよいよ吾郎に似てきた講義口調で語りだした。

「脳のお仕事は、ものを考えたり、創りだしたりすることでしょう。私、酸素や栄養を運ぶ血よりも、ものを考える脳のほうが、ずっと大事だと

MEMO

大切なことはメモしておこうネ！

T.G

2020年度

解　答　と　解　説

《2020年度の配点は解答欄に掲載してあります。》

＜数学解答＞

[1]　(1)　3　　(2)　$\frac{2x+5y-4}{2}$　　(3)　$3xy^2$　　(4)　$4\sqrt{2}$

[2]　(1)　27通り　　(2)　$x=-2,\ 4$　　(3)　31　　(4)　④

[3]　(1)　$\frac{1}{9}$　　(2)　$y=\frac{1}{3}x+2$ [$x-3y+6=0$]　　(3)　9　　(4)　(9，9)

[4]　(1)　(ア)　$x+y$　　(イ)　$13x+5y$　　(2)　(昼間)　250kWh　　(夜間)　100kWh

[5]　42度　　[6]　101cm²　　[7]　(1)　9cm　　(2)　Mの方が16πcm²だけ大きい。

○推定配点○

[1]～[3]，[5]～[7]　各5点×16　　[4]　(1)　各5点×2　　(2)　10点(完答)

計100点

＜数学解説＞

基本 [1]　**(数・式の計算，平方根の計算)**

(1)　$-3\times(-2)^2\div(-4)=-3\times4\div(-4)=3$

(2)　$2(x+y-1)-\frac{2x-y}{2}=\frac{4(x+y-1)-(2x-y)}{2}=\frac{4x+4y-4-2x+y}{2}=\frac{2x+5y-4}{2}$

(3)　$-\frac{x^3y}{4}\div(-x^2)\times12y=\frac{x^3y}{4}\times\frac{1}{x^2}\times12y=3xy^2$

(4)　$\frac{2}{\sqrt{2}}+\sqrt{32}-\sqrt{2}=\frac{2\sqrt{2}}{2}+4\sqrt{2}-\sqrt{2}=\sqrt{2}+4\sqrt{2}-\sqrt{2}=4\sqrt{2}$

基本 [2]　**(場合の数，2次方程式，数の性質，ひし形の定義)**

(1)　$3\times3\times3=27$(通り)

(2)　$x(x-2)=8$　　$x^2-2x-8=0$　　$(x+2)(x-4)=0$　　$x=-2,\ 4$

(3)　$2^4=16$，$16-1=15$，15は素数でない。$2^5=32$，$32-1=31$，31は素数である。$2^6=64$，$64-1=63$，63は素数でない。$2^7=128$で，3桁になってしまう。よって，2桁のメルセンヌ素数は，31

(4)　ひし形の定義は，4つの辺が等しい四角形である。

[3]　**(図形と関数・グラフの融合問題)**

(1)　①に点Bの座標を代入して，$4=a\times6^2$　　$36a=4$　　$a=\frac{4}{36}=\frac{1}{9}$

(2)　$y=\frac{1}{9}x^2$に$y=1$を代入して，点Aのx座標を求める。$1=\frac{1}{9}x^2$　　$x^2=9$　　$x<0$から，$x=-3$　よって，A$(-3,\ 1)$　直線lの方程式を$y=px+q$として点A，Bの座標を代入すると，$1=-3p+q$…②　　$4=6p+q$…③　　③－②から，$3=9p$　　$p=\frac{3}{9}=\frac{1}{3}$　　これを②に代入して，$1=-3\times\frac{1}{3}+q$　　$1=-1+q$　　$q=2$　　よって，直線lの方程式は，$y=\frac{1}{3}x+2$

(3)　直線lとy軸との交点をCとすると，C$(0,\ 2)$　　$\triangle AOB=\triangle AOC+\triangle BOC=\frac{1}{2}\times2\times3+\frac{1}{2}\times2\times6=3+6=9$

(4)　y軸の正の方向にQC＝2COとなる点Qをとると，△AQB＝2△AOBとなる。$2+2\times2=6$から，Q(0, 6)　点Qを通り直線lに平行な直線をmとすると，mの式は，$y=\frac{1}{3}x+6$…④　①と④の交点をPとすると，△APB＝△AQB＝2△AOBとなる。①と④からyを消去すると，$\frac{1}{9}x^2=\frac{1}{3}x+6$　両辺を9倍して，$x^2=3x+54$　$x^2-3x-54=0$　$(x+6)(x-9)=0$　$x>0$から，$x=9$　これを①に代入して，$y=\frac{1}{9}\times9^2=9$　よって，求める点Pの座標は，(9, 9)

[4]　**(連立方程式の応用問題)**

(1)　昼間と夜間の電力使用量の関係から，$x+y=350$…①　電気料金の関係から，$19\times100+26(x-100)+10y=8800-2000$　$1900+26x-2600+10y=6800$　$26x+10y=7500$　両辺を2で割って，$13x+5y=3750$…②

(2)　②－①×5から，$8x=2000$　$x=250$　これを①に代入して，$250+y=350$　$y=100$　よって，昼間は250kWhで，夜間は100kWh

[5]　**(平面図形の計量問題－角度)**

平行線の錯角から，$\angle x=28°+(30°-16°)=28°+14°=42°$

重要 [6]　**(平面図形の計量問題－面積)**

各点を右の図のように定めると，四角形ABEDは正方形の面積の$\frac{1}{2}$になるから，$14\times14\times\frac{1}{2}=98$　四角形ABCDの面積は，四角形ABEDの面積から△BEOの面積をひいて，△DCOの面積をたしたものになる。△DCOと△BEOの面積の差は，△DCEの面積と△BECの面積の差になる。△BECの高さをhとすると，$△DCE-△BEC=\frac{1}{2}\times3\times(h+2)-\frac{1}{2}\times3\times h=\frac{3}{2}h+3-\frac{3}{2}h=3$　よって，求める面積は，$98+3=101(\text{cm}^2)$

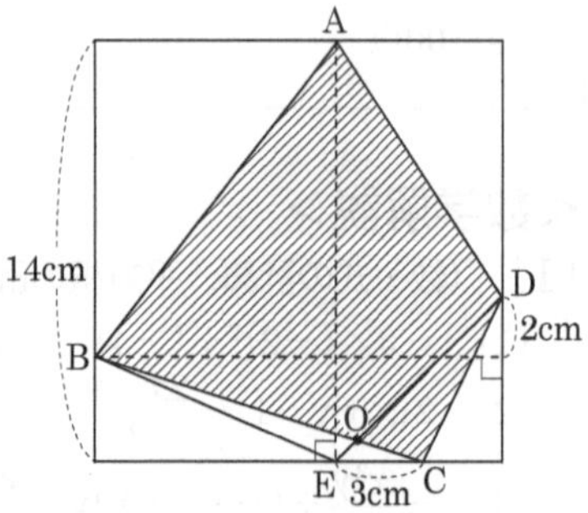

[7]　**(空間図形の計量問題－円柱の体積と表面積)**

(1)　立体Nの高さを$x$cmとすると，立体Mと立体Nの体積が等しいことから，$\pi\times6^2\times4=\pi\times4^2\times x$　$144\pi=16x\pi$　$x=\frac{144}{16}=9$(cm)

(2)　立体Mの表面積は，$\pi\times6^2\times2+4\times2\pi\times6=72\pi+48\pi=120\pi$　立体Nの表面積は，$\pi\times4^2\times2+9\times2\pi\times4=32\pi+72\pi=104\pi$　$120\pi-104\pi=16\pi$　よって，Mの方が16πだけ大きい。

★ワンポイントアドバイス★

[6]は，正方形の面積から4つの三角形の面積をひいて求めることもできるが，なるべく計算が簡単になる方法を考えるようにしよう。

＜英語解答＞

〔1〕　1　(ア)　gave　(イ)　takes　(ウ)　done　2　①　ten　⑤　father
3　ア　4　エ　5　believe　6　He is such a good story teller(.)　7　ウ

〔2〕　1　(1)　イ　(2)　エ　(3)　ア　(4)　ウ　2　オ

〔3〕 1 ウ　2 ウ　3 ウ　4 イ　5 エ
〔4〕 1 イ　2 エ　3 ウ　4 イ　5 ア
〔5〕 (3番目，5番目の順で) 1 ア，イ　2 オ，イ　3 オ，ウ　4 ウ，エ
5 エ，オ
〔6〕 1 well　2 way　3 old　4 gone　5 call
〔7〕 ① held　② job　③ abroad　④ wearing　⑤ talk
〔8〕 1 ウ　2 イ　3 エ　4 イ　5 ア

○推定配点○

〔5〕・〔6〕 各3点×10(〔5〕各完答)　他 各2点×35　計100点

＜英語解説＞

〔1〕 **(長文読解問題・随筆文：語句補充，不定詞，語句整序，内容吟味)**

(全訳) 私の父についてお話しさせてください。ええと，彼は原油輸送船の船長です。私は誰もが原油輸送船について少しは知っていると思います。原油輸送船は，石油を運び，世界中に届ける大きな船です。彼の仕事は，その大きな船で起こるすべてのことの世話をすることです。

彼は海で約①10ヶ月を過ごします。彼は戻ってくると，私にたくさんのおみやげを持ってきてくれます。私の家は，私の年齢の誰もが見たことのない奇妙で不思議なものでいっぱいです。数年前，彼は非常に美しい，黄金のランプを私にアくれました一あなたが映画のアラジンで見たかもしれないようなものの一つです。ジーニーがそれから出てきたとしても，私は驚かなかったでしょう。私が話しているようなランプを見たことがありますか？　私はあなたは見たことがないと確信しています。毎日たくさんの友達が私の家にやって来ます。彼らが居間に入ってきたときに最初にすることは，ランプに②触れることです。それは本当に美しいです。私が誇りに思っている③もう一つのお土産はペルシャ絨毯です。父はエジプトのアレクサンドリアでそれを得ました。ペルシャ絨毯を大きなテーブルの大きさにするには3～4年イかかると彼は言います。カーペットを作るために美しい糸をたくさん使います。すべての作業は手でウ行われますが，それはつまり，機械を使わないことを意味します。ペルシャ絨毯を作るためには，約10万の小さな結び目を作る必要があります。④信じられますか。それは本当に素晴らしいです。私たちの居間の床にあるものは唐草模様のデザインです。ある日，学校から戻ってきて，アラジンとジャスミンが座っているのを見つけても私は驚かないでしょう。それは美しいです。

私の家には，私が非常に誇りに思っている多くのものがあります。しかし，私が今あなたにお話ししたランプやカーペットを含め，それらのものは，私が父から得た最も重要なプレゼントではありません。私にとって最高のプレゼントは私の⑤父です。すでにお話ししたように，彼は1年のほとんどを海に出ているので，私は父と一緒に年に約2ヶ月しか過ごさないのです。だから，その2ヶ月は私にとって非常に特別です。彼は家にいるとき，彼は世界中で聞いたり見たりした多くのことを話します。昨夜，彼は象やライオンのような，コンゴで見たあらゆる動物について私に話しました。彼の物語は，彼が話す場所を訪問したいとあなたに思わせます。それらはとてもリアルなので，私は昨夜アフリカの多くの野生動物の夢を見ました。彼はとても良いストーリーテラーです。彼の物語は，彼が持ち帰るプレゼントよりも私にとってより素晴らしくて大切です！

1 (ア) 過去の出来事なので give を過去形にする。　(イ) ＜ it takes A B to ～＞で「A が～するのに B かかる」という意味になる。　(ウ) 受動態の文なので do を過去分詞にする。

2 ① 第3段落の第4文に「私は父と一緒に年に約2ヶ月しか過ごさない」とあるので，父親は

10ヶ月を海で過ごすことがわかる。　⑤　父と一緒に年に約2ヶ月しか過ごせないので，父そのものが(父が帰ってくることが)一番のプレゼントだと言っている。

3　不定詞の名詞的用法のものを選ぶ。イは原因を表す副詞的用法，ウは目的を表す副詞的用法，エは形容詞的用法である。

4「他の～」と言うときには another を使う。

5　驚きを表すために Can you believe it? という表現がよく使われる。

6　< such a ～>で「こんな(そんな)～」という意味を表す。

重要　7　ウは筆者が想像した出来事なので，誤り。

〔2〕　**(会話文問題：語句補充，内容吟味)**

(全訳)　タカコ：サトミ？

サトミ：タカコ！　ここで何をしているの？　入って！

タカコ：$_{1}$家にいてくれてよかった。家から閉め出されちゃったの。ピアノのレッスンの後，8時のバスに乗ったのよ。

サトミ：お母さんに電話しなかったの？　今どこにいるの？

タカコ：名古屋でまだ働いていると思う。

サトミ：$_{2}$鍵は持っていないの？

タカコ：忘れたの。携帯電話の電池がなくなっていて，誰にも電話できなかったのよ。

サトミ：ずぶ濡れじゃないの。タオルを持ってくるよ。服を脱いでシャワーを浴びて。

タカコ：近くの友達の家に行ったんだけど，誰もいなくて，それでここに来たの。

サトミ：7キロメートルもあるよ！　$_{3}$まず何か熱い飲み物が欲しい？

タカコ：とてもありがたいわ。

サトミ：紅茶？　コーヒー？

タカコ：紅茶がいいわね。

サトミ：$_{4}$ここに私の電話がある。お母さんに電話して，今私といっしょにいると言ったほうがいいよ。

タカコ：ええ。たぶん母は私に電話しようとしているわ。

サトミ：夕食を食べるためにここにいてもいいかお母さんに聞いてね。あなたがシャワーを浴びている間にスパゲッティを作るよ。

タカコ：ありがとう，サトミ。

1　全訳参照。

2　ア 「タカコは遊ぶためにサトミの家に行った。」 家から閉め出されたために来たので，誤り。　イ 「タカコとサトミは2人ともピアニストである。」 サトミがピアノを弾くとは言っていないので，誤り。　ウ 「母親は名古屋で働いているので，タカコは彼女に電話できなかった。」 携帯電話の電池がなくなって電話できなかったと言っているので，誤り。　エ 「サトミの家はタカコの家から遠いので，タカコはバスでサトミの家に来た。」 文中に書かれていない内容なので，誤り。　オ 「タカコとサトミは一緒に夕食を食べるだろう。」 最後の部分の内容に合うので，正しい。

〔3〕　**(語句選択問題：形容詞，名詞，慣用表現，疑問詞)**

1　A 「あなたが私を必要とするときには，あなたを助けますね。」　B 「あなたはとても親切ですね。」 親切なことを言われたので，ウが答え。

2　A 「顔色が悪いですね。どうしたのですか。」　B 「歯が痛いんです。」 相手の様子を尋ねるので，ウが答え。エを使うには the が必要。

3　A「見送りに来てくれてありがとう。」　B「どういたしまして。いつでも来ます。」 相手を気遣う表現がふさわしいので，ウが答え。

4　A「あなたは1週間にどれだけかせぎますか。」　B「私は2万円をかせぎます。」 金額を尋ねるときは＜ how much ～ ＞を用いる。

基本　5　A「明日は何曜日ですか。」　B「土曜日です。」 曜日を尋ねるときは＜ what day of the week ～ ＞を用いる。

〔4〕 **(語句選択問題：前置詞，形容詞，動詞，動名詞，比較)**

1「レイコは夏休みの間にスペイン語を勉強するためにスペインを訪ねました。」 ＜ during ＋名詞＞は「～の間に」という意味を表す。

2「目の不自由な人々が触れることで本や地図のような色々なものを読むことができるので，点字は便利です。」 convenient は「便利な」という意味。

3「自然の中で分解することがないので，私たちはビニール袋を使うべきではありません。」 break down は「分解する」という意味。

4「私たちは新聞を読むことで多くの知識を得られます。」「～によって」は＜ by ＋動名詞＞で表すことができる。

基本　5「アサコがノブコよりもよいピアノ演奏者だとは私は思いません。」 good の比較級は better である。

〔5〕 **(語句整序問題：there, 前置詞，接続詞，進行形，序数詞)**

1　(There) are seven days in a week (.)　＜ there is (are) ～ ＞は「～がある」という意味を表す。

2　(I) take two piano lessons a week (.)　＜ a ～ ＞は「～につき」という意味になる。

3　(We) didn't go out because it was snowing (.)　＜ because ～ ＞は「～だから」という意味を表す。過去進行形の文なので＜ was ＋～ ing ＞の形にする。

4　(Rap is) not very popular among elder people (.)　＜ among ～ ＞で「～の間で」という意味を表す。

5　(The) tenth month of the year is October (.)　ten の助数詞は tenth である。

〔6〕 **(書き換え問題：副詞，名詞，間接疑問文，現在完了，SVOC)**

1「ジェイソンはよいギター奏者です。」→「ジェイソンは上手にギターを弾きます。」 well は「上手に」という意味。

2「一番近い駅への行き方を教えてもらえますか。」→「一番近い駅への道を教えてもらえますか。」 way は「道」という意味。

3「あなたは彼女の年齢を知っていますか。」→「あなたは彼女が何歳か知っていますか。」 間接疑問文なので，＜疑問詞＋主語＋動詞＞の形になる。

4「彼はスペインに行きました。彼はそこにまだいます。」→「彼はスペインに行ってしまいました。」「～してしまった」という意味は現在完了の完了用法で表す。

5「その山の名前は何ですか。」→「あなたたちはその山を何と呼びますか。」 ＜ call A B ＞で「A を B と呼ぶ」という意味を表す。

〔7〕 **(語句補充問題：受動態，名詞，進行形，不定詞)**

①　hold は「開く」という意味。受動態なので過去分詞にする。

②　「仕事」は job 。

③　from abroad で「外国から」という意味。

④　wear は「着る」という意味。過去進行形の文なので ing 形にする。

⑤ ＜talk to ～＞で「～に話しかける」という意味。

［8］ リスニング問題解説省略。

★ワンポイントアドバイス★

［6］の4には，現在完了の完了用法が使われている。経験用法には＜have been to ～＞という似た表現があり，「～へ行ったことがある」という意味を表すことを覚えておこう。(例)I have been to Spain.「私はスペインに行ったことがある。」

＜理科解答＞

［1］ 問1 (管X) 輸尿管 (器官Y) ぼうこう 問2 血管A，血管D 問3 ① 肝臓
② 尿素 問4 ① 1440cm^3 ② 864000cm^3 ③ $\frac{1}{1200}$

［2］ 問1 電解質 問2 A，B 問3 ① 水素 ② (ア) 水上置換
③ (ア)，(オ) 問4 (記号) (ウ) C 青色になる D 緑色になる
問5 (化学反応式) $H_2SO_4+Ba(OH)_2 \rightarrow BaSO_4+2H_2O$ (反応名) 中和反応
問6 (器具の名称) こまごめピペット (記号) (イ)

［3］ Ⅰ 問1 20.0cm/s 問2 120.0cm/s 問3 11倍 問4 9倍 問5 7.5cm
Ⅱ 問1 1.2kg 問2 3.6J 問3 0.3W

［4］ 問1 かぎ層 問2 ① ルーペ ② ア 目 イ 前後 ウ 顔
問3 石英，長石 問4 (エ) 問5 (オ) 問6 溶岩ドーム 問7 火山泥流
問8 ハザードマップ 問9 (ア)

○推定配点○

［1］ 各3点×8(問2完答) ［2］ 各2点×13(問2完答) ［3］ 各3点×8
［4］ 各2点×13 計100点

＜理科解説＞

［1］ (ヒトのからだ－腎臓のはたらき)

問1 2つのじん臓で血液中の不要物を集めてつくられた尿は，輸尿管Xを通って，ぼうこうYに一時的にためられ，やがて体外に排出される。

問2 血管B，Cは，じん臓に血液が入ってくる動脈であり，酸素を運んでくるが，不要物も多い。一方，血管A，Dは，じん臓で血液から不要物を取り除いたあと出てくる静脈であり，二酸化炭素は多いが，二酸化炭素以外の不要物は少ない。

問3 タンパク質やアミノ酸が分解されると，二酸化炭素や水だけでなくアンモニアができる。アンモニアは有毒なので，肝臓に運ばれて尿素に変えられ，その後，じん臓で尿に入って体外に排出される。

重要 問4 ① 条件3より，2個のじん臓で1分間に1cm^{3}の尿がつくられる。1日は60×24＝1440(分)なので，1440cm^{3}の尿がつくられる。 ② 条件1より，心臓の1回の拍動で64cm^{3}の血液が全身に送り出される。心臓は1分間に75回の拍動をするので，1日に全身に送られる血液の量は，64×75×1440＝6912000(cm^3)である。条件2より，血液のうち25％がじん臓を通るので，その量

は6912000×0.25＝1728000(cm^3)である。これはじん臓2個分なので，1個だと1728000÷2＝864000(cm^3)となる。　③　①と②の結果を用いると，1日に2個のじん臓を通る血液の量が1728000cm^3で，できる尿の量は1440cm^3だから，その割合は$\frac{1440}{1728000}=\frac{1}{1200}$となる。なお，1日ではなく1分で計算しても，血液の量が64×75×0.25＝1200(cm^3)，尿の量が1cm^3だから，$\frac{1}{1200}$となる。

［2］　**(水溶液の性質－5種類の水溶液の反応)**

問1　実験2で，E以外は溶けている物質(溶質)がイオンに分かれるため，水溶液に電流が流れる。このような物質を電解質という。Eは非電解質の水溶液であり，本問では砂糖水である。

問2　pHは，中性が7で，酸性では7より小さい。実験1でマグネシウムが溶けたA，Bは，強い酸である塩酸と硫酸のどちらかである。よって，AとBのpHは7より小さい。食塩水と砂糖水は中性なのでpHは7であり，石灰水はアルカリ性なのでpHは7より大きい。

問3　①　塩酸や硫酸のような強い酸に，マグネシウムなどの金属を溶かすと，水素が発生する。　②　水素は水に溶けにくいので水上置換で集める。空気より軽いからといって上方置換で集めると，空気中の酸素と混ざって爆発の恐れがあり危険である。　③　アは正しい。最も軽い。イは誤り。水に溶けにくい。ウは誤り。無色無臭である。エは誤り。水素の化学式はH2であり，水素原子Hだけでできているので，化合物ではなく単体である。オは正しい。陽極から酸素，陰極から水素が発生する。

重要　問4　問1・問2のことから，残るCとDは食塩水と石灰水である。実験3で白く濁ったCは石灰水と決まる。アは誤り。どちらもデンプンを含まない。イは誤り。アルカリ性の石灰水C，中性の食塩水D，ともに青色リトマス紙は青色のままである。ウは正しい。アルカリ性の石灰水Cは青色になる。中性の食塩水Dは緑色のままである。エは誤り。どちらも水溶液だから水があり，塩化コバルト紙は青色から赤色になる。

問5　塩酸と水酸化バリウム水溶液を混ぜると，$2HCl+Ba(OH)_2 \rightarrow BaCl_2+2H_2O$という中和反応が起こる。できた塩は塩化バリウム$BaCl_2$であり，水に溶けるので白く濁ることはない。一方，硫酸と水酸化バリウム水溶液を混ぜると，$H_2SO_4+Ba(OH)_2 \rightarrow BaSO_4+2H_2O$という中和反応が起こる。できた塩は硫酸バリウム$BaSO_4$であり，水に溶けないので白く濁る。よって，Aはうすい硫酸，Bはうすい塩酸と決まる。

問6　この器具は，大正時代に東京の駒込病院で考案されたことから命名された。ガラス部分を横からしっかり持ち，親指と人差し指でゴムキャップをはさむ。

［3］　**(運動とエネルギー－斜面上の小球，動滑車)**

基本　Ⅰ　問1　OP間では，小球は0.1秒間に2.0cm動いている。平均の速さは2.0÷0.1＝20.0(cm/s)となる。

問2　QS間では，小球は0.2秒間に10.0＋14.0で24.0cm動いている。平均の速さは24.0÷0.2＝120.0(cm/s)となる。

問3　TU間では，小球は0.1秒間に22.0cm動いている。平均の速さは22.0÷0.1＝220.0(cm/s)となる。これを，問1で求めたOP間の20.0cm/sと比べると，220.0÷20.0で11倍になっている。

重要　問4　O点で持っていた位置エネルギーが，徐々に運動エネルギーに変わるが，位置エネルギーと運動エネルギーの合計はずっと一定である。Q点での運動エネルギーを1，位置エネルギーを8とする。動き始めたO点での運動エネルギーは0で，位置エネルギーは1＋8＝9である。この位置エネルギーがU点ではすべて運動エネルギーに変わるので，U点での運動エネルギーは9である。これを，Q点での運動エネルギー1と比べるので，9倍になったといえる。

やや難　問5　斜面の長さは全部で2.0＋6.0＋10.0＋14.0＋18.0＋22.0＝72.0(cm)であり，このときの高さが30.0cmである。一方，小球が0.3秒で動くのは，表ではRまでの区間と同じなので，2.0＋6.0＋10.0＝18.0(cm)ぶんである。このことから，求める高さをx cmとすると，斜面の長さと高さの比を考えて，72.0：30.0＝18.0：xより，x＝7.5cmとなる。

Ⅱ　問6　図3で動滑車を使った場合，ばねばかりが引く力は物体の重さの半分である。だから，物体の重さは6.0×2＝12.0(N)である。1Nは質量0.1kgの物体にかかる重力に等しいから，12.0Nの重力がはたらく質量は0.1×12＝1.2(kg)である。

問7　図2では，12.0Nの力で物体を真上に0.3m引き上げる。仕事は12.0N×0.3m＝3.6Jとなる。

問8　仕事率は1秒間あたりの仕事である。ばねばかりは1秒間に0.05m持ち上がるので，仕事率は，6.0N×0.05m÷1秒＝0.3Wとなる。

[4]　(地層と岩石ー火山と岩石)

問1　火山灰層は，火山の噴火に伴って短期間で形成されるので，離れた地層でも同時代であることが分かる。このように，火山灰層は地史を解明する鍵となることから，鍵層とよばれる。

基本　問2　ルーペは物体を拡大して観察する道具である。ルーペと目は近づけたまま離さない。ふつうは物体を前後させてピントを合わせる。しかし，崖の岩石や樹木など，物体が動かせないものの場合，顔ごと前後させてピントを合わせる。

問3　火山灰に含まれる鉱物は，火成岩に含まれる鉱物と同じである。無色鉱物とよばれるのは，無色の石英や，白色の長石である。

問4　石英や長石などの無色鉱物は，粘りけの強いマグマから多くできる。粘りけの強いマグマには火山ガスが大量に含まれ，その圧力によって爆発的な噴火を起こすことがある。

問5　石英や長石などが多い火成岩として，地表や地下の浅いところでできる火山岩のなかまには流紋岩があり，地下の深いところでできる深成岩のなかまには花こう岩がある。

問6　粘りけの強いマグマは流動しにくいので，火口付近に溶岩ドーム(溶岩円頂丘)が形成されることがある。北海道の昭和新山や，長崎県の雲仙普賢岳などが知られている。

問7　火山灰などが堆積した山に大雨が降ると，火山灰や土砂が水とともに山を流れ下り，火山泥流とよばれる。

問8　災害時の行動を考える材料として，災害が予想される範囲を地図上に示したものをハザードマップという。都道府県や市町村などが作成し，配布されたりインターネットで公開されたりしている。火山災害だけでなく，水害や津波についても作成されている。

問9　火山は，いつも活動しているものもあれば，数百年おきに活動するものもある。そこで，過去1万年以内に活動したものを活火山とよび，監視が続けられている。かつては，休火山，死火山という語句もあったが，現在は使わない。

★ワンポイントアドバイス★

重要な用語は，ことばだけで覚えるのではなく，図表を利用しながらしくみを理解して記憶していこう。

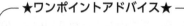

＜社会解答＞

[1]　問1　(1)　イヌイット　(2)　ア　問2　(1)　シベリア　(2)　タイガ
(3)　永久凍土　問3　(1)　サヘル　(2)　砂漠化　(3)　エ　問4　ウ

[2]　問1　ア，エ　問2　ヒートアイランド現象　問3　近郊農業，ウ　問4　ウ

[3]　問1　大王　問2　エ　問3　防人　問4　藤原頼通，エ　問5　ア
問6　H　明　I　琉球王国　問7　姫路城　問8　ア　問9　Ⅰ　g　Ⅱ　e

[4]　問1　ピューリタン革命，イ　問2　日米修好通商条約，エ　問3　戊辰戦争
問4　中江兆民，自由民権運動　問5　イ，安政の大獄　問6　渋沢栄一　問7　イ
問8　ポツダム宣言，マッカーサー

[5]　問1　A　代表者　B　主権　C　平和　問2　比例代表制　問3　モンテスキュー
問4　議院内閣制　問5　エ　問6　助言と承認　問7　ウ　問8　イ

○推定配点○

[1]　各2点×9　[2]　問1　3点(完答)　問3　4点(完答)　他　各2点×2
[3]　問4　4点(完答)　他　各2点×10
[4]　問3・問6・問7　各2点×3　他　各4点×5(各完答)
[5]　問6　3点　(完答)　他　各2点×9　計100点

＜社会解説＞

[1]　(地理―世界の諸地域の生活や環境など)

問1　(1)　エスキモーと呼ばれていた狩猟民族。イヌイットは彼らの言葉で「人」を意味する。
(2)　かつては同化政策をとっていたが，近年は独自の文化や生活を守る取り組みがされている。

問2　(1)　ウラル山脈からベーリング海に至る地域。　(2)　シベリアから北アメリカに至るカラマツなどの針葉樹林帯。　(3)　森林破壊や温暖化で溶解が進みつつあり問題となっている。

重要　問3　(1)　降水量が少なくわずかな変動で干ばつが起こり「飢餓ベルト」とも呼ばれる。　(2)　気候変動や人為的要因から世界各地で発生している。　(3)　人口爆発が進むアフリカでは食料や燃料を求めて過剰な森林伐採や放牧が進行，自然の再生能力を上回っている。

問4　①は亜寒帯(冷帯)のシベリア，②は砂漠気候のサハラ，③はツンドラの北極沿岸。

[2]　(日本の地理―関東地方の自然や産業など)

基本　問1　関東地方の大部分は太平洋側の気候。からっ風は北西から吹き降ろす季節風。

問2　地表の人工化や人間活動による排熱のため都心部の気温が周辺部より高くなる現象。

問3　農業産出額の大きい都道府県は北海道・茨城・鹿児島・千葉，野菜は北海道・茨城・千葉・熊本の順。首都圏という巨大な市場を控える首都圏では農業も巨大な産業となっている。

問4　京浜は機械などを中心とする総合的な工業地帯で印刷や出版などが突出，北関東は自動車や電子部品，食料品，京葉は全国で最も化学工業の割合が高い。

[3]　(日本と世界の歴史―原始～近世の政治・文化史など)

問1　7世紀末に天皇の名称が採用されるまでの，大和王権の首長の呼び名。

問2　世界最古の木造建築といわれる法隆寺。アは東大寺南大門，イは金閣，ウは首里城。

問3　主に東国の兵士から選ばれ3年間九州の警備に当たった兵士。

重要　問4　3代の天皇に摂政・関白として仕え，父・道長とともに藤原氏の全盛時代を築いた人物。貴族社会を描いた日本文学の最高ともいわれる長編小説。

問5　平安中期以降，貴族層と結びついた旧来の仏教は武士や庶民への影響力を消失，念仏や題目，座禅といった単純な教えの仏教が広く受け入れられるようになっていった。

問6　H　14世紀後半，モンゴル民族の元を倒して成立した国家。　I　15世紀前半，中山王の尚巴《しょうは》志《し》が北山・南山を統一して成立。明にも朝貢しており日中両国に服属していた。

基本　問7　5層6階の大天守と3つの小天守からなる美しい城。

問8　江戸時代前半，京・大坂など上方を中心に豊かな町人が担い手となった人間味あふれ華麗な元禄文化。イは国風文化，ウは桃山文化，エは室町文化。

問9　I　南北朝以降，農村の自治が進み寄合で規則(村おきて)などを決める惣も畿内を中心に各地で生まれた。　Ⅱ　4人の娘を天皇に嫁がせ外祖父として権力を握った藤原道長の和歌。

[4]　(日本と世界の歴史―近代～現代の政治・社会史など)

問1　議会の多数派をピューリタン(清教徒)が占めていたためこう呼ばれる。議会の主力となったクロムウェルは国王を処刑したのち共和制を宣言，その後軍事独裁を強めていった。

問2　大老・井伊直弼と総領事・ハリスとの間で結ばれた通商条約。関税自主権がなく，領事裁判権を認めた不平等条約。主要な宿場であった神奈川は横浜にすり替えられた。

問3　鳥羽伏見の戦い(1868年1月)から函館戦争(1869年5月)までの一連の内戦。

問4　岩倉使節団で渡欧しフランスに留学，東洋のルソーと呼ばれた。征韓論に敗れた板垣退助らによる民選議院設立の建白書提出を契機に始まった政治運動。

重要　問5　やがて倒幕運動に発展し明治維新の原動力となった。吉田松陰を処刑するなど反対派を厳しく処罰，そのため桜田門外で暗殺された。

問6　500以上の企業の設立に参加し日本資本主義の父といわれる。新1万円札の肖像にも採用。

問7　14ケ条の平和原則でパリ講和会議を主導したアメリカ28代大統領。

問8　ベルリン郊外のポツダムに米・英・ソ3首脳が会談して発表。朝鮮戦争の国連軍最高司令官に任じられたがトルーマン大統領と対立し解任された。

[5]　(公民―憲法・政治のしくみなど)

問1　日本国憲法の3大原則である国民主権や平和主義を規定。

問2　全国を一つのブロックとした選挙制度。衆議院と異なり候補者名でも投票することができ，一部を除き名簿に順位をつけない非拘束名簿方式を採用している。

問3　権力を持つものはすべてそれを濫用すると主張した啓蒙思想家。

重要　問4　内閣が議会に対し責任を負い，その存立が議会の信任に基づいている政治制度。

問5　「国会議員の総選挙の施行を公示すること」(日本国憲法7条4項)。決定するのは内閣。

問6　天皇は国政に関する権能は一切持たず国事行為の内容はすべて内閣が決定し責任を持つ。

問7　明治以降天皇の終身在位が定められて以来初めての退位であり，歴史上約200年ぶりの出来事。即位礼正殿の儀は2019年10月22日に実施，皇室典範で女性の皇位継承は認められない。

問8　憲法が規定する平和主義は，自国第一主義を進めて破局に突き進んだ先の大戦の反省の上に立っており，国際協調の重要さを訴えている。

★ワンポイントアドバイス★

歴史分野の出題には様々な史料が用いられることが多い。教科書などに掲載されているものについては常に目を通し完璧にしておこう。

＜国語解答＞

[一] 問一 (1) ごうまん (2) さえぎ (3) いまし (4) 肝要 (5) 謝
(6) 朗らかな 問二 (1) イ (2) エ 問三 (1) くれ (2) し

[二] 問一 A イ 問二 B 団結 問三 X 価値観 Y ライフスタイル
Z 多様化 問四 C 協調性 問五 ウ 問六 心からわか ～ ンではない
問七 エ 問八 その判断を

[三] 問一 春先のつくし 問二 A エ 問三 脳を受けつぐってこと 問四 ③ ア
⑥ イ 問五 彼女なりに一生懸命，教育に携わっている(点。) 問六 ウ
問七 エ

[四] 問一 a おもいて 問二 獅子の皮をはいで王にさしあげる(ため。)
問三 X 僧に慣れ 問四 ア 問五 エ 問六 オ

○推定配点○

[一] 各2点×10
[二] 問一・問五 各2点×2 問六・問七 各4点×2 他 各3点×6
[三] 問二・問四 各2点×3 他 各4点×6
[四] 問一・問六 各2点×2 他 各4点×4 計100点

＜国語解説＞

[一] (漢字の読み書き，動詞の活用)

問一 (1) 「傲慢」は，おごり高ぶって人を見下すこと。「傲」を使った熟語はほかに「傲岸」「傲然」など。 (2) 「遮」の音読みは「シャ」。熟語は「遮光」「遮断」など。 (3) 「戒」の音読みは「カイ」。熟語は「警戒」「自戒」など。 (4) 「肝要」は，ひじょうに大切なこと，という意味。「肝」を使った熟語はほかに「肝臓」「肝胆」など。訓読みは「きも」。 (5) 「謝」の音読みは「シャ」。熟語は「謝罪」「謝礼」など。

問二 (1) アは，終止形が「きれいだ」となる形容動詞。イは，形容詞「遠い」の連用形「遠く」＋「に」。ウは終止形が「平和だ」となる形容動詞。エは終止形が「重要だ」となる形容動詞。オは終止形が「細かだ」となる形容動詞。 (2) アは終止形が「少ない」となる形容詞。イは終止形が「ありがたい」となる形容詞。ウは終止形が「高い」となる形容詞。エは活用のない連体詞。オは終止形が「ない」となる形容詞。

問三 (1) 「来る」は，「こ／き／くる／くる／くれ／こい」と活用するカ行変格活用の動詞。「ば」に接続しているので，仮定形が入り，「くれ(ば)」となる。 (2) 「する」は，「し・せ・さ／し／する／する／すれ／しろ／せよ」と活用するサ行変格活用の動詞。「よう」に接続しているので，未然形が入り，「し(よう)」となる。

[二] (論説文－脱文・脱語補充，接続語，文脈把握，内容吟味，要旨，慣用句)

問一 直前に「日本人はこれからどんどんと，バラバラになっていく」とあるのに対し，直後には「人間は……バラバラなだけでは生きていけない」とあるので，逆接を表す「しかし」が入る。

問二 直前に「一致」とあるので，「一致団結」とするのが適切。「一致団結」は，集団や組織の大勢の人々が，特定の目的を達成するために，心を一つにして協力しあうこと。

問三 同様のことは，冒頭に「価値観は多様化する。ライフスタイルは様々になる。……日本人

はこれからどんどんと，バラバラになっていく」と言い換えられているので，Xには「価値観(3字)」，Yには「ライフスタイル(7字)」，Zには「多様化(3字)」が入る。

問四　直前の段落に「協調性から社交性へ」とあり，直後の段落には「演劇人には『社交性』はあるのだ」とあるので，「協調性に(欠ける)」「協調性(はない)」とするのが適切。

問五　「身も蓋もない」は，表現などが露骨すぎて，情味もうるおいもない，という意味なので，ウが適切。ここでは「もう日本人は心からわかりあえないのだ」と断定することを指す。

やや難　問六　直後に「心からわかりあう可能性のない人びとをあらかじめ排除する」とあり，「わかりあう」ことについては，前に「心からわかりあえなければコミュニケーションではない(25字)」と表現されている。「心からわかりあえなければコミュニケーションではない」という言葉は，わかりあう可能性のない人を排除する論理が働いているように感じられるというのである。

やや難　問七　「社交性」については，同段落に「好むと好まざるとにかかわらず，国際化する社会を生きていかなければならない日本の子どもたちに，より必要な能力」と述べられており，「国際化」については，「価値観や文化的な背景の違う人びとも，どうかして共有できる部分を見つけて，最悪の事態……を回避するのが外交であり国際関係だ」と説明されているので，エが適切。

問八　脱落文に「判断し，責任を持たなければならない」とあり，「判断する」と言う表現を探すと，「いままでは……」で始まる段落に「その判断を誤ると……」とあるので，その直前に入れるのが適切。

[三]　(小説－表現，脱語補充，文脈把握，語句の意味，情景・心情，大意)

やや難　問一　「蕗子」については，最終段落に「蕗子はどんどん賢くなる。頭脳もさることながら心の成長がいちじるしい」とあり，「春先のつくしのようでもあるその姿」と表現されているので，「春先のつくし(6字)」を抜き出す。

問二　直前に「だから，脳は，脳は……」とある。言いたいことを的確に表す言葉がなかなか見つからない様子を「……」と表現しているので，じれったい，はがゆい，様子を表す「もどかしげに」が入る。

問三　「教育を受ける」こと同様のことは，これより前に「いろいろなことを教わる」と言い換えられており，「お勉強や，いろいろなことを教わるっていうのは，脳を受けつぐってことでしょう？」とあるので，「脳を受けつぐってこと(10字)」が適切。

問四　③　「虚を突かれる」は，弱点や油断に付け込まれる，という意味なので，アが適切。

⑥　直前に「開発前を」とあるので，イの「思い起こされる」が適切。「しのぶ」は「偲ぶ」と書き，過ぎ去ったことや離れている人のことなどをひそかに思う，という意味。

問五　同様のことは，前に「『……今，彼女なりに一生懸命，教育に携わっているよね。そんな君のお母さんは，けっして，かわいげのない人ではないよ』」とあるので，「彼女なりに一生懸命，教育に携わっている(点)」とするのが適切。

やや難　問六　「胸のつかえが下りる」は，気になっていたことが除かれて，気分がすっきりすること。前の「『……お母さんの場合，たしかに学校教育の影響は大きかったかもしれないけど，それだけってわけではないよ』」「『……ぼくは，お母さんをかわいい人だと思う』」という言葉を聞いて，ほっとした心情である。「お母さん」については，「『お母さんは，……国民学校ってところでへんな教育を受けて，……だから今でも学校やお国を信じられないって』」とあり，「どうやら娘の目に，千明は軍国主義教育の落とし子のように映っているらしい」とある。蕗子が，「お母さん」のことを「軍国主義教育」の影響を受けて育ったかわいげのない人だと思っていることを「胸のつかえ」と表現しているので，ウが適切。

問七　本文は，「吾郎」と義娘の「蕗子」の会話を中心に展開されており，「吾郎」の視点から，

「なぜ急にそんな話を？　とまどいながら……」「どうやら娘の目に，千明は……映っているらしい」「蕗子はどんどん賢くなる……得難い活力をもらっている」と，「吾郎」の心情が表現されているので，エが適切。

[四]　(古文－仮名遣い，脱文・脱語補充，文脈把握，口語訳，内容吟味，大意，文学史)

（口語訳）　昔，堅誓獅子という金色の毛の獅子がいた。猟師がいて，「この獅子を射て，皮をはいで王にさしあげよう」と思い，頭を剃り，僧の姿となって，毒の矢と弓を袈裟の下に隠して，獅子に近づく。獅子は，僧に慣れて近づくようになっていたので，尾を振って(僧に)近づくと，(僧は)毒の矢で獅子を射る。獅子はその時，「この者は猟師であった」と気づいて，これに噛みつこうとしたが，「袈裟を身に着けているような者は，たとえ心の中に善心がなくても，この因縁によって最後には仏になるのだろう。その姿は仏弟子に似ている。どうして危害を加えることができよう」と思って，堅誓獅子は猟師を殺さなかった。

問一　助詞と語頭以外の「はひふへほ」は，現代仮名遣いでは「わいうえお」となるので，「ひ」は「い」に直して「思いて」となる。すべて「ひらがな」にするので，「おもいて」とする。

問二　理由は，直前に「『この獅子を射て，皮をはぎて王に奉らん』」とあるので，この部分を指定字数にまとめて「獅子の皮をはいで王にさしあげる(15字)」などとする。

問三　「僧の形となりて，これに近づく」とあり，その理由は直後に「獅子，僧に慣れ近づくことなれば」とあるので，「僧に慣れ」が入る。

問四　「袈裟を懸くるほどの者は，たとひ心中に善心がなくとも，この因縁につひに仏になるべし」は，(僧がまとう)袈裟を身に着けるような者は，その機縁によって，仏になるのだろう，という意味。だから，その者に「害」をなすことはできない，となるので，アが適切。

やや難　問五　直前に「獅子」の思いとして，「『……いかが害せん』」とあることから，獅子は僧の姿になっていた猟師に危害を加えることはできないと考えていることがわかるので，エが適切。

問六　アの『竹取物語』は平安時代に成立した物語。イの『万葉集』は奈良時代に成立した和歌集。ウの『奥の細道』は江戸時代に成立した松尾芭蕉による俳諧紀行文。エの古今和歌集は平安時代に成立した勅撰和歌集。オの『平家物語』は鎌倉時代に成立した軍記物語。

★ワンポイントアドバイス★

現代文は，言い換え表現に着目し，細部まで丁寧に読んで解答しよう！　古文は，注釈を参照しながら口語訳できる力をつけ，大意を的確にとらえる練習をしよう！

MEMO

大切なことはメモしておこうネ！

2019年度

入　試　問　題

2019
年
度

2019年度

岐阜東高等学校入試問題

【数　学】（40分）　　＜満点：100点＞

［1］　次の計算をしなさい。

(1)　$-3^2+(-5)^2-7$

(2)　$-36x^5y^3\div 3x^2y$

(3)　$\dfrac{2x+y}{3}-\dfrac{3x-2y}{5}$

(4)　$10\sqrt{2}-(\sqrt{18}-\sqrt{98})$

［2］　次の問いに答えなさい。

(1)　2次方程式 $x^2+4x-3=0$ を解きなさい。

(2)　ある年の12月は火と金が4回ずつありました。この年の12月25日は何曜日か求めなさい。

(3)　$\dfrac{1}{3}+\dfrac{2}{\boxed{\text{ア}}}=\dfrac{2}{3}\times\dfrac{7}{\boxed{\text{ア}}}$ が成り立っている。ア にあてはまる自然数を答えなさい。

(4)　$201.9\times\dfrac{1}{16}+20.19\times\dfrac{3}{8}$ を計算しなさい。

［3］　図のようなひし形ABCDについて，AC＝10cm，BD＝12cm で，対角線の交点を点Oとする。いま点Oと点Dの間を往復する点Pが，点Oを出発し，1秒で1cmの一定の速さで進み，また同時に，点Oと点Bの間を往復する点Qが，点Oを出発し，点Pの2倍の速さで進む。点Pが点Oを出発してから x 秒後の△PACの面積を y cm² として，次の問いに答えなさい。必要に応じて，グラフを利用してもよい。ただし，採点には含まない。

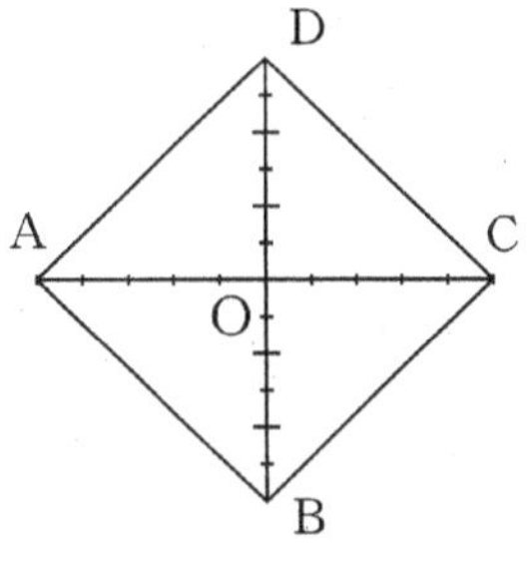

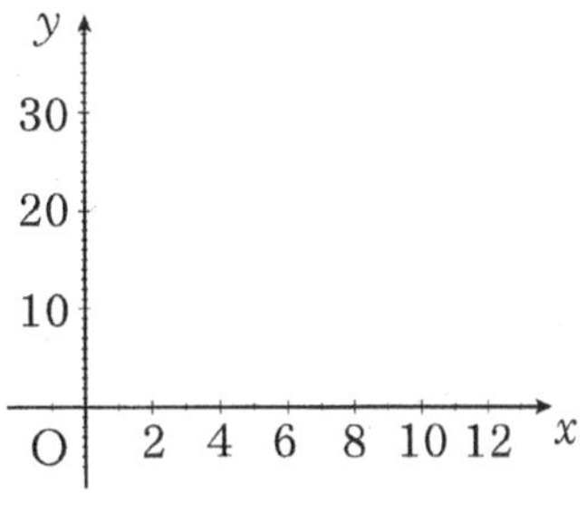

(1)　$0\leqq x\leqq 6$ について，y と x の関係を式で表しなさい。

(2)　$6\leqq x\leqq 12$ について，y と x の関係を式で表しなさい。

(3)　△PACと△QACの面積が等しくなるときの y を求めなさい。

(4)　出発から1分間で，△PACと△QACの面積が等しくなるのは何回あるか求めなさい。

［4］　太郎君は休日を利用してスキーへ行った。スキー場のゲレンデはやや急なA斜面と比較的ゆるやかなB斜面がある。A斜面とB斜面の合計の距離は1990mだった。太郎君はA斜面を秒速9mで，B斜面を秒速7mで滑り降りたところ，B斜面を滑り降りた時間がA斜面よりも10秒長かった。

⑴　A斜面の長さを x m，B斜面の長さを y mとして，連立方程式を作った。□ に適する式を求めなさい。

$$\begin{cases} \boxed{\text{(ア)}} = 1990 \\ \boxed{\text{(イ)}} = 630 \end{cases}$$

⑵　A斜面とB斜面の長さをそれぞれ求めなさい。

［5］　A，B，C，Dは円周上の点で AB＝AC である。線分BD上に CD＝BE となるように点Eをとり，線分ACと線分BDの交点をFとするとき，次の問いに答えなさい。

⑴　△ABEと合同な三角形はどれか求めなさい。

⑵　∠BAC＝56°のとき，∠AEDの大きさを求めなさい。

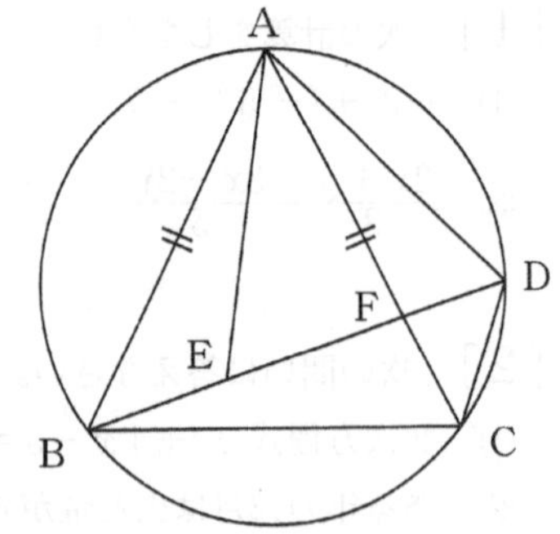

［6］　AD // BC，AD＝8，BC＝24，AC＝20とするとき，次の問いに答えなさい。

⑴　線分ACと線分BDの交点をEとするとき，AEの長さを求めなさい。

⑵　BCに平行な直線 l を図のように引いたとき，線分AB，線分BD，線分ACとの交点をそれぞれP，Q，Rとする。2 PQ＝QR となるとき，PQの長さを求めなさい。

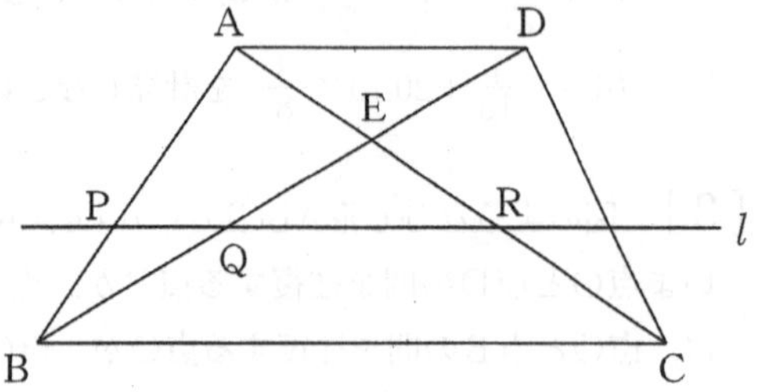

【英　語】（40分）　＜満点：100点＞

【注意】 試験開始10分後に，［８］ Listening Test を始めます。

〔１〕 中学生の Akira（明）が書いた次の英文を読んで，後の問いに答えなさい。

I went camping with my uncle during my summer vacation. We ① spend five days at a remote campground in the mountains. My uncle knew much about camping, so he taught me a lot of things ② to do at the camp. I was especially happy that I learned ③(　　　) to cook dinner.

I enjoyed fishing in the river, walking in the mountains, painting pictures, and so on. I also met some high school students from Canada and made friends with them. ④ I (　　　) (　　　) (　　　) (　　　) speak English well, but we had a good time. I thought that it was nice to meet new people. At night it was very quiet. The night sky was full ⑤(　　　) stars. They were much brighter there than in the cities. I talked about the stars with my uncle. I enjoyed a quiet week without TV or smartphones at the camp.

We found some cans and plastic bottles on the paths while we were walking around the campground. My uncle said to me, "People shouldn't ⑥(　　　) away their trash and should care more about nature." I thought it was a big problem. We often picked up trash while we were camping. ⑦ (clean / easy / keep / isn't / to / the mountains / it), but we always have one more thing to do. We should bring our trash back home with us.

I became ⑧ interest in environmental problems after the camp in the mountains. The other day I watched the news ⑨(　　　) TV. According to the report, some sea animals get sick or die because they swallow floating pieces of plastic in the sea. I was shocked to see it. I hear that ⑩ some big coffee chain stores have decided to avoid using plastic straws to reduce the use of plastic. The environment of the sea has also ⑪(　　　) much (　　　) than before. In the future, I want to work to protect nature.

＊注） camp　キャンプをする，キャンプ　　remote　人里離れた　　campground　キャンプ場
make friends with　～と友達になる　　quiet　静かな　　without　～なしで　　can　缶
plastic bottle　ペットボトル　　path　小道　　trash　ごみ　　environmental　環境の
the other day　先日　　according to　～によれば　　swallow　～を飲み込む
floating　浮かんでいる　　piece　かけら，断片　　chain store　チェーン店　　avoid　避ける
straw　ストロー　　reduce　～を減らす　　environment　環境

1．内容を考え，下線部①，⑧の語を適切な形に直しなさい。

2．下線部②の to と同じ用法の to を含む文を次から選び，記号で答えなさい。

ア．He went to the post office.

イ．Her job is to teach Japanese.

ウ．She has a few books to read during her trip.

エ．I'm glad to meet you.

3．下線部③に入る適切な語を次から選び，記号で答えなさい。

ア．why　　イ．what　　ウ．how　　エ．which

4．下線部④が「私は英語を上手に話すことができなかった」の意味になるように，（　）に適切な語を入れなさい。

5．下線部⑤，⑨に入る適切な語を次から選び，記号で答えなさい。ただし，同じものを2度以上使ってはいけません。

ア．to　　イ．with　　ウ．on　　エ．of

6．内容を考え，下線部⑥に適切な英単語1語を入れなさい。

7．下線部⑦の（　）内の語句を文の意味が通るように正しく並べかえなさい。ただし，文頭の文字は大文字にしなさい。

8．下線部⑩のような動きがでてきたのは，どのようなことが起こっているからか。本文中で述べられている具体的な内容を抜き出し，最初の語と最後の語を答えなさい。

9．内容を考え，下線部⑪の2つの（　）にそれぞれ1語ずつ適切な語を入れなさい。

10．本文の内容と一致しているものを1つ選び，記号で答えなさい。

ア．Because Akira knew much about camping, he didn't have to learn anything about it.

イ．The camp in the mountains gave Akira a chance to think about protecting the environment.

ウ．When Akira saw the stars from the camp at night, they were not as bright as in the cities.

〔2〕 次の対話文を読み，後の問いに答えなさい。

Bob　: Did you know ABC Museum is having a Monet exhibition?

Kenta : No, I didn't. Oh, by the way, you like drawing pictures, right? Will you go to see it?

Bob　: Of course I will. But it's only open until next Sunday.

Kenta : Next Sunday? You have only three days.

Bob　: Hey, (1) How about going to the museum with me?

Kenta : (2) I've never seen Monet's works, though I went to Monet's Pond in Seki City. But I don't have many good memories of museums.

Bob　: (3)

Kenta : When I visited a museum last year, I got in trouble.

Bob　: ア[bad / do / you / did / something]?

Kenta : Not really! (4)

Bob　: Did you touch a painting?

Kenta : No way! I'm not that stupid. I know better than to do such a thing.

Bob　: So, you talked in a loud voice or used your cellphone?

Kenta : No! I know that makes other people uncomfortable. I kept quiet.

Bob　: Um, (5) What did you do?

Kenta : I was walking and chewing gum.
Bob : Wow. You got in trouble for that?
Kenta : My face turned (イ). Chewing gum itself sometimes disturbs other people. I'll be more careful next time.
Bob : Yeah. We should have good manners in public places.

＊注) Monet モネ（フランス印象派の画家） exhibition 展覧会 work 作品 pond 池
though ～だけれども get in trouble 問題を起こす No way! とんでもない
stupid 愚かな know better 分別がある cellphone 携帯電話 loud 大きな
noise 騒音 uncomfortable 不快な chew ～を噛む gum ガム itself それ自体
disturb ～の邪魔をする

1．（1）～（5）に入れるのに適切なものを，次のア～オの中からそれぞれ１つずつ選び，記号で答えなさい。

ア．Can you guess? イ．What do you mean?
ウ．I have no idea. エ．I have a good idea.
オ．That sounds interesting.

2．内容を考え，下線部アの〔 〕内の語を並べかえなさい。ただし，文頭にくる語も小文字で表記してあります。

3．下線部イに入る適切な語を次から選び，記号で答えなさい。

ア．purple イ．gold ウ．pink エ．red

4．対話の内容と合うものを１つ選び，記号で答えなさい。

ア．ボブはモネの池を訪れたことがある。
イ．二人の会話は日曜日のものである。
ウ．ケンタは騒音を立てなかった。
エ．ケンタは何も話さなかったので，周りの人を不快にさせた。
オ．チューインガムは音を立てないように噛んだほうがよい。

〔3〕 次の対話文の（ ）に入れるのに適切なものを，次のア～エの中からそれぞれ１つずつ選び，記号で答えなさい。

1．A : Hello, this is Brown's Store.
B : My name is Ken Tanaka. May I speak to Mr. Brown?
A : Sorry. （ ） He will come back at five.
ア．Speaking. イ．Just a moment.
ウ．Can I leave a message? エ．He is out now.

2．A : Are you busy on Sunday? Let's go to a movie.
B : （ ） I'm going to go shopping with my mother.
ア．Sounds good. イ．Sorry, I can't.
ウ．That movie was interesting. エ．Yes, let's.

3．A : This shirt is nice. I'll take this. （ ）
B : It's six thousand yen.

ア．Can I try it on?　　イ．I'm just looking.
ウ．How much is it?　　エ．Do you have this in another color?

4．A：This box is too heavy for me to carry.（　　）
B：Sure.
ア．May I help you?　　イ．You don't help me.
ウ．I can't help you.　　エ．Will you help me?

5．A：Bob can't come to school today because he's sick in bed.
B：（　　）I hope he will get better soon.
ア．Are you all right?　　イ．That's too bad.
ウ．That's great.　　エ．You should take some medicine.

〔4〕 次の英文の（　）に入れるのに適切なものを，次のア～エの中からそれぞれ１つずつ選び，記号で答えなさい。

1．Sho and Miki are doing（　　）homework in the library.
ア．they　イ．their　ウ．them　エ．theirs

2．I'll buy the train tickets. Please stay here（　　）I come back.
ア．when　イ．if　ウ．until　エ．while

3．Russia is（　　）country in the world.
ア．large　イ．as large as　ウ．larger　エ．the largest

4．I made sandwiches, curry, and sushi. Please（　　）yourself to the dishes.
ア．help　イ．do　ウ．eat　エ．have

5．This is a picture（　　）Emily took in Japan.
ア．which　イ．who　ウ．what　エ．where

〔5〕 日本語の意味に合うように，（　）内の語句を並べかえて英文を完成させるとき，（　）内で３番目と５番目にくる語句を，記号で答えなさい。ただし，文頭にくる語句も小文字で表記してあります。

1．あなたは何回岐阜に行ったことがありますか。
（ア．to / イ．have / ウ．times / エ．you / オ．how / カ．been / キ．many）Gifu?

2．海外へ行くために一生懸命英語を勉強しなければいけません。
I（ア．hard / イ．must / ウ．abroad / エ．to / オ．English / カ．go / キ．study）.

3．私の父は若いころ野球をするのが好きでした。
My father（ア．baseball / イ．he / ウ．playing / エ．when / オ．was / カ．liked / キ．young）.

4．コーヒーを１杯いただきたいのですが。
I（ア．of / イ．like / ウ．have / エ．would / オ．a cup / カ．to / キ．coffee）.

5．日本のアニメやマンガは世界中の人々に楽しまれています。
Japanese anime and manga（ア．over / イ．enjoyed / ウ．all / エ．people / オ．are / カ．the world / キ．by）.

〔6〕 次の各組の英文がほぼ同じ意味になるように，（ ）に適切な語を入れなさい。

1．What's your favorite color?
What color do you like the (　　　)?

2．Our city has many places to visit.
(　　　) (　　　) many places to visit in our city.

3．Question B is easier than Question A.
Question A is (　　　) (　　　) than Question B.

4．You must not swim here.
(　　　) swim here.

5．What language do people speak in that country?
What language (　　　) (　　　) in that country?

〔7〕 次の文章は，『ラグビー』について書かれています。日本文に合うように，次の①～⑤の空所に入れるのに適切な語をそれぞれ1語ずつ入れ，文を完成させなさい。ただし，（ ）内に示された文字で始めること。

あなたはラグビーを知っていますか。日本では野球やサッカーほど有名ではありませんが，ヨーロッパやオセアニアの国々ではとても人気のスポーツです。特にニュージーランドでは，ラグビーは年齢を問わず，多くの人々に愛されています。

9月20日から11月2日まで，ラグビーワールドカップが日本の12都市で行われます。アジアで初めて開催されます。今秋，世界中から多くのラグビーファンが応援をするために日本へやってくるでしょう。

Do you know rugby? In Japan, it's not as ①(f　　　) as baseball or soccer, but it's a very ②(p　　　) sport in Europe or Oceanian countries. Especially, in New Zealand, it is loved by a lot of people ③(a　　　) all ages.

From ④(S　　　) 20th to November 2nd, the Rugby World Cup is held in twelve cities in Japan. This is the first World Cup in an Asian country. This autumn, many rugby fans will come to Japan to ⑤(c　　　) for their teams.

〔8〕 Listening Test

英文と質問を聞いて，その答えとして適切なものを次のア～エの中からそれぞれ1つずつ選び，記号で答えなさい。なお，英文と質問は2回読まれます。

1．ア．by bus　　イ．by taxi　　ウ．by train　　エ．on foot

2．ア．at 5:00　　イ．at 5:30　　ウ．at 6:30　　エ．at 7:00

3．ア．They wanted to play rugby.
イ．They wanted to play badminton.
ウ．They wanted to play soccer.
エ．They wanted to watch movies.

4．ア．America　　イ．Austria　　ウ．Australia　　エ．Italy

5．ア．He went for a walk.
　　イ．He didn't do anything.
　　ウ．He bought new shoes for his grandmother.
　　エ．He got new shoes from his grandmother.

＜リスニング台本＞

1．John went to a concert yesterday. He was waiting for the bus at the bus stop, but it didn't come. He changed his mind and decided to go there on foot. When he began to walk, a taxi came. He took the taxi to the concert hall.
Question : How did John go to the concert yesterday?

2．Susan usually comes home at five thirty and takes a walk with her dog. But yesterday, she came home at seven. She had an important meeting at five and left her office at six thirty. When she came home, it was very dark, so she couldn't take a walk.
Question : What time does Susan usually come home?

3．Ken and Ryo are brothers. They both like sports. Ken plays rugby well, and Ryo is good at badminton. Yesterday, they wanted to play soccer in the park, but it rained heavily. So they stayed home and watched some movies.
Question : What did Ken and Ryo want to do yesterday?

4．Satoshi's family is planning to go on a trip this summer. His parents want to visit Italy and his brother wants to go to America. But Satoshi wants to go to Australia. They discuss and decide to visit Australia.
Question : Where is Satoshi's family going to go this summer?

5．Mike's grandmother is seventy years old. She goes for a walk before breakfast every day. Mike knew that his grandmother's shoes were very old, so last Saturday he went shopping and bought a pair of new shoes for her.
Question : What did Mike do last Saturday?

【理　科】（40分）　<満点：100点>

［1］ 植物の分類について，次の問いに答えなさい。

問1　次の（ア）～（コ）から，種子をつくる植物をすべて選び，記号で答えなさい。

（ア）スギナ　（イ）ツユクサ　（ウ）ゼンマイ　（エ）スギ　（オ）イヌワラビ

（カ）サクラ　（キ）ウラジロ　（ク）アサガオ　（ケ）ヘゴ　（コ）コスギゴケ

問2　次の文の空欄①～③に適する語句を，それぞれ答えなさい。

種子をつくらない植物は，種子ではなく（　①　）でふえる。また，種子をつくらない植物のうち，維管束がある植物のグループを（　②　）という。（　②　）のグループには葉・茎・根の区別が（　③　）。

問3　図1はマツで見られる2種類のりん片である。AとBの名称をそれぞれ答えなさい。

図1

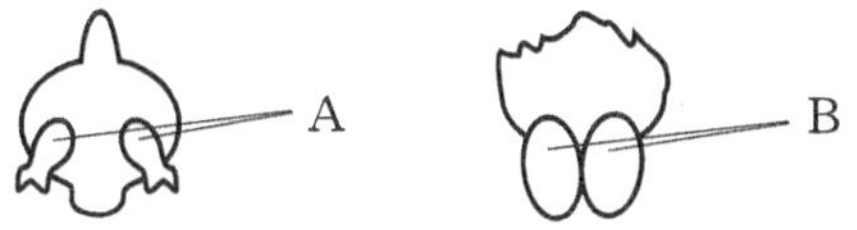

問4　マツについて説明した次の（ア）～（ケ）から，正しいものをすべて選び，記号で答えなさい。

（ア）被子植物である。　（イ）花弁がある。

（ウ）果実ができる。　（エ）子房がない。

（オ）受粉した年の秋に種子ができる。　（カ）まつかさは雄花が成長したものである。

（キ）がくがない。　（ク）花粉は虫がはこぶ。

（ケ）雄花と雌花は同じ木につく。

問5　ホウセンカを赤く着色した水にさして明るい場所におき，十分に時間がすぎてから茎を顕微鏡で観察したところ，赤く染まった部分があった。次の（ア）～（オ）から正しい図を1つ選び，記号で答えなさい。なお，赤く染まった部分は黒くぬってある。

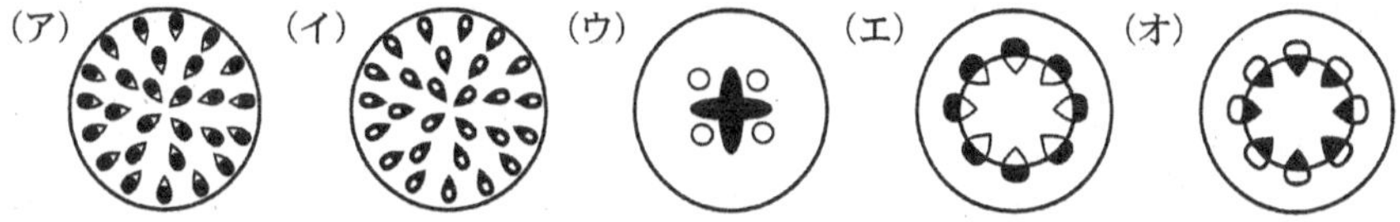

問6　問5で赤く染まった部分を何というか，**漢字で答えなさい**。

問7　問5の顕微鏡で対物レンズの倍率を10倍から40倍に高くした。対物レンズとプレパラートとの間の距離はどのようになるか。次の（ア）～（ウ）から1つ選び，記号で答えなさい。

（ア）遠くなる　（イ）近くなる　（ウ）変わらない

問8　次の（ア）～（オ）の文のうち，正しいものをすべて選び，記号で答えなさい。

（ア）エンドウの根には主根と側根がある。

（イ）イネの果実をもみといい，子葉は2枚ある。

（ウ）ぎんなんはイチョウの果実である。

（エ）サツキの葉脈は網目状である。

（オ）タンポポは離弁花類である。

［２］　金属の粉末を加熱したときの，質量の変化を調べるため次の実験を行った。次の問いに答えなさい。

〔実験１〕　①　ステンレス皿の質量を測定した後，銅の粉末1.2g を入れた。

②　粉末をステンレス皿にうすく広げ，５分間加熱した。

③　よく冷やしてから，ステンレス皿をふくめた全体の質量を測定した。

④　ステンレス皿をふくめた全体の質量からステンレス皿の質量を引いて，加熱した後の物質の質量を求めた。

⑤　ステンレス皿から粉末がこぼれないように，薬さじで粉末をかき混ぜた。

⑥　②～⑤の操作を，質量が変化しなくなるまで繰り返した。

図

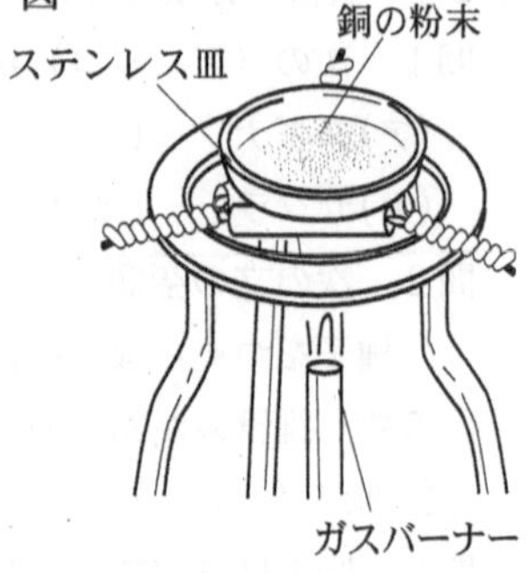

〔実験２〕　次に，銅の粉末の代わりにマグネシウムの粉末1.8g を使って，〔実験１〕と同様の操作を行った。〔実験１〕の結果をふくめ，加熱した後の物質の質量をまとめると，表のようになった。

表

加熱した回数	1	2	3	4	5
銅の粉末の反応後の質量〔g〕	1.3	1.4	1.5	1.5	1.5
マグネシウムの粉末の反応後の質量〔g〕	2.2	2.6	3.0	3.0	3.0

問１　銅やマグネシウムを５回加熱した後の色は，何色になるか。(ア)～(オ) の中からそれぞれ選び，記号で答えなさい。

(ア)白　　(イ)黒　　(ウ)赤　　(エ)青　　(オ)茶

問２　銅やマグネシウムと反応した物質の性質を (ア)～(オ) の中からすべて選び，記号で答えなさい。

(ア)火のついた線香を近づけると燃える。

(イ)石灰水溶液に入れると白くにごる。

(ウ)マッチの炎を近づけるとポンと音を立てて燃える。

(エ)空気の体積の約20%を占める。

(オ)水に溶けにくい。

問３　銅の粉末を加熱したときの化学変化を**化学反応式で表しなさい**。

問４　問３のような化学変化のことを何というか。**漢字で答えなさい**。

問５　１回加熱したとき，反応せずに残っている銅は何ｇか。

問６　マグネシウムの粉末2.7g を同様にして実験を行うと，加熱後の質量は何ｇか。

問７　銅の粉末とマグネシウムの粉末を混ぜた後，混合物の質量を測定すると，6.8g であった。〔実験１〕と同様に操作を行うと加熱した後の混合物の質量が，10.0g で変化しなくなった。このときの銅の粉末を加熱した後の物質の質量と，マグネシウムの粉末を加熱した後の物質の質量比を求め，最も簡単な整数比で答えなさい。

［3］ Ⅰ　2本の電熱線a，bについて，電熱線に加わる電圧と電流の関係をグラフに示したものが図1である。この電熱線a，bを用いて図2，図3の回路をつくり，それぞれの電源装置の電圧を30Vにした。次の問いに答えなさい。

図1

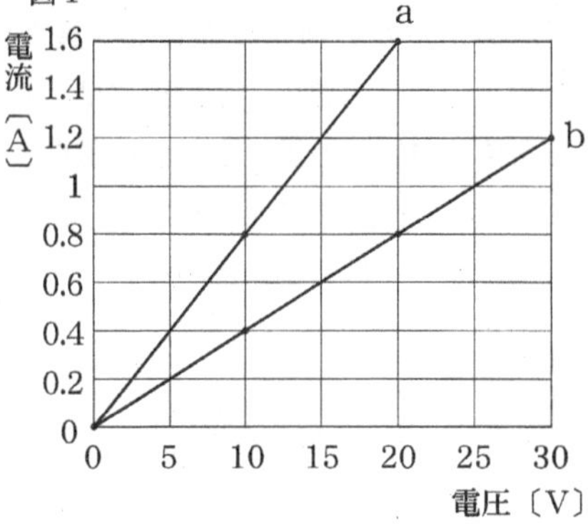

図2

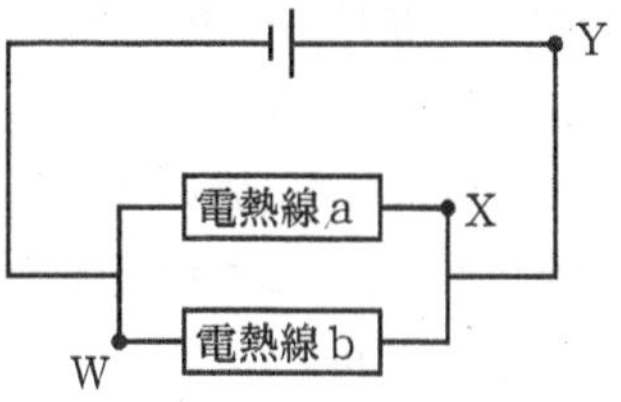

図3

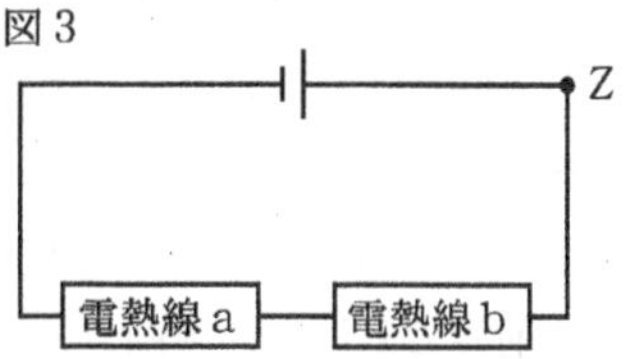

問1　電熱線aに25Vの電圧をかけると何Aの電流が流れるか。

問2　電熱線a，bの抵抗の比を最も簡単な整数比で答えなさい。

問3　図2，図3の回路の各点W，X，Y，Zを流れる電流が大きい順に並べなさい。

問4　図3の回路で，電熱線bの両端の電圧は何Vか。

Ⅱ　熱が逃げにくい容器に100gの水を入れ，電熱線cを沈め，図4のような回路をつくり，スイッチを入れた後の電圧計と電流計の値と5分間に上昇した水の温度を測定した。表は，それぞれ加える電圧を変えて実験した結果である。なお，水は実験ごとに入れかえた。次の問いに答えなさい。

図4

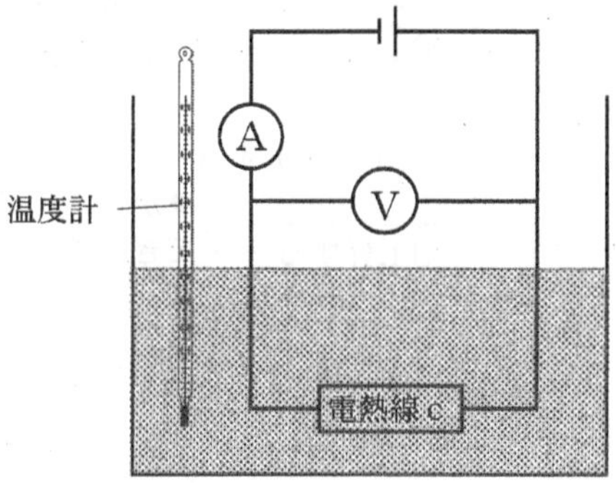

表1

	実験1	実験2	実験3
電圧計　［V］	2.0	4.0	6.0
電流計　［A］	0.5	1.0	1.5
上昇温度［℃］	0.7	2.8	6.3

問5　電熱線cの抵抗は何Ωか。

問6　実験1のとき電熱線から発生した熱量は何Jか。

問7　実験2のとき水が温度上昇のために得た熱量は何Jか。ただし，1gの水の温度を1℃上昇させるために必要な熱量を4.2Jとする

問8　水の質量を200gにして，電圧計が6.0Vを示したとすると，1分間に水は何℃上昇するか。小数第2位を四捨五入して，小数第1位まで答えなさい。

［4］ 図1は日本付近を通過したある台風の経路を示したもの，図2は雲のでき方について示したものである。天気とその変化について，次の問いに答えなさい。

問1　次の文の空欄①～⑥に適する語句を，それぞれ答えなさい。また，文中の [(a)] は適する数値を1つ選び，答えなさい。

低緯度の熱帯地方で発生した（　①　）低気圧があたたかい海上で発達し，最大風速が約[(a)　1.7　　7　　17　　27] m/s 以上のものを台風という。台風の中心付近には，あたたかくしめった空気があり，強い（　②　）気流を生じるため，台風は大量の雨と強い風をともなう。日本列島付近に北上した台風は，中緯度帯の上空を吹く（　③　）に流されて（　④　）寄りに進路を変え，周囲の（　⑤　）い空気をとりこんで（　⑥　）低気圧に変わる。

問2　台風の目が図1のA地点にあるとき，南寄りの風が最も強く吹いている地点はどこか。A～Eから1つ選び，記号で答えなさい。

問3　台風の目が図1のF地点の近くを通過する前後のF地点の風向きの変化はどうなるか。次の（ア）～（エ）から正しいものを1つ選び，記号で答えなさい。

(ア)時計回りに変化する。

(イ)反時計回りに変化する。

(ウ)台風の目が近づくにつれて時計回りに，通過後は反時計回りに変化する。

(エ)台風の目が近づくにつれて反時計回りに，通過後は時計回りに変化する。

図1

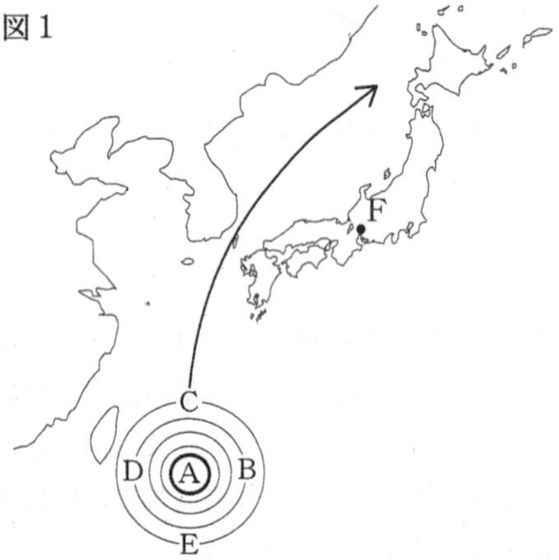

問4　雲のでき方について，次の問いに答なさい。図2の○は水蒸気を表している。

①　図2の●は何を表しているか。

②　雲ができはじめるのは，図2のG～Iのどの高度からか。その記号を答えなさい。

③　空気が上昇して膨張すると温度が下がる。雲ができ始める温度を何というか。漢字で答えなさい。

図2

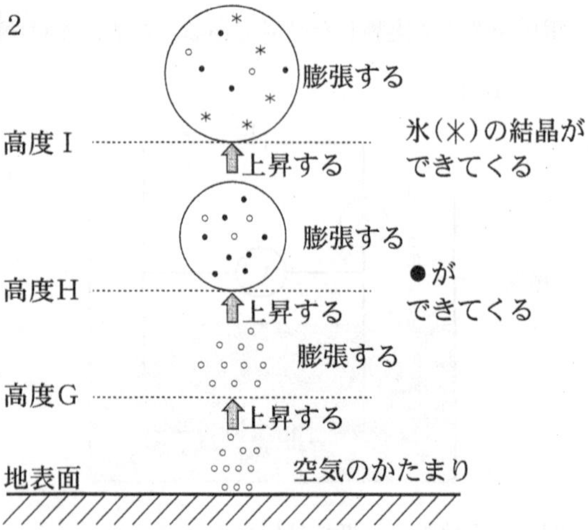

【社　会】（40分）　　＜満点：100点＞

［1］　後の各問いに答えなさい。

図1

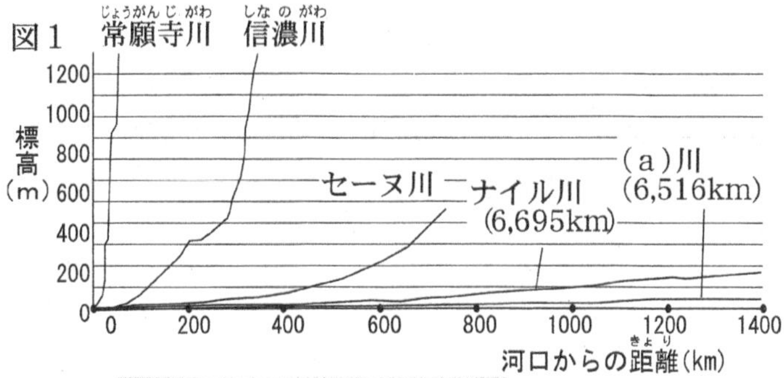

図2

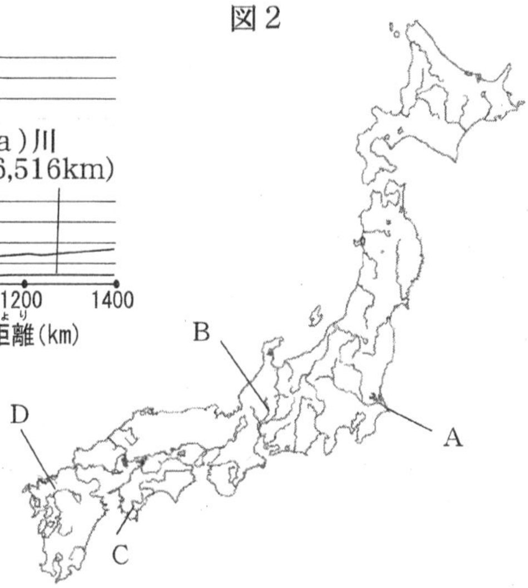

写真3

問1　図1は日本と世界の主な河川の河口からの距離と標高を表した図です。この図を見て，日本の河川の特徴に当てはまるものを次の（ア）～（エ）の中から1つ選び，記号で答えなさい。

（ア）日本の河川は大陸の河川に比べて距離が短く，急流であり，流域面積がせまい

（イ）日本の河川は大陸の河川に比べて距離が長く，ゆるやかであり，流域面積がひろい

（ウ）日本の河川は大陸の河川に比べて距離が長く，急流であり，流域面積がせまい

（エ）日本の河川は大陸の河川に比べて距離が短く，ゆるやかであり，流域面積がひろい

問2　流域面積が日本最大の河川を地図2中のA～Dの中から1つ選び，記号で答えなさい。また，写真3は南アメリカにある流域面積が世界最大の河川【図1の（a）川】です。この河川名をカタカナ4字で答えなさい。

問3　次のページの文章を読み，文中の（1），（2）に当てはまる語句を下の「日本の地形の模式図」の（A）～（D）の中から選び，それぞれ記号で答えなさい。

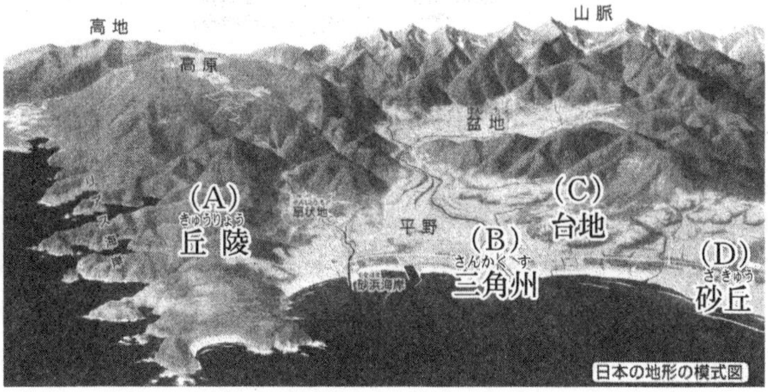

平野と盆地には，扇状地，（　1　），（　2　）などの地形が見られます。扇状地は，川が山間部から平野や盆地に出た所に土砂がたまって造られる扇形の地形です。川や海や大きな湖へ流れこむ所には，川が運んできた細かい土砂でうめ立てられた（　1　）が見られることがあります。海や川に沿った低い土地（低地）より一段高い所に広がる平らな土地のことを（　2　）といいます。

問4　下の雨温図に当てはまる都市を地図4中の（あ）～（え）の中から1つ選び，記号で答えなさい。また，下の雨温図の地域では農業用水が不足しがちなため，古くから下の写真のようなため池を造って水を確保してきました。どのような自然災害にそなえて造られましたか。漢字とひらがなを合わせて3字で答えなさい。

地図4

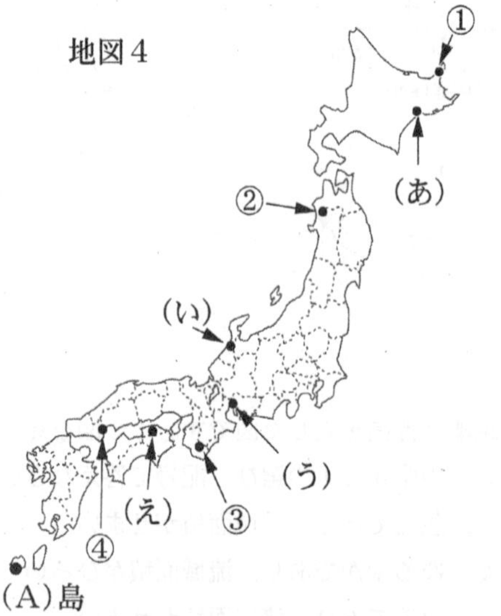

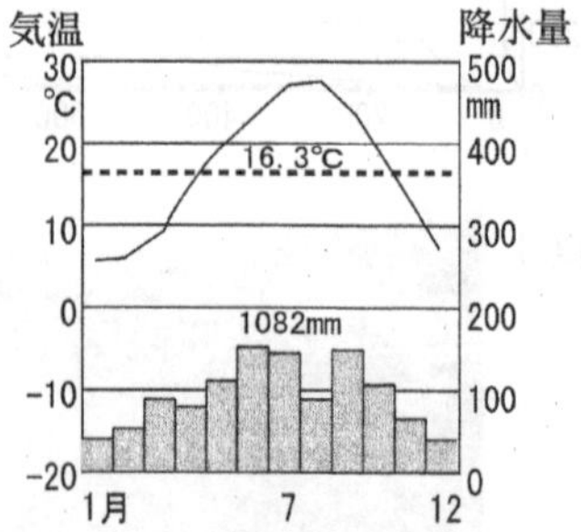

（「理科年表」平成26年）

問5　日本の世界遺産について，後の問いに答えなさい。

⑴　右の写真は1968年にアメリカより返還された諸島です。貴重な生態系が見られ，世界遺産に登録されています。諸島名を漢字3字で答えなさい。

⑵　右の写真は，世界遺産に登録されている山地のぶな林です。ここでは人の手が加えられていない広大なぶなの原生林など，豊かな自然が残っています。この1993年に世界遺産に登録された山地がある場所を地図4中の①～④から1つ選び，記号で答えなさい。

⑶　地図4中のA島も1993年に世界遺産に登録されました。島のシンボルになっている，樹齢3000年をこえるともいわれるすぎの木を何すぎ（杉）と言いますか。漢字2字で答えなさい。

⑷　世界遺産には自然遺産，文化遺産，複合遺産と3つの種類があります。次のページの世界遺

産のうち，自然遺産に登録されているものはどれですか。次の（ア）～（エ）の中から１つ選び，記号で答えなさい。

（ア）富士山　（イ）紀伊山地の霊場と参詣道　（ウ）知床　（エ）白川郷の合掌造り集落

問６　世界中にも世界遺産に登録されているものがたくさんあります。以下は，ＴＧ学園の社会の授業での先生と生徒の会話です。後の問いに答えなさい。

先生　：今日は世界にある世界遺産について，みなさんに聞きたいと思います。みなさんが知っている日本以外にある世界遺産を教えてください。

生徒Ａ：はい。アメリカにあるグランドキャニオン。

生徒Ｂ：中国の万里の長城。

先生　：ほかにはどうですか。

生徒Ｃ：オーストラリアのグレートバリアリーフ。

先生　：グレートバリアリーフはきれいですね。そうそうオーストラリアは，(A)たくさんの人々が移住してきた国です。また，多様な民族が共存して，それぞれの文化を尊重している国です。

生徒Ｃ：たくさんの民族が共存している国だとは知りませんでした！もっとオーストラリアのことを知りたくなりました！

先生　：それでは，今日はオーストラリアについて勉強していきましょう。

地図５

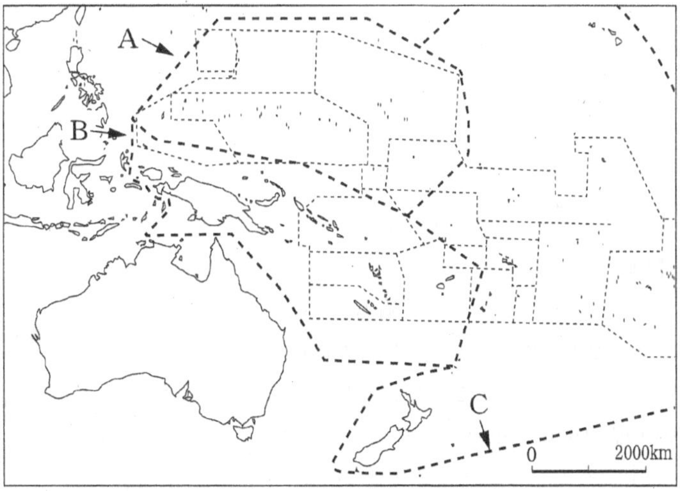

⑴　地図５中のＡ～Ｃの地域区分名の正しい組み合わせを次の（ア）～（ウ）の中から１つ選び，記号で答えなさい。

（ア）Ａ　ミクロネシア　Ｂ　メラネシア　Ｃ　ポリネシア

（イ）Ａ　ポリネシア　Ｂ　ミクロネシア　Ｃ　メラネシア

（ウ）Ａ　メラネシア　Ｂ　ポリネシア　Ｃ　ミクロネシア

⑵　先生と生徒の会話にある下線部（Ａ）について，次のページのグラフはオーストラリアの移民グラフです。1981年以降，ヨーロッパ系以外の移民などを積極的に受け入れるようになりましたが，20世紀初めから1970年代にかけてヨーロッパ系以外の移民を制限した政策が採られていました。この政策を何主義と言いますか。漢字２字で答えなさい。

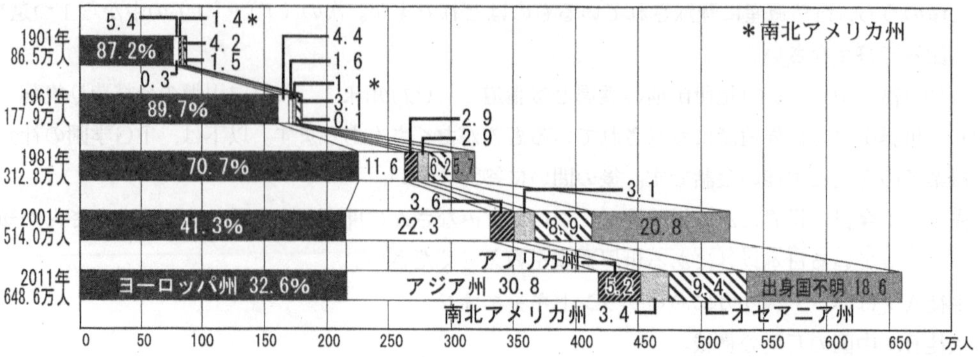

（オーストラリア統計局資料）

⑶　オーストラリアの貿易相手国の変化を右のグラフで見てみると，1960年と比較すると2016年にはアジアの国々が多くなっています。2016年のグラフ中のA～Cのうち貿易相手国の国名の正しい組み合わせを次の（ア）～（エ）の中から1つ選び，記号で答えなさい。

（ア）A　インドネシア　　B　韓国　　C　中国

（イ）A　タイ　　B　韓国　　C　中国

（ウ）A　中国　　B　タイ　　C　韓国

（エ）A　中国　　B　インドネシア　　C　韓国

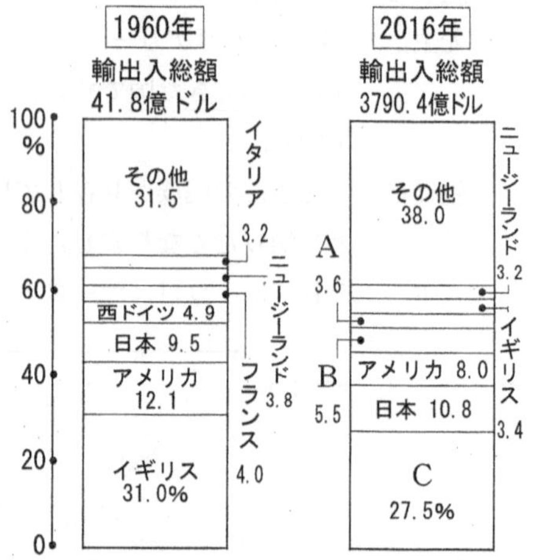

（国連資料ほか）

⑷　右のグラフはオーストラリアの輸出品をあらわしたグラフです。オーストラリアの輸出品の変化について，右のグラフを見てA～Dに当てはまる輸出品の正しい組み合わせを次の（ア）～（エ）の中から1つ選び，記号で答えなさい。

（ア）A　石炭　　B　小麦　　C　羊毛　　D　鉄鉱石

（イ）A　小麦　　B　羊毛　　C　鉄鉱石　　D　石炭

（ウ）A　羊毛　　B　鉄鉱石　　C　石炭　　D　小麦

（エ）A　鉄鉱石　　B　石炭　　C　小麦　　D　羊毛

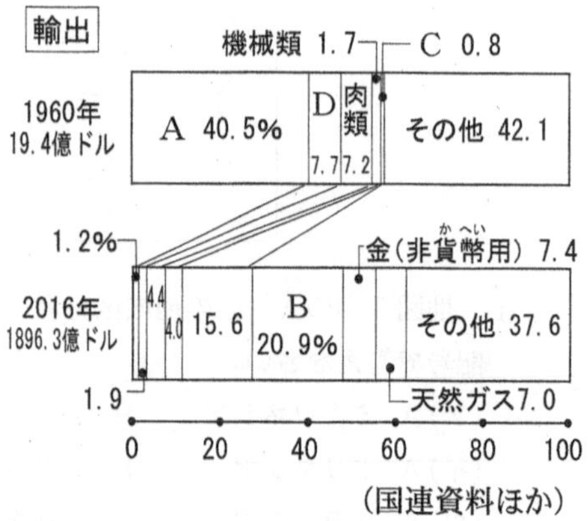

（国連資料ほか）

［２］　次の文章を読み，後の問いに答えなさい。

地球では，今から約700万年前に最も古い①人類が現れました。１万年ほど前に，気温が上がり始めると，食料になる木の実が増えました。また弓と矢を発明したことで，小形で動きの素速い動物を捕えることができるようになりました。こうして人々は，木の実や，魚，貝，動物をとって食料にしていましたが，やがて麦やあわ，稲を栽培し，牛や羊などの家畜を飼う所も現れました。このころ②土器が発明され，食物を煮ることができるようになりました。また，木を切ったり，加工したりしやすいように，表面をみがいた磨製石器も作られるようになりました。このように，土器や磨製石器を使い，農耕や牧畜を始めた時代を，新石器時代といいます。

アフリカやアジアの大河のほとりでは，農耕や牧畜が発達し，人々が食料を計画的に生産してたくわえるようになりました。そしてたくわえた③食料をめぐる争いが増え，やがて強い集団が弱い集団を従えて，国ができ④文明がおこりました。初めは，人々から選ばれて，戦争やお祭り，用水路の工事などを指揮していた人が，次第に人々を⑤支配する者になり，支配される者との間の区別ができました。やがて神殿や宮殿などを持つ都市がうまれ，⑥文化が生まれました。また，戦争や，⑦神をまつるときに使う青銅器や鉄器が作られるようになり，⑧文字も発明されました。

問１　下線部①について，フランスのラスコーなどで壁画を描いた新人（ホモ・サピエンス）を何人と言いますか，カタカナ６字で答えなさい。

問２　下線部②について，日本と朝鮮半島の交流の中で，半島から日本列島に移り住んだ渡来人によって伝えられた下の資料１の土器を何と言いますか，漢字３字で答えなさい。

問３　下線部③について，18世紀の日本では農村で多くの村が団結して，領主に年貢の軽減や不正を働く代官の交代などを要求する百姓一揆を起こし，大名の城下におし寄せることもありました。下の資料２は一揆の中心人物が分からないように，円形に署名したといわれています。この連判状を何と言いますか，ひらがな４字で答えなさい。

資料１

（岐阜県出土　岐阜県文化財保護センター蔵）

資料２

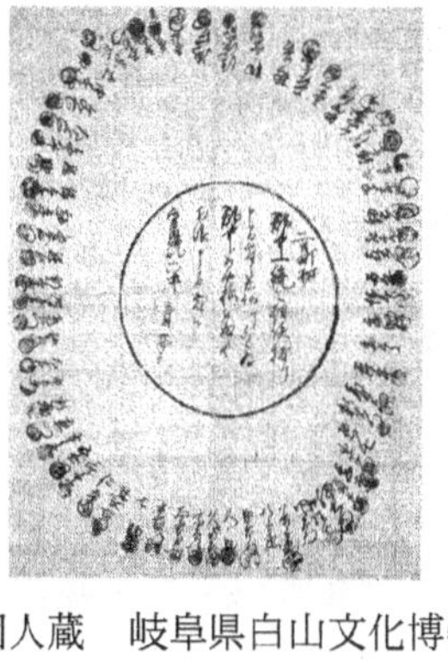

（個人蔵　岐阜県白山文化博物館）

問４　下線部④について，下の資料３の X と Y に適する語句は何ですか，それぞれ漢字２字で答えなさい。

資料３　ナイル川のはんらんの時期を知るために天文学が発達し，太陽を基準にして１年を365日として12か月に分ける X 暦が作られ，文字も発明された。チグリス川とユーフラテス川のほとりでは，文字が発明されて粘土板に刻まれ，月の満ち欠けに基づく Y 暦や，時間を60進法で測ることなどが考え出されました。

問5　下線部⑤について，下の資料4の下線部（ア）～（エ）の中から**誤っているもの**を選び，記号で答えなさい。すべて正しい場合は（オ）を選び答えなさい。また，江戸幕府で実施された大名が許可なく城を修理したり，大名どうしが無断で縁組をしたりすることを禁止した法律を何と言いますか，漢字5字で答えなさい。

資料4　豊臣秀吉の死後，関東を領地とする徳川家康が勢力をのばしました。(ア)1600年，秀吉の子豊臣秀頼の政権を守ろうとした石田三成は，毛利輝元などの大名に呼びかけ，家康に対して兵を挙げました。家康も三成に反発する大名を味方に付け，全国の大名は，それぞれ(イ)三成と家康を中心とする西軍と東軍とに分かれて戦いました(関が原の戦い)。これに勝利した家康は，全国支配の実権をにぎりました。(ウ)1603年，家康は朝廷から征夷大将軍に任命され，江戸に幕府を開きました。江戸幕府は，260年余りを続く戦乱のない平和な時代を作り上げました。(エ)家康は，1614年，1615年の二度にわたる大阪の陣で豊臣氏をほろぼし，幕府の権力を固めました。

問6　下線部⑥について，中世ヨーロッパでは人間のいきいきした姿を文学や美術でえがくルネサンスが花開きました，この時代にボッティチェリによってえがかれた下の資料5の絵画を何と言いますか，漢字1字で答えなさい。

問7　下線部⑦について，三大宗教の1つ「イスラム教」の聖典（資料6）を何と言いますか，次の（ア）～（エ）の中から1つ選び，記号で答えなさい。また，「船乗りシンドバッド」や「アラジンと魔法のランプ」などのインドやイスラム世界の民話を基にした物語を何と言いますか，カタカナ8字で答えなさい。

(ア)新約聖書　　(イ)旧約聖書　　(ウ)コーラン　　(エ)経典

問8　下線部⑧について，朝鮮語を母音11字と子音17字からなる文字を組み合わせて表現したもの（資料7）を何と言いますか，漢字4字で答えなさい。また，この文字は14世紀末に建国された朝鮮国の時代に発明されましたが，朝鮮国の建国者は誰ですか，漢字3字で答えなさい。

資料5

資料6

資料7

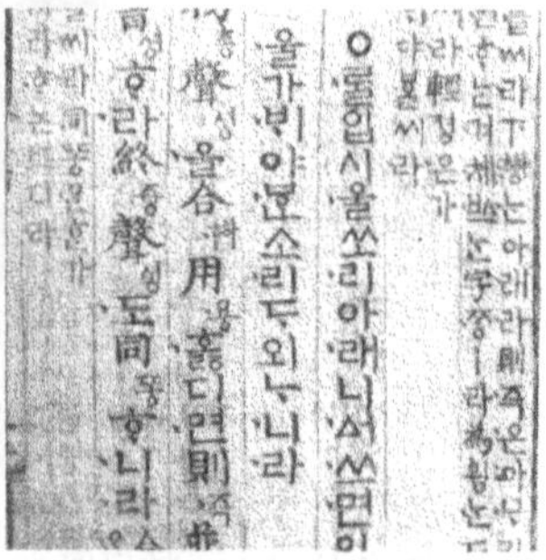

［3］　A・B，Cの各文章を読み，後の各問いに答えなさい。

A

1950年代中頃から1970年代にかけてa日本経済は，高い経済成長率を続けた。これにより国民の所得は増加し，暮らしは豊かになっていった。その一方でごみ問題，b公害問題などの社会問題も深刻化していった。

問１　下線部ａについて，この時期の日本経済の急速な発展を何と言いますか。漢字６字で答えなさい。

問２　下線部ｂについて，下記の地図を見て，①～④にあてはまる四大公害病を次の（ア）～(エ)の中から，１つ選び，記号で答えなさい。

(ア)①　水俣病　②　四日市ぜんそく　③　新潟水俣病　④　イタイイタイ病
(イ)①　四日市ぜんそく　②　イタイイタイ病　③　水俣病　④　新潟水俣病
(ウ)①　四日市ぜんそく　②　水俣病　③　イタイイタイ病　④　新潟水俣病
(エ)①　イタイイタイ病　②　水俣病　③　新潟水俣病　④　四日市ぜんそく

問３　Ａの時期のできごととして次の（ア）～(エ）について，年代の古いものから順に並べたときに，３番目に該当するできごとを選び，記号で答えなさい。

(ア)日本の国民総生産（GNP）が資本主義国の中で第２位となった
(イ)石油危機により，先進工業国の経済が不況となった
(ウ)池田勇人内閣が所得倍増計画をかかげた
(エ)東京オリンピック・パラリンピックが開かれた

Ｂ

c第二次世界大戦後，世界平和を維持する目的で，国際連合（国連）が発足したが，世界ではd西側陣営と東側陣営とのきびしい対立が生まれた。この対立で，eドイツは東西に分裂したが，1980年代に，東ヨーロッパ諸国で民主化運動の高まりにより，共産党政権が倒れ，その後ドイツは統一された。1990年代に突入すると世界ではf地域統合が進み，国際協調が進んでいる。一方，日本は経済やg近隣諸国との関係など多くの問題が残されている。

問４　下線部ｃについて，第二次世界大戦中にユダヤ人の迫害に対してビザを発行し，ユダヤ人を救った岐阜県八百津出身の右の写真Ⅰの人物名を漢字４字で答えなさい。

写真Ⅰ

問５　下線部ｄについて，両陣営の対立を何と言いますか，漢字２字で答えなさい。

問６　下線部ｅについて，ドイツの東西分裂の象徴となった右の写真Ⅱの壁を（　①　）の壁と言います。
（①）にあてはまる都市名をカタカナ４字で答えなさい。

写真Ⅱ

問７　下線部ｆについて，ヨーロッパで発足した組織を次の（ア）～（エ）の中から１つ選び，記号で答えなさい。また，共通通貨を何と言いますか，カタカナ３字で答えなさい。

（ア）PKO　（イ）APEC　（ウ）NATO　（エ）EU

問８　下線部ｇについて，拉致問題などの問題があり，日本と国交を回復していない東アジアの国はどこですか，漢字３字で答えなさい。

C

明治時代の日本には，欧米の文化がさかんに取り入れられ，伝統的な生活が変化し始めた。明治時代の終盤には，美術で，日本の価値が見直され，日本画，彫刻などが欧米の美術の手法を取り入れ，新たな道を切り開いた。また，ｈ学校教育が普及し，小学校だけでなく，女子教育も重視された。

問９　明治時代の特徴として誤っているものを次の（ア）～（エ）の中から１つ選び，記号で答えなさい。

（ア）ラジオ放送の普及，小説，映画，歌謡，野球などが大衆の娯楽として定着した
（イ）れんが造りの建物が増え，道路には，ランプやガス灯などがつけられた
（ウ）１日を24時間，１週間を７日とする暦を採用した
（エ）福沢諭吉，中江兆民らの思想が広まり，青年に強い影響をあたえた

問10　右の写真Ⅲについて，作者名と作品名の正しい組み合わせを次の（ア）～（エ）の中から１つ選び，記号で答えなさい。

（ア）岡倉天心－「舞姫」

（イ）横山大観－「無我」

（ウ）黒田清輝－「湖畔」

（エ）高村光雲－「老猿」

写真Ⅲ

問11　下線部ｈについて，右の資料は就学率の変化を示したものです。資料を見て，下記の文章の①・②にあてはまる数字として，適当な数字をそれぞれ選び，答えなさい。（完答）

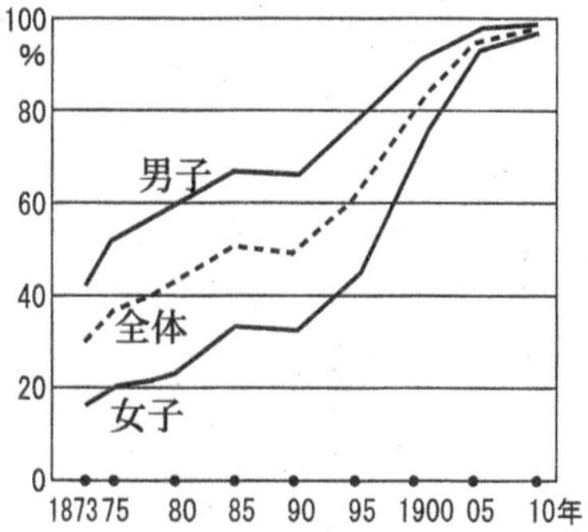

小学校の就学率は，1891年に①（30%　40%　50%　60%）をこえ，さらに，1907年には②（78%　83%　88%　97%）に達した。

問12　教育の広がりとともに，優れた科学者が多く現れました。その中で，黄熱病の病原体を研究した福島県出身の人物を漢字４字で答えなさい。

［４］　次の文章を読み，後の各問いに答えなさい。

私たちはさまざまな社会のなかで共同して生活しています。そのためには一人ひとりの個人を尊重することは，とても大切なことですが，それぞれが自分の都合ばかりを主張し行動していたのでは共同社会は成立しません。

個人を尊重しつつ，一定の社会の決まり（ルール）が必要なのです。私たちの身の回りには，さまざまな種類の決まりがあります。そのなかでも重要になっている決まりの一つが「法」というものです。法の内容は大多数の人々に支持される公正なものでなくてはなりません。それは，法は私たちの共同生活における争いや犯罪，利益や考えの対立による問題などを解決する，明確で客観的な基準となるものだからです。

問１　私たち（日本人）の一生と法（法律）について，成人年齢や婚姻年齢が2022年の４月から改正施行されることとなった法律名を，漢字２字で答えなさい。

問２　問１において，統一して改正される年齢は何歳ですか。数字で答えなさい。

問３　法に基づいて人々の争いを解決することを司法（裁判）と言います。その仕事を担当するのが裁判所です。裁判所について後の問いに答えなさい。

⑴　最高裁判所は全国で１箇所ありますが，その裁判のなかで重要な裁判は15人全員の裁判官からなる何と呼ばれるところで行われますか。漢字３字で答えなさい。

⑵　高等裁判所は全国に８ヶ所あります。岐阜県に一番近い高等裁判所の所在地（市名）を漢字３字で答えなさい。

⑶　日本の裁判制度は一つの事件について３回まで裁判を受けることができます。これを何と言いますか。漢字３字で答えなさい。

⑷　裁判の「傍聴」について正しいものを，次の（ア）～（エ）の中から１つ選び，記号で答えなさい。

（ア）日本の裁判所で行われる裁判であれば，どんな裁判でも傍聴できる

（イ）裁判の傍聴は，録音や撮影，メモを取ることなども禁止されている

（ウ）傍聴を希望する人が多い場合には，先着順で傍聴券が配布される

（エ）裁判は基本的には誰でも個人でも何歳でも傍聴することができる

問４　裁判の原則は，正しい手続きによって公正中立に行われることです。国会や内閣その他の機関が裁判所の活動に干渉してはいけません。これを日本国憲法第76条ではどのように規定していますか。次の文章の（Ａ）と（Ｂ）を補うのに最も適切な語句をそれぞれ漢字２字で答えなさい。

すべて裁判官は，その（　Ａ　）に従い（　Ｂ　）してその職権を行い，この憲法及び法律にのみ拘束される。

問５　日本の刑事裁判において，被疑者や被告人の権利が日本国憲法に基づいて保障されています。その一つとして，警察は「令状」がなければ，原則として逮捕や捜索をすることができません（日本国憲法第33条）。この令状を出すのは誰になりますか。漢字３字で答えなさい。

問６　近年の日本の司法制度改革の必要性の理由に，裁判は利用がむずかしく，費用と時間がかかりすぎるというものがあります。次の表は主な国の人口10万人あたりの弁護士の割合を示しています。この表の中で日本の様子を表したものは①～⑤のどれにあたりますか。次の①～⑤の中から１つ選び，記号で答えなさい。

主な国名	人口１０万人あたりの弁護士の割合
①	８８．６人
②	２０２．１人
③	３７６．０人
④	２４３．３人
⑤	２７．６人

（２０１４年，２０１３年，２０１２年　最高裁判所資料）

代かなづかいに直し、すべてひらがなで書きなさい。

問三　原文中の傍線部①「日もえはからぬ」の本文中の意味として、最も適切なものを次の中から選び、記号で答えなさい。

ア　吉日も選ぶことができない　　イ　日数も数えられない

ウ　太陽の位置も分からない　　エ　天気も予測できない

問四　原文中の傍線部②「白珠」とはだれのことを指していますか。最も適切なものを次の中から選び、記号で答えなさい。

ア　かぢとり　　イ　ひねもす　　ウ　昔の人

エ　船なる人　　オ　ある人

問五　Aの歌とBの歌の説明として、最も適切なものを次の中から選び、記号で答えなさい。

ア　「忘れ貝下りて拾はむ」と「忘れ貝拾ひしもせじ」と、反対の思いが詠み込まれ、女の子の死への感情の深さの違いが際だっている。

イ　二つの歌に共通する心情として、死んでしまった女の子を決して忘れることができない悲しみが込められている。

ウ　Aの歌には、女の子を亡くした悲しみや苦しみを早く忘れて、新たな生活を送りたいという気持ちが込められている。

エ　Bの歌には、女の子をいとしく思う気持ちを大切な形見として、悲しみを克服しようとする思いが込められている。

ア　わたしが利央斗くんを怖がったことの過ちに気づいたことを評価し、わたしの正しい考えをほめてあげようと思ったから。

イ　わたしが利央斗くんを怖がったことは当然のことであると共感し、自分もわたしと同じように怖かったという気持ちを伝えようと思ったから。

ウ　わたしが利央斗くんを怖がったことに同情し、わたしの恐怖心を克服させようと思ったから。

エ　わたしが利央斗くんを怖がったことで自責の念を感じていることを理解し、わたしの気持ちに寄り添おうと思ったから。

オ　わたしが利央斗くんを怖がったことに強く反発し、わたしの間違った考えを直そうと思ったから。

【四】　次の古文の原文と現代語訳を読んで、後の問いに答えなさい。

四日。かぢとり、「今日、風雲の気色はなはだあし。」と言ひて、船出ださずなりぬ。しかれども、ひねもすに波風立たず。このかぢとりは、①日もえはからぬ ａかたゐなりけり。

この泊まりの浜には、くさぐさの ｂうるはしき貝・石など多かり。かかれば、ただ昔の人をのみ恋ひつつ、船なる人の詠める、

Ａ　寄する波うちも寄せなむ我が恋ふる人忘れ貝下りて拾はむ

と言へれば、ある人のたへずして、船の心やりに詠める、

Ｂ　忘れ貝拾ひしもせじ②白珠を恋ふるをだにも形見と思はむ

となむ言へる。女子のためには、親、幼くなりぬべし。「珠ならずもありけむを。」と、人言はむや。されども、「死じ子、顔よかりき。」と言ふやうもあり。

（紀貫之「土佐日記」）

現代語訳

四日。船頭が「今日は風や雲の様子が非常に悪い。」と言って、船を出さないことになってしまった。それなのに、一日中、波も風も立たない。この船頭は、［傍線部①］愚か者であったなあ。

この船着き場の浜辺には、様々な美しい貝や石がたくさんある。そうであるので、ひたすら亡くなった女の子のことだけ恋しく思い出しては、船にいる人が歌った歌、

Ａ　浜辺に寄せる波よ。どうかあの忘れ貝をうち寄せておくれ。そうしたら、私の恋しがっている人を忘れることができるという忘れ貝を浜辺に下りて拾おう。

と歌ったので、ある人がこらえきれないで、船旅の慰めに歌った歌、

Ｂ　私はどんなことがあっても忘れ貝を拾ったりしない。［傍線部②］を恋い慕う気持ちだけでも残してくれた形見として大事に思おう。

と歌った。こんなふうに女の子のためには、親は思慮分別のない幼い子供のようになってしまうようだ。「宝石というほどではなかっただろうに。」と他人は言うだろうか。けれども、「死んだ子供は顔立ちが美しかった。」と言うこともある。

問一　原文である「土佐日記」は平安時代に成立した紀行文的日記であるが、平安時代に成立した文学作品でないものを次の中から選び、記号で答えなさい。

ア　徒然草　　イ　竹取物語　　ウ　枕草子

エ　今昔物語集　　オ　源氏物語

問二　原文中の傍線部ａ「かたゐ」、ｂ「うるはしき」を、それぞれ現

「そんなことないよ、遼子ちゃん」

四葉ちゃんは、わたしが考えていたことがわかったみたいにそう言って、③また手を握ってくれた。

注1 地蔵和讃のご詠歌…幼くして亡くなった子ども達が冥土《めいど》（死後の世）に行き、そこにある三途《さんず》の川の河原（賽《さい》の河原）で、子ども達が塔《とう》を作ろうと小石を積んでいると、鬼がやってきて金棒で小石の塔を崩してしまう。鬼は子ども達が石を何度積んでも崩してしまう。さらに「おまえ達が、父母より先に亡くなったことは、重い罪である」と金棒を振り上げ、子ども達をにらみつけ、激しく責めて去っていく。そのため、子ども達はこの世（生前の世）にいる親を恋しく思い、嘆き悲しみながら、父母を求め、寒風吹く河原をさまようのだが、そこへ地蔵菩薩《じぞうぼさつ》（仏教で信仰されている仏様）があらわれ、「今日からは私を冥土の親と思いなさい」と子ども達を涙ながらに抱き上げ、助けなさるという地蔵菩薩の徳を讃《たた》える歌で、主に仏教の信徒が寺院や霊場を巡《めぐ》る際に歌われた歌。

問一 空欄X～Zに当てはまる最も適切な語を、それぞれ漢字一字で答えなさい。

問二 空欄A～Dに当てはまる最も適切な語を、次の中から選んだとき、使用しないものをひとつ選び、記号で答えなさい。

ア じんわりと　イ ぎゅうっと　ウ そそくさと
エ ひんやりと　オ もやもやと

問三 傍線部a「蔵自体が生きていて、音を鳴らしている」とあるが、このような表現技法を何といいますか。漢字で答えなさい。

問四 傍線部①「ものすごく真剣な表情だった」とあるが、この部分と同じような四葉の様子を表した部分を、本文中から十五字以上二十字以内で抜き出しなさい。

問五 傍線部②「美音は唇をきゅっと結んで、視線をそらした」とあるが、この時の美音の気持ちの説明として、最も適切なものを次の中から選び、記号で答えなさい。

ア 四葉に対する反抗的な態度を遼子に厳しく注意されたことをくやしく思う反面、自分の発言は正しいはずだと思い、納得できなく思う気持ち。

イ 四葉に対する反発を遼子にするどくたしなめられたことに反発すると同時に、自分の言葉の正しさを再度確認して、ふたりを許せないと思う気持ち。

ウ 四葉に対する高圧的な態度を遼子にはっきり注意されたことに納得がいかないと思う反面、自分の発言が言い過ぎだったことを素直に反省する気持ち。

エ 四葉に対する抗議が遼子から的外れだと指摘され、はずかしく思うと同時に、四葉とは目を合わせることができないほど恥ずかしいと思う気持ち。

オ 四葉に対する怒りを遼子にやんわりと抑えられたことをくやしく思う反面、自分の発言が言い過ぎだったと思い、二人に対してうしろめたく思う気持ち。

問六 傍線部③「また手を握ってくれた」とあるが、四葉がこのようにした理由を「わたし」はどのように考えていますか。その説明として、最も適切なものを次の中から選び、記号で答えなさい。

うになった瞬間、どこからか風が吹いた。漂っていた霧のような白い煙がさーっと流される。

突然、すさまじいほどの明るい光が降り注ぎ、わたしは思わず目をつぶった。まぶしくて目を開けていられない。いったいなにが起こっているのだろう。身体の内側が徐々にあたたかくなっていく。そのうちに、身体がふわっと軽くなった。自分の輪郭が空気に溶け出して、肉体の形がなくなっていくような不思議な感じだ。

恐る恐る目を開けると、わたしは黄色い輝きのただなかにいた。眼[Z]に、さっき座っていた階段が見える。足下を見ると、そこは空中だった。驚くことに、わたしは空に浮いているのだった。

あたりを見ると、美音も四葉ちゃんも同じ場所にいた。四葉ちゃんが、わたしを見てにっこりと微笑む。美音はぽかんとした顔できょろきょろしていた。そのとき光が一段とまぶしくなった。思わず手をかざす。

「利央斗っ！」

美音が叫んだ。見れば、目の前に利央斗くんがいる。わたしは喉《のど》が詰まったようになって、声が出ない。利央斗くんは死んだのではなかったか。二年前に亡くなり、わたしはお葬式に参列したのではなかったか。では、ここにいる利央斗くんは誰なのだ？幽霊なのか？

「だあ」

利央斗くんが声を発した。ひいっ。悲鳴をあげるすんでのところで、四葉ちゃんが、

「大丈夫。大丈夫だから心配しないで」

とささやくように言い、わたしの手を取った。その瞬間、不思議なことにすっと緊張が解け、恐怖心が消えていった。四葉ちゃんがわたしの目を見てうなずく。

この状況がありえないということは頭ではわかっている。わたしたちは空中にいて、そして目の前には二年前に死んだはずの利央斗くんがいるのだ。

「利央斗！」

美音が利央斗くんにかけ寄り、抱きしめた。

「利央斗、利央斗、利央斗！」

何度も名前を呼びながら、美音が利央斗くんを膝《ひざ》の上に[D]抱え込む。

「どこにいたの、利央斗！会いたかったよー」

美音が涙ぐみながら叫ぶように言う。利央斗くんは、だーだ、だーだ、と声を出し、にこにこと笑っていた。だーだ、というのは美音のことだ。利央斗くんは、だーだ、しか話せないけれど、今のだーだ、は美音のことだとわかる。

「利央斗お」

美音はわーん、と声をあげて泣きながら、利央斗くんを強く抱きしめた。利央斗くんは、だーだ、だーだ、とうれしそうだ。

美音と利央斗くんを見つめながら、わたしは、ああそうか、と思った。美音が、利央斗くんを怖がるわけがないのだ。美音がずっと会いたかったに違いない、大好きな弟の利央斗くん。たとえ、ここにいる利央斗くんが幽霊だってお化けだって、美音は利央斗くんに会いたかったのだ。利央斗くんを怖がったわたしは、もしかしたらとても浅い人間なのかもしれない。

四葉ちゃんが言う。

「……こんなところに連れてきてなによ」

美音が言った。もう泣いてはいなかったけれど、さっきの怒りの続きなのか、言い過ぎたことへの照れ隠しなのか、突っかかった言い方だった。

「ここに座って」

四葉ちゃんが、階段を指さす。

「こんなほこりっぽいところに座るのいやだ」

美音が言い、わたしは「ぜんぜんほこりっぽくないよ」とかぶせるように言って、美音の目をじっと見つめた。

「いいかげんにしなよ」

と、心のなかで言いながら、それが伝わるといいなと思って見つめた。

②美音は唇をきゅっと結んで、視線をそらした。どうやら伝わったらしい。

美音が四段目に座り、わたしは三段目に座った。

「目をつぶってくれる?」

四葉ちゃんの言葉に、すかさず美音が、なんで?と聞き返したけれど、「み・お・ん」と真剣な声色で名前を呼んだら、[X]をすくめた。

美音が目をつぶったのを確認してから、わたしも目を閉じた。まぶたの裏側の暗闇を見つめていると、おたまじゃくしみたいなものが上下に行き来していた。わたしはおたまじゃくしを追いながら、今見えているこれはいったいなんなんだろうな、と思っていた。目をつぶっているから、このおたまじゃくしは視覚とは関係ないはずだ。前に授業中に目を閉じていたときも、赤や黄色が見えた。いったいまぶたのなかって、どうなっているのだろう。

「大きく息を吸って、ゆっくり息を吐いてみて」

四葉ちゃんの声はなんだかとっても気持ちがよくて、乾いた土に水が染みこんでいくように、[B]心に入り込んでいった。大きく息を吸って、ゆっくりと吐く。心と身体がだんだん落ち着いていく感じがした。

「今会いたい人を頭のなかに思い描いてみて。誰でもいいよ。会いたくても会えない人。話したくても話せない人」

四葉ちゃんが呪文《じゅもん》を[Y]えるみたいに言う。わたしはすぐに思い浮かばなかった。ただ、美音が利央斗くんのことを考えているといいなあと思っていた。

それからどのくらい経ったのだろう。おたまじゃくしのこともわからなくなり、いつしかわたしは空にふわふわ浮いているような心持ちになっていた。

「美音ちゃん。遼子ちゃん。ゆっくりと目を開けてみて」

四葉ちゃんの声がした。わたしはまだ目を閉じていたかったけれど、ゆっくりとしずかにまぶたを持ち上げた。美音も同じようにするのがわかった。

「ちょっとだけ目線を上げてみて」

言われて、その通りにしてみた。階段の前の空間。その天井付近に霧がかかっていた。[C]白い煙みたいなものが漂っている。さっきまでなにもない空間だったのに、どうして……?

頭のなかが恐怖でいっぱいになる。あの白い煙が、今にも人の形になりそうで、怖くて目をそらしたいのに、なぜか見つめてしまうのだ。怖い。なにがはじまるというのだろう。怖い怖い怖い。今にも叫び出しそ

更に、生前、寝ている弟に向かい、「いなくなっちゃえばいい」と言ったから、弟は死んだのだと自らを責める美音に、四葉は慰めの言葉をかける。しかし、その言葉を適当な慰めの言葉だと受け取った美音は、四葉に怒りをぶつけながら取り乱す。以下はそれに続く部分である。これを読み、後の問いに答えなさい。

「帰ろう」
と言おうとしたとき、四葉ちゃんがいきなり立ち上がった。
「来てほしいところがあるの」
「え?」
「二人ともわたしについてきて」
いつもとは違う四葉ちゃんの様子に驚いた。①ものすごく真剣な表情だった。四葉ちゃんが部屋を出て、すたすたと歩いていく。
わたしは美音の手を取った。ひどいことを言ってしまったという自覚があるのか、美音は無言のまま、逆らわずにおとなしくついてきた。四葉ちゃんが靴を履く。外に出るらしい。
「どこに行くの?」
「蔵よ」
四葉ちゃんは、わたしたちを強い視線で見据えて言った。
わたしはお父さんから聞いた話を思い出していた。幽霊屋敷と言われたゆえんの蔵。子ども時代、お父さんの友達が、亡くなったお母さんに会ったという蔵。
鼓動が速まる。なにかとてつもないことが起こってしまうのではないかという予感があった。
外は雨が降り続いていた。自分たちの声が聞こえないくらい、ザーザーザーザーと雨音が強く立っている。わたしたちはそれぞれ傘をさして、四葉ちゃんのあとについていった。
蔵の白壁は、雨に濡れてあざやかに際立っていた。妙に生々しくて、この蔵だけが別世界から運び込まれたもののようだった。
四葉ちゃんが傘をたたみ、閂《かんぬき》を開けて扉に手をかける。観音開きの扉はかなり重いようで、わたしたちも傘をたたんで手伝った。ぐぐぐっ、と音がして右側の扉が開いた。四葉ちゃんがなにか言ったけれど、雨の音で聞き取れなかった。ん?　と言って顔を突き出すと、
「普段あんまり開けることはないの」
と、わたしの耳に顔を近づけて言った。促されてなかに入る。四葉ちゃんが内側から扉を閉めた。また、ぐぐぐっ、と音がした。a蔵自体が生きていて、音を鳴らしているような錯覚を覚える。
蔵のなかは［A］気持ちよかった。温度は外とあまり変わらないようだけれど、湿度が低い気がした。梅雨に入って感じていた、肌がべたつくような感覚はない。
物はほとんど置いてなくて、がらんとした空間だった。雨で、外はいつもより薄暗かったけれど、それでも外からの光が、蔵の明かり取りのガラス越しに入ってきて、ちょうどいい明るさになっていた。眠ってもいいし、本を読んでもよさそうな光の加減だ。
蔵の奥に木の階段があって、二階に続いているようだった。
「やっぱりお宝はないんだね」
わたしはわざとそう言って、おどけた。
「なかにあったものは、ずいぶん昔にみんな処分しちゃったみたい」

チャンも、愛されたい一心で、美少年になること、強く、賢くなることを願った。それらの願いのかなうところは所詮《しょせん》ファンタージェンの国、ファンタジー（空想）の国でしかなく、したがってその姿は［A］のものでしかなかった。しかも、一つの〝ありもしない姿〟になる度に、彼は記憶を一つずつ失い、自分が来たところ——現実から遠ざかってゆくのであった。自分が誰であるかさえ忘れかけた彼を、非現実の世界から現実、人間界へと戻らせたものが、「愛したい」という願いであったということは、愛がいかに現実的なものであるかということを教え、［Z］、自分自身を愛することこそが、人間であることの根本的な条件であることを教えてくれる。

（渡辺和子「あなただけの人生をどう生きるか」）

注 1 如何…「どのようであるか」ということ。

 2 遍歴…あちらこちらとめぐり歩くこと。

問一 傍線部①「ファンタージェンの国」とはどのような世界だと筆者は考えているか。本文中から六字で抜き出しなさい。

問二 傍線部②「すらりとした美少年になること」とはどのようなことだと筆者は考えているか。その説明となる言葉を本文中から十五字以内で抜き出しなさい。

問三 空欄X～Zに入る最も適切な言葉を、それぞれ次の中から選び、記号で答えなさい。ただし、同じ記号をくり返し用いてはならない。

ア たとえば　イ つまり　ウ ところが
エ しかも　オ あるいは

問四 傍線部③「強いもの、賢いものでありたい」とバスチャンが思った理由を、本文中の言葉を用いて十五字以上二十字以内で答えなさい。

問五 空欄Aを補うのに最も適切な言葉を、次の中から選び、記号で答えなさい。

ア 願望　イ 真実　ウ 虚構　エ 現実　オ 虚偽

問六 本文中で筆者が述べていることとして、最も適切なものを次の中から選び、記号で答えなさい。

ア 人間は最初に他人に優しくすることによって、理想的な自分になれる。
イ 人間はありのままの姿に自信を持つことで、他人からも愛されるようになる。
ウ 人間はありのままの自分を受け容れることでのみ、以前より成長できるようになる。
エ 人間は理想的でない自分を受け容れることで初めて、他人にも優しくなれる。
オ 人間は理想的でない自分を見つめ直して省みることで、成長できるようになる。

［三］ 次の文章は、椰月美智子《やづきみちこ》の小説「つながりの蔵」の一節である。小学五年生の夏、幼馴染《なじみ》の遼子《りょうこ》（わたし）と美音《みおん》は、同級生の四葉《よつは》と仲良くなり、四葉の家でよく遊ぶようになった。四葉の家は古い蔵があり、幽霊屋敷といううわさが立つほど大きな家だった。ある日、四葉の誘いで、遼子と美音は四葉のひいおばあちゃんから注1地蔵和讃《じぞうわさん》のご詠歌《えいか》を教えてもらう。これを知った美音は、三年生の夏に亡くなった、五歳の弟、利央斗《りおと》を思い出し、悲しさが募って泣き始める。

められてばかりいた少年は、ライオンはおろか騎士たちを従える勇者になることを願い、勉強のできなかった彼は、どんな難しい事態も解決する賢者になることを願う。そしてそれらの願いは一つひとつかなえられてゆく。

[X]、アウリンは一つの望みをかなえるごとに一つの記憶を奪うメダルでもあった。バスチャンはいつしか、自分がかつて住んでいた人間界のこと、学校のこと、父親のことを忘れ、果ては、自分の名前、つまり自分が誰であったかということまで忘れてしまう。そんな少年に、後一つだけ願うことが許されていた。その願いの注1如何《いかん》によっては、彼は最後の記憶を失って永遠に人間界へ戻れなくなるかもしれない。だから最後の望みは「本当にほしいもの、真の意志」でなければならなかった。

最後の望みを何にしようかと考えめぐらすバスチャンは、その時「もはや、もっとも偉大なもの、③強いもの、賢いものでありたい」とは思わず、そういうものと関係なく「あるがままに愛されたい」と願うようになっていた。そして、バラの花の咲き乱れる森の小道を通って「変わる家」にたどりついたバスチャンは、そこでほんとうにほしいものを見出す。それはあらゆる点で、これまでの望みとはぜんぜん違う欲求、「愛したい」という欲求であった。

この望みとともにバスチャンは変わる。まず姿が、もとのままの小さくて太っちょの自分に戻ってしまうのだ。しかし、もっと変わったことに、バスチャンは、その自分を愛せるようになったのだ。そして彼は、「生きる悦《よろこ》び、自分自身であることの悦びにあふれた」のであった。バスチャンは悟る。「世の中に悦びの形は何千何万とあるけれども、それはみな、結局のところたった一つ、愛することができる悦びなのだ。愛することと悦び、この二つは一つ、同じものなのだ」

六百ページにも及ぶ『はてしない物語』は一見SF小説的である。しかし、それを貫くテーマは〝愛〟であり、一人の男の子が〝自分自身を悦びとする〟[Y]、ありのままの自分が愛せるようになる注2遍歴の物語といってよい。私たち一人ひとりの人生の旅も結局、自分自身への旅でしかない。空想の自分から現実の自分へ立ち戻り、その自分を愛してゆく旅である。

優しさということを考える時、私たちはとかく「他人」に優しくすることばかり考えて、それ以前に「自分」に優しくすることを忘れがちである。「どうしてお前は、もっと他人に優しくできないのか」と自分を責めたりしている。しかしながら、他人に優しくできるためには、まず自分自身に優しくならなければならないのだ。それは決して、自分に甘い点をつけるとか、いい加減に生きるということではなく、ましてや利己的に生きることでもない。それはどんなに惨《みじ》めな自分も、それを受け容《い》れてゆくということである。

「我ながら呆《あき》れる」ことや「まったく嫌になる自分、愛想のつきる私」というものが必ずある。あるのが当たり前である。誰しも「惚《ほ》れぼれする自分」であったらどんなにいいかと思いながら生きている。しかし現実は、期待に添っていない自分を見出すことの何と多いことか。そんな自分に失望することなく、そんな自分を否定したり、いじめたりすることなく、「お前は馬鹿だね」と話しかけながら仲良く暮らしてゆくことが、自分への優しさなのである。

愛されようとして、ありもしない姿に見せかけることがある。バス

【国　語】（四〇分）〈満点：一〇〇点〉

【注意】字数を指示した解答については、句読点、かぎ（「」）も一字に数えること。問題の作成上、表記を一部改めたところがある。

【一】次の問いに答えなさい。

問一　次の（1）から（6）の傍線部について、（1）から（3）は読みを答え、（4）・（5）は漢字に改め、（6）は漢字と送り仮名に改めなさい。

（1）任務を遂行する。
（2）家賃の納入が滞る。
（3）日本は石油資源に乏しい。
（4）左右タイショウの図形を描く。
（5）朝顔をサイバイする。
（6）イチジルシイ変化を伴う。

問二　次の故事成語の意味として、最も適切なものを次の中から選び、記号で答えなさい。

（1）蛇足　　（2）塞翁《さいおう》が馬

ア　理屈として二つの事柄のつじつまが合わないこと。
イ　苦労して学問を積み、立身出世をすること。
ウ　人生の幸不幸は予測できないものだというたとえ。
エ　事を完成するために最後に加える大切な仕上げを怠ること。
オ　心配しなくても良いことを心配すること。
カ　助けがなく、まわりが敵・反対者ばかりであること。
キ　余計なつけたし。

問三　次の文はいくつの単語からできているか。漢数字で答えなさい。

いくら話しても、信頼を得られなかった。

問四　次の文章中から、活用のない自立語で主語とならず、主に連用修飾語となる品詞に分類される語を一つ、そのまま抜き出しなさい。

A君の意見の長所はよく分かっていた。しかし、私はあくまで反対の意志を表明し続けるつもりでいた。

【二】次の文章を読み、後の問いに答えなさい。

今年のはじめであったか、西独作家ミヒャエル・エンデの本『はてしない物語』がNever Ending Storyとして映画化され、話題を呼んだ。三年前にこの本の日本語訳が出た時にも読んだのだけれども、この際もう一度読んでみた。

あるところにファンタージェンという国があって危機に見舞われている。国内に虚無が広がりはじめ、女王「幼ごころの君」の病いは重い。この状況を救うことができるのは、人間界から来て、女王に新しい名を奉《たてまつ》る者でしかない。

かくて、一人の少年バスチャンが人間界から訪れ、「月の子《モンデンキント》」という名を奉ることによって、①ファンタージェンの国は救われ、その礼として少年は、「幼ごころの君」からアウリンという不思議なメダルを授けられるのである。

（中略）

さて、不思議なメダルは、それを持つ者の望みをかなえるメダルであった。小さくて太っちょのバスチャンが一番先に願ったのは他でもない、②すらりとした美少年になることであった。次に、気の弱い、いじ

MEMO

大切なことはメモしておこうネ！

2019年度

解　答　と　解　説

《2019年度の配点は解答欄に掲載してあります。》

＜数学解答＞

[1]　(1)　9　　(2)　$-12x^3y^2$　　(3)　$\dfrac{x+11y}{15}$　　(4)　$14\sqrt{2}$

[2]　(1)　$x=-2\pm\sqrt{7}$　　(2)　火曜日　　(3)　8　　(4)　20.19

[3]　(1)　$y=5x$　　(2)　$y=-5x+60$　　(3)　$y=20$　　(4)　10回

[4]　(1)　(ア)　$x+y$　　(イ)　$-7x+9y$　　(2)　(A斜面)　1080m　　(B斜面)　910m

[5]　(1)　△ACD　　(2)　62度

[6]　(1)　5　　(2)　4

○推定配点○

[1]～[3]　各5点×12　　[4]　各6点×2　　[5]，[6]　各7点×4　　計100点

＜数学解説＞

基本　[1]　(数・式の計算，平方根の計算)

(1)　$-3^2+(-5)^2-7=-9+25-7=25-9-7=25-16=9$

(2)　$-36x^5y^3\div3x^2y=-12x^3y^2$

(3)　$\dfrac{2x+y}{3}-\dfrac{3x-2y}{5}=\dfrac{5(2x+y)-3(3x-2y)}{15}=\dfrac{10x+5y-9x+6y}{15}=\dfrac{x+11y}{15}$

(4)　$10\sqrt{2}-(\sqrt{18}-\sqrt{98})=10\sqrt{2}-3\sqrt{2}+7\sqrt{2}=(10-3+7)\sqrt{2}=14\sqrt{2}$

[2]　(2次方程式，数の性質，1次方程式，数の計算)

(1)　$x^2+4x-3=0$　　2次方程式の解の公式から，$x=\dfrac{-4\pm\sqrt{4^2-4\times1\times(-3)}}{2}=\dfrac{-4\pm\sqrt{28}}{2}=\dfrac{-4\pm2\sqrt{7}}{2}=-2\pm\sqrt{7}$

(2)　12月は31日あるので，$31-7\times4=3$から，5回ずつあるのは3つの曜日になる。火と金が4回ずつあることから，火から金までは4回ずつで，土，日，月は5回ずつあることになる。1日は土曜日になるので，$25\div7=3$あまり4から，25日は，火曜日になる。

(3)　アをxとすると，$\dfrac{1}{3}+\dfrac{2}{x}=\dfrac{2}{3}\times\dfrac{7}{x}$　　$\dfrac{x+6}{3x}=\dfrac{14}{3x}$　　$x\neq0$から，$x+6=14$　　$x=8$

(4)　$201.9\times\dfrac{1}{16}+20.19\times\dfrac{3}{8}=20.19\times\dfrac{10}{16}+20.19\times\dfrac{3}{8}=20.19\times\left(\dfrac{5}{8}+\dfrac{3}{8}\right)=20.19\times\dfrac{8}{8}=20.19\times1=20.19$

[3]　(1次関数の利用)

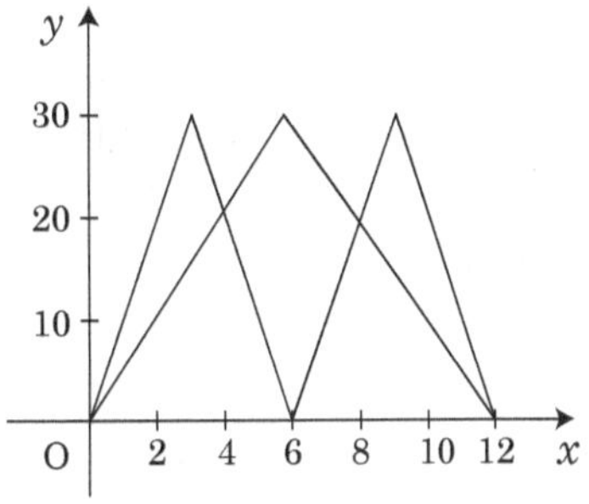

基本　(1)　$0\leqq x\leqq6$で，$y=\dfrac{1}{2}\times AC\times PO=\dfrac{1}{2}\times10\times x=5x$

(2)　$6\leqq x\leqq12$で，$y=\dfrac{1}{2}\times10\times(12-x)=5(12-x)=60-5x=-5x+60$

重要　(3)　$0\leqq x\leqq3$で，$\triangle QAC=\dfrac{1}{2}\times10\times2x=10x$　　$3\leqq x\leqq6$で，$\triangle QAC=\dfrac{1}{2}\times10\times(12-2x)=5(12-2x)=-10x+60$

グラフより，△PACと△QACの面積が最初に等しくなるの

は，$3 \leqq x \leqq 6$のときだから，$5x=-10x+60$　$15x=60$　$x=4$　よって，$y=5\times4=20$

(4)　グラフより，12秒間で2回面積が等しくなるので，1分間では，$60\div12=5$から，$2\times5=10$(回)

[4]　**(連立方程式の応用問題)**

基本　(1)　距離の関係から，$x+y=1990$　時間の関係から，$\frac{x}{9}+10=\frac{y}{7}$　両辺を63倍して，$7x+630=9y$　$-7x+9y=630$

(2)　$x+y=1990$…①　$-7x+9y=630$…②　①×9−②から，$16x=17280$　$x=1080$　これを①に代入して，$1080+y=1990$　$y=1990-1080=910$　よって，A斜面は1080m，B斜面は910m

[5]　**(平面図形の計量問題－三角形の合同，円の性質，角度)**

(1)　△ABEと△ACDにおいて，仮定から，AB=AC，BE=CD　弧ADに関する円周角から，∠ABE=∠ACD　よって，2辺とその間の角がそれぞれ等しいことから，△ABE≡△ACD

重要　(2)　△ABE≡△ACDから，∠BAE=∠CAD，AE=AD　∠EAD=∠EAF+∠CAD=∠EAF+∠BAE=∠BAC=56°　△AEDは二等辺三角形だから，$\angle AED=\frac{180^\circ-56^\circ}{2}=62^\circ$

[6]　**(平面図形の計量問題－平行線と線分の比の定理)**

(1)　平行線と線分の比の定理から，AE：EC=AD：BC=8：24=1：3　$AE=AC\times\frac{1}{1+3}=20\times\frac{1}{4}=5$

重要　(2)　EC=AC−AE=20−5=15　PQ=xとすると，QR=$2x$　平行線と線分の比の定理から，QR：BC=ER：EC　$2x:24=ER:15$　$ER=\frac{30x}{24}=\frac{5x}{4}$　PR：BC=AR：AC　$3x:24=(5+ER):20$　$x:8=\left(5+\frac{5x}{4}\right):20$　$20x=8\left(5+\frac{5x}{4}\right)=40+10x$　$10x=40$　$x=4$

★ワンポイントアドバイス★

[5](2)では，△AEDがAE=ADの二等辺三角形になることを見抜くことがポイントである。三角形の合同から，等しい角や線に印をつけるようにしよう。

＜英語解答＞

〔1〕　1　① spent　⑧ interested　2　ウ　3　ウ　4　was not able to　5　⑤ エ　⑨ ウ　6　throw　7　It isn't easy to keep the mountains clean　8　some ~ sea　9　got [gotten / become] (much) worse　10　イ

〔2〕　1　(1)　エ　(2)　オ　(3)　イ　(4)　ア　(5)　ウ　2　Did you do something bad(?)　3　エ　4　ウ

〔3〕　1　エ　2　イ　3　ウ　4　エ　5　イ

〔4〕　1　イ　2　ウ　3　エ　4　ア　5　ア

〔5〕　(3番目，5番目の順)　1　ウ，エ　2　オ，エ　3　ア，イ　4　カ，オ　5　キ，ウ

〔6〕　1　best [more]　2　There are [We have]　3　more difficult [not easier]

4　Don't　　5　is spoken

〔7〕　1　(f)amous　　2　(p)opular　　3　(a)mong　　4　(S)eptember

5　(c)heer

〔8〕　1　イ　　2　イ　　3　ウ　　4　ウ　　5　ウ

○推定配点○

各2点×50(〔1〕4・8・9，〔5〕，〔6〕2・3・5は各完答)　　計100点

＜英語解説＞

〔1〕　**(長文読解問題・説明文：語形変化，不定詞，語句補充，語句整序，内容吟味)**

(全訳)　私は夏休みに叔父とキャンプに行きました。私たちは山の中の人里離れたキャンプ場で5日間①過ごしました。叔父はキャンプのことをよく知っていたので，キャンプで②するべきことをたくさん教えてくれました。私は夕食の③作り方を学んだことが特にうれしかったです。

私は川で釣りを楽しんだり，山を歩いたり，絵を描いたりなどして楽しみました。私はまた，カナダの高校生にも会い，友達になりました。私は英語を上手に④話せませんでしたが，楽しい時間を過ごしました。私は，新しい人たちに会えてうれしいと思いました。夜はとても静かでした。夜空は星で⑤いっぱいでした。それらは都市でよりもずっと明るかったです。私は叔父と星について話しました。私はキャンプでテレビやスマートフォンなしの静かな一週間を楽しみました。

私たちはキャンプ場を歩いているとき，小道に缶やペットボトルを見つけました。叔父は私に「ゴミを⑥捨てるべきではないし，自然をもっと気にするべきだ。」と言いました。私はそれは大きな問題だと思いました。私たちはキャンプ中によくゴミを拾いました。⑦山をきれいに保つのは簡単ではありませんが，私たちには常にするべきことがもう一つあります。私たちはゴミを家に持ち帰るべきです。

私は山でのキャンプの後，環境問題に⑧興味を持つようになりました。先日，私はテレビ⑨でニュースを見ました。報告書によると，海に浮かぶプラスチック片を飲み込むため，病気になったり死んだりする海の動物もいるといいます。私はそれを見てショックを受けました！　⑩一部の大手コーヒーチェーン店では，プラスチックの使用を減らすためにプラスチックストローの使用を避けることにしたと聞いています。海の環境も以前より⑪ずっと悪くなってきました。私は将来，自然を守るために働きたいです。

1　①　spend の過去形は spent である。　⑧　<become interested in ~>で「~に興味を持つ」という意味を表す。

2　形容詞的用法の不定詞を選ぶので，ウが正解。ア＝前置詞，イ＝名詞的用法，エ＝副詞的用法。

3　<how to ~>で「~する方法(仕方)」という意味を表す。

4　<be able to ~>は<can ~>と同じように「~できる」という意味を表す。

5　⑤　<be full of ~>で「~でいっぱいだ」という意味を表す。　⑨　on TV は「テレビで」という意味を表す。

6　throw away は「捨てる」という意味を表す。

7　<it is ~ to …>で「…することは~である」という意味になる。<keep A B>で「A を B のままにしておく」という意味になる。

8　直前の文に，プラスチックストローによって海の動物が病気になったり死んだりするという内容が書いてある。

9　bad の比較級形は worse である。

重要 10 ア 「明はキャンプについてよく知っていたので，それについて何かを学ぶ必要がなかった。」キャンプについてよく知っていたのは叔父なので，誤り。 イ 「山でのキャンプは明に，環境を守ることについて考える機会を与えた。」 明は山の中で缶やペットボトルが捨てられているのを知り，山の環境について考えるようになったので，正解。 ウ 「明が夜にキャンプで星を見たとき，それらは都会で見るほど明るくなかった。」「それらは都市でよりもずっと明るかった」とあるので，誤り。

〔2〕 **(会話文問題：語句補充，語句整序，内容吟味)**

(全訳) ボブ　：ABC ミュージアムがモネ展を開催しているのを知っていますか?

ケンタ：いいえ，知りませんでした。ところで，あなたは絵を描くのが好きなんですね。あなたはそれを見に行くのですか。

ボブ　：もちろんです。しかし，次の日曜日までだけ，開催されます。

ケンタ：次の日曜日ですか？　あと3日しかありません。

ボブ　：ねえ，(1)いい考えがあります。ぼくと一緒に博物館に行きませんか。

ケンタ：(2)面白そうですね。ぼくは，関市のモネの池に行ったのですが，モネの作品は見たことがありません。でもぼくは博物館の良い思い出があまりありません。

ボブ　：(3)どういう意味ですか。

ケンタ：去年博物館を訪れた時，私は困りました。

ボブ　：ア何か悪い事をしたのですか。

ケンタ：まさか。(4)何だと思いますか。

ボブ　：絵に触れたのですか。

ケンタ：まさか！　私はそんなにおろかではありません。そんなことをするはずがありません。

ボブ　：では大声で話しましたか，あるいは携帯電話を使ったとか。

ケンタ：いいえ！　私はそれが他の人を不快にさせることを知っています。私は静かにしていました。

ボブ　：うーん，(5)わかりません。何をしましたか。

ケンタ：私は歩いていて，ガムを噛んでいました。

ボブ　：うわー。それでトラブルになったのですか。

ケンタ：私は顔がイ赤くなりました。ガムを噛むということ自体，時には他の人々の邪魔になります。次はもっと注意します。

ボブ　：そうですね。公共の場所ではよいマナーを持たねばなりません。

1 全訳参照。

2 something に形容詞をそえるときには，<something ＋形容詞>の語順にする。

3 恥ずかしいことをしたので「赤面」することになる。

4 ア モネの池を訪れたことがあるのはケンタなので，誤り。 イ 日曜日まであと3日しかないと言っているので，誤り。 ウ ケンタの7番目の発言に合うので，正解。 エ 文中に書かれていない内容なので，誤り。 オ 文中に書かれていない内容なので，誤り。

〔3〕 **(会話文問題：語句補充)**

1 A：もしもし，ブラウンの店です。

B：私の名前はケン・タナカです。ブラウンさんをお願いできますか。

A：すみません。彼は今外出しています。彼は5時にもどってきます。

ア「私です。」，イ「少々お待ちください。」，ウ「伝言をおあずかりしましょうか。」

2 A：日曜日は忙しいですか。映画に行きましょう。

B：すみませんが，行けません。母親と買い物に行く予定です。

ア「いいですね。」，ウ「その映画は面白かったです。」，エ「はい，行きましょう。」

3 A：このシャツはいいですね。これをもらいます。いくらですか。

B：6,000円です。

ア「着てみてもいいですか。」，イ「見ているだけです。」，エ「これの他の色はありますか。」

4 A：この箱は私が運ぶには重すぎます。手伝ってもらえますか。

B：もちろんです。

ア「いらっしゃいません。」，イ「あなたは私を手伝いません。」，ウ「私はあなたを手伝えません。」

5 A：ボブは病気で寝ているので，今日は学校に来られません。

B：それはお気の毒に。すぐによくなることを願います。

ア「あなたは大丈夫ですか。」，ウ「それはすごい。」，エ「あなたは薬を飲むべきです。」

〔4〕 **(語句補充問題：代名詞，前置詞，比較，慣用表現，関係代名詞)**

基本 1 「ショーとミキは図書館で彼らの宿題をしています。」 they の所有格は their である。

2 「私が電車の切符を買いましょう。もどるまでここにいてください。」 until は「～までずっと」という意味を表す。

3 「ロシアは世界で一番大きい国です。」 最上級の文なので<the ＋最上級形>の形になる。

4 「私はサンドイッチ，カレーそして寿司を作りました。どうぞご自由に食事をしてください。」 <help yourself to ～>で「(飲食物を)自由に取って食べる(飲む)」という意味を表す。

5 「これはエミリーが日本で撮った写真です。」 Emily took in Japan という部分が picture を修飾するので，目的格の関係代名詞を使う。

〔5〕 **(語句整序問題：現在完了，不定詞，動名詞，助動詞，受動態)**

1 How many times have you been to (Gifu ?) <have been to ～>で「～へ行ったことがある」という意味になる。

基本 2 (I) must study English hard to go abroad(.) 不定詞の副詞的用法は「～するために」という意味で目的を表す。

3 (My father) liked playing baseball when he was young(.) <like ～ ing>で「～するのが好きだ」という意味になる。

4 (I) would like to have a cup of coffee(.) <would like to ～>で「～したい」という意味を表す。

5 (Japanese anime and manga) are enjoyed by people all over the world(.) 受動態の文なので<be 動詞＋過去分詞>という形にする。

〔6〕 **(書き換え問題：比較，there，助動詞，受動態)**

1 「あなたの好きな色は何ですか。」→「あなたは何色が一番好きですか。」「～が一番好きだ」という意味を表す<like ～ the best>を使う。

2 「私たちの町には訪れるべき場所がたくさんあります。」 <there is (are)～>は「～がある」という意味を表す。

3 「問題Bは問題Aより容易です。」→「問題Aは問題Bより難しいです。」「難しい」は difficult で，more を使って比較級にする。

4 「あなたはここで泳いではいけません。」 <must not ～>は「～してはならない」という禁止の意味を表すので，Don't から始まる命令文と書き替えることができる。

5 「その国では人々は何語を話しますか。」→「その国では何語が話されますか。」 受動態の文なので<be 動詞＋過去分詞>という形にする。

〔7〕 **(語句補充問題)**

あなたはラグビーを知っていますか。日本では野球やサッカーほど①有名ではありませんが，ヨーロッパやオセアニアの国々ではとても②人気のあるスポーツです。特に，ニュージーランドでは，それはあらゆる年代の③間で多くの人々に愛されています。

④9月20日から11月2日まで，日本の12の都市でラグビーワールドカップが開催されます。これはアジアの国では最初のワールドカップです。この秋，多くのラグビーファンが自分のチームを⑤応援するために日本に来るでしょう。

〔8〕 リスニング問題解説省略。

★ワンポイントアドバイス★

〔5〕の1には<have been to ～>が使われている。「～へ行ってしまった」という完了の意味を表すときは<have gone to ～>を使い，「～にずっといる」という継続の意味を表すときは<have been in ～>を使う。

＜理科解答＞

〔1〕 問1 (イ)，(エ)，(カ)，(ク)　問2 ① 胞子　② シダ植物　③ ある
問3 A 胚珠　B 花粉のう　問4 (エ)，(キ)，(ケ)　問5 (オ)　問6 道管
問7 (イ)　問8 (ア)，(エ)

〔2〕 問1 銅 (イ)　マグネシウム (ア)　問2 (ア)，(エ)，(オ)
問3 $2Cu+O_2 \rightarrow 2CuO$　問4 酸化　問5 0.8g　問6 4.5g　問7 2：3

〔3〕 問1 2A　問2 1：2　問3 Y, X, W, Z　問4 20V　問5 4.0Ω
問6 300J　問7 1176J　問8 0.6℃

〔4〕 問1 ① 熱帯　② 上昇　③ 偏西風　④ 東　⑤ 冷た　⑥ 温帯
a 17　問2 B　問3 (ア)　問4 ① 水滴　② H　③ 露点

○推定配点○

〔1〕 問2，問3 各2点×5　他 各3点×6　〔2〕 各3点×8　〔3〕 各3点×8
〔4〕 各2点×12　計100点

＜理科解説＞

〔1〕 **(植物の種類と生活－植物の分類)**

問1 (ア)・(ウ)・(オ)・(キ)・(ケ)はシダ植物，(コ)はコケ植物で，これらは花が咲かず種子をつくらない。なお，(ア)の胞子を出す部分はツクシという名前で知られる。(ケ)は温暖な地域に生息する大型のシダである。種子植物は，(エ)が裸子植物，(イ)が被子植物の単子葉類，(カ)(ク)が被子植物の双子葉類である。

問2 シダ植物やコケ植物は，花が咲かないので種子をつくることができず，胞子で殖える。このうちシダ植物には，根・茎・葉の区別があり，体の中で水や養分を通す維管束が発達している。

問3 図1の左の図は雌花であり，Aは子房に包まれていない胚珠である。図1の右の図は雄花であ

り，Bは花粉をつくる部分である。

重要 問4　マツは種子植物のうちの裸子植物の一種である。雄花と雌花は同じ木にできるが，花弁(花びら)やがくはなく，子房もないので，果実はできない。春から夏に花が咲き，軽い花粉は風によって運ばれる。受粉したあと，受精して雌花の胚珠が種子になるのは1年以上あとの翌年の秋である。そのため，前年の雌花が残り，まつかさとよばれる。

問5・問6　ホウセンカは双子葉類で，茎の内側に道管，外側に師管が，輪のように並んでいる。赤く着色した水は道管を通るので，(オ)が赤く染まる。(エ)の師管は染まらない。

問7　倍率が高いほど，対物レンズが長いので，プレパラートとの距離は近くなる。

重要 問8　(ア)正しい。エンドウは双子葉類である。(イ)誤り。イネは単子葉類で，子葉は1枚である。(ウ)誤り。イチョウは裸子植物なので子房がなく果実はできない。ぎんなんは種子である。(エ)正しい。サツキはツツジのなかまで双子葉類である。(オ)誤り。タンポポは多数の花が集まって，まるで1つの花のように見える。1つの花の花弁は5枚がくっついており，合弁花類である。

[2]　**(化学変化と質量－金属の酸化)**

問1　銅を加熱してできる酸化銅は黒色である。マグネシウムを加熱してできる酸化マグネシウムは白色である。

問2　銅やマグネシウムを加熱したとき，空気中の酸素と結びつく。酸素は空気中の21%を占め，水に溶けにくい。酸素中では線香が炎を上げて燃える。しかし，酸素そのものは燃えない。

重要 問3　銅Cuは，酸素と結びついて酸化銅CuOになる。ただし，酸素は分子O_2なので，化学反応式では，銅Cuを2個にする。酸化銅CuOも2個できる。

問4　物質が酸素と結びつく反応を，酸化という。

やや難 問5　1.2gの銅から，最終的に1.5gの酸化銅ができているので，結びつく銅と酸素の質量の比は，1.2：0.3＝4：1である。1回加熱したときは，1.2gの銅が1.3gになったのだから，結びついた酸素は0.1gだけである。だから，反応した銅は，4：1＝x：0.1　より，x＝0.4gである。よって，反応せずに残っている銅は，1.2－0.4＝0.8(g)である。

問6　1.8gのマグネシウムから，最終的に3.0gの酸化マグネシウムができているので，マグネシウムと酸化マグネシウムの質量の比は，1.8：3.0＝3：5である。マグネシウムを2.7gにしたときにできる酸化マグネシウムの質量は，3：5＝2.7：x　　より，x＝4.5gである。

やや難 問7　問5，問6のことから，反応前後の質量比は，銅：酸化銅＝4：5，マグネシウム：酸化マグネシウム＝3：5と分かる。混合物のうち，銅がx〔g〕，マグネシウムがy〔g〕とすると，混合物の質量は，$x+y=6.8$であり，加熱後の質量は，$\frac{5}{4}x+\frac{5}{3}y=10.0$である。この2式を連立方程式とみて解くと，$x$＝3.2g，$y$＝3.6gである。加熱後の質量は，$\frac{5}{4}\times3.2=4.0$(g)，$\frac{5}{3}\times3.6=6.0$(g)であり，その比は，4.0：6.0＝2：3である。

[3]　**(電力と熱－回路と発熱量)**

問1　電熱線aの抵抗は，$\frac{20\text{V}}{1.6\text{A}}=12.5\Omega$である。25Vのときの電流は，$\frac{25\text{V}}{12.5\Omega}=2.0\text{A}$となる。

問2　電熱線bの抵抗は，$\frac{30\text{V}}{1.2\text{A}}=25\Omega$である。抵抗の比は，12.5：25＝1：2である。

重要 問3　図2では，どちらの電熱線にも30Vの電圧がかかるから，Xに流れる電流は，$\frac{30\text{V}}{12.5\Omega}=2.4\text{A}$，Wに流れる電流は$\frac{30\text{V}}{25\Omega}=1.2\text{A}$であり，Yに流れる電流はそれらの合計で2.4＋1.2＝3.6(A)である。一方，図3では，回路全体の抵抗が12.5＋25＝37.5(Ω)だから，Zに流れる電流は$\frac{30\text{V}}{37.5\Omega}=0.8\text{A}$である。よって，大きい順に並べれば，Y(3.6A)，X(2.4A)，W(1.2A)，Z(0.8A)である。

問4　問3で求めたように，図3の回路に流れる電流は0.8Aだから，電熱線bに両端にかかる電圧は，0.8A×25Ω＝20Vである。

問5　実験1より，電熱線cの抵抗は，$\frac{2.0\mathrm{V}}{0.5\mathrm{A}}$＝4.0Ωである。実験2や実験3でも同じ答えが出る。

重要　問6　実験1で，電力は2.0V×0.5A＝1.0Wである。これが300秒間続いたので，発熱量は1.0W×300秒＝300Jである。

問7　実験2では，100gの水の温度が2.8℃上がっているので，吸収した熱量は100×2.8×4.2＝1176(J)である。

問8　実験3を見ると，電圧計が6.0Vのとき，上昇温度は6.3℃である。これは，水が100gで5分間のときの結果である。水を200gにすると，温度の上がり方は2分の1になる。また，時間を1分間にすると，温度の上がり方は5分の1になる。だから，問題の条件での上昇温度は，6.3÷2÷5＝0.63であり，四捨五入により0.6℃となる。

[4]　**(天気の変化－地質と化石)**

問1　台風は，南方の暖かい海上でできる熱帯低気圧のうち，中心付近の最大風速が17.2m/秒以上のものである。日本付近では上空に偏西風が吹いているので，台風が日本に接近すると，台風の進路は西から東へと変化する。また，冷たい空気とぶつかると，熱帯低気圧は温帯低気圧に変わる。

基本　問2　台風をはじめ，北半球の低気圧は，上から見て反時計回り(左回り)に空気が吹き込んでいる。だから，図1では，Bでは南から(↑)，Cでは東から(←)，Dでは北から(↓)，Eでは西から(→)風が吹く。

やや難　問3　東海地方のF点では，はじめは台風に吹き込むように東からの風(←)が吹くが，台風が接近すると南からの風(↑)に変わり，通過後は西からの風(→)に変わる。つまり，風の吹いてくる向きは時計回りに変化する。

問4　水蒸気を含んだ空気が上昇すると，膨張して温度が下がり，露点以下になると水蒸気が水滴となる。水滴は目に見えるので，これより上(図のHより上)が雲である。さらに上昇すると，氷晶ができる。

★ワンポイントアドバイス★

基本的な計算問題は繰り返し練習し，グラフなども利用しながら，順序よく確実に求められるようにしておこう。

<社会解答>

[1]　問1　ア　　問2　(記号)　A　　(世界)　アマゾン川　　問3　(1)　B　　(2)　C
問4　え，干ばつ　　問5　(1)　小笠原　　(2)　②　　(3)　縄文すぎ(杉)
(4)　ウ　　問6　(1)　ア　　(2)　白豪(主義)　　(3)　イ　　(4)　ウ

[2]　問1　クロマニョン(人)　　問2　須恵器　　問3　からかさ(連判状)　　問4　X　太陽(暦)
Y　太陰(暦)　　問5　(記号)　オ　　(法律名)　武家諸法度　　問6　春
問7　(記号)　ウ　　(物語)　アラビアンナイト　　問8　(文字)　訓民正音
(建国者)　李成桂

[3]　問1　高度経済成長　　問2　ウ　　問3　ア　　問4　杉原千畝　　問5　冷戦
問6　ベルリン　　問7　(記号)　エ　　(共通通貨)　ユーロ　　問8　北朝鮮　　問9　ア
問10　イ　　問11　①　50%　　②　97%　　問12　野口英世
[4]　問1　民法　　問2　18歳　　問3　(1)　大法廷　　(2)　名古屋(市)　　(3)　三審制
(4)　エ　　問4　(A)　良心　　(B)　独立　　問5　裁判官　　問6　⑤
○推定配点○
各2点×50　　計100点

<社会解説>

[1]　(地理―日本の自然・世界遺産・オセアニアなど)

問1　明治に来日したオランダ人技師は日本の川を見て「これは川ではなく滝だ」と驚いたという。

基本　問2　日本最大の関東平野を流れ，長さも信濃川に次いで日本第2位の河川。流量は全世界の河川流量の15%を占めるといわれるけた外れの規模を誇る大河。

問3　(1)　ギリシア文字の⊿に似ていることからデルタとも呼ばれる三角形の形状をした地形。
(2)　古い時代に形成された平野などが隆起してできた地形。

問4　中国・四国両山地に囲まれている瀬戸内は温暖で降水量が少ない。現在でも香川県には1万4000以上のため池が存在し，1970年代には四国の大河・吉野川から香川用水も引かれた。

問5　(1)　東京の南約1000kmの海上にある「東洋のガラパゴス」といわれる島々。　(2)　青森・秋田県境に位置し天然記念物のクマゲラなども生息する山地。　(3)　九州の最高峰・宮之浦岳もある屋久島。　(4)　陸地と海の生物の食物連鎖もみられる貴重な地域。

問6　(1)　ミクロネシアは小さな，ポリネシアは多数の，メラネシアは黒い島々の意味。　(2)　19世紀後半の中国人労働者流入に対し制定。　(3)　経済発展の著しいアジアにシフト。イドネシアはオーストラリアに次ぐ石炭輸出国。　(4)　かつては「羊の背に乗る国」といわれた。

[2]　(日本と世界の歴史―原始～近世の政治・文化など)

問1　クロマニョン洞窟で発見された人骨から命名。動物や狩りの場面などが写実的に描かれている。

問2　5世紀初頭から制作されるようになった硬質の土器。大陸から伝わった技術でろくろを用いて成型，登り窯《かま》により1000度以上の高温で焼かれて作られる。

問3　一揆に参加する者が対等であることや首謀者を隠すために用いられた。

基本　問4　日本でも明治以前は太陰暦に数年に1度の閏月《うるうづき》を入れて調整する太陰太陽暦を採用。

重要　問5　将軍の代替わりごとに必要に応じて改変，家光のときには参勤交代が規定された。

やや難　問6　「愛」をテーマにした絵画。中央に位置するのはルネサンスを代表する3美神。

問7　ムハンマドが神・アッラーから受けた啓示をまとめたもので教義や日常生活の規律などが記されている。才女が面白い物語を千一夜にわたって語り続けるという形式の物語。

問8　ハングル。15世紀に李朝4代の世宗が公布した表音文字。李成桂は高麗に仕え武功を挙げて政治の実権を掌握，1392年にクーデターで王位に就き国号を朝鮮とした。

[3]　(日本と世界の歴史・政治―近・現代の政治・経済・国際政治など)

問1　1955年ごろから70年代初めにかけ日本は年平均10%という驚異的な成長を実現。

問2　①は硫黄酸化物，②・④は有機水銀，③はカドミウムを主な原因として発症。

問3　所得倍増計画(1960年)→オリンピック(1964年)→GNP第2位(1968年)→石油危機(1973年)の順。

やや難 問4　第2次世界大戦中リトアニアで外務省の命令に反してビザを発給した外交官。
問5　武力衝突までは至らないが核兵器を背景にした「恐怖の均衡」状態の継続。
問6　戦後大量の市民が西ベルリンに脱出，1961年これを阻止するために東ドイツは120kmにもわたる壁を建設。冷戦による東西分断を象徴する存在となった。
重要 問7　マーストリヒト条約に調印し1993年に発足。当初の12か国から28か国にまで拡大したが，2016年には主要メンバーであるイギリスが脱退を表明。ユーロはドルと並ぶ世界の主要通貨となったが，イギリスをはじめスウェーデン，デンマーク，東欧諸国などでは導入されていない。
問8　1965年，日韓基本条約で日本は韓国を朝鮮における唯一の合法政府と認めた。
問9　ラジオ放送は1925年開始，昭和初期には音声の出る映画(トーキー)が普及。
問10　岡倉天心に師事した横山大観の作。川べりに大きな着物を着た無邪気な子供を描いた絵。
基本 問11　1886年に4年以内とされた義務教育は1997年には6年に延長され就学率も高まった。
問12　アフリカのガーナで黄熱病の調査・研究中に感染し死亡。

[4]　**(公民―日本の司法制度など)**

問1　財産や身分など経済や家族関係に関する一般的な事項を規定した法律。
問2　2007年の国民投票法で引き下げが求められていた問題。2016年には選挙権も引き下げられたが，飲酒や喫煙，ギャンブルなどに関する年齢は20歳のままとされる。
重要 問3　(1)　5人の裁判官で構成される小法廷に対する言葉。憲法判断などが求められる場合は最高裁判所の長官を裁判長とする大法廷が原則。　(2)　札幌，仙台，東京，名古屋，大阪，広島，高松，福岡の8か所に設置。　(3)　第1審に不服であれば上級の裁判所に控訴，2審にも不服であれば上告できる制度。　(4)　裁判を傍聴する際の年齢制限はない。
重要 問4　外部からの圧力を排除し公正な裁判を保障するための制度。
問5　憲法では「司法官憲」と規定。広義では検察官・警察官・裁判官を指す。
問6　裁判官，検察官を含めた法曹《ほうそう》三者全体としても極めて少なく，このことも司法改革を進める大きな理由の一つとなっていた。①はフランス，②はドイツ，③はアメリカ，④はイギリス。

★ワンポイントアドバイス★

さまざまな資料問題に対応するにはまず慣れることが大切である。そのためにも教科書などに掲載されているものについては完ぺきにしておこう。

＜国語解答＞

[一]　問一　(1)　すいこう　(2)　とどこお　(3)　とぼ　(4)　対称　(5)　栽培　(6)　著しい　問二　(1)　キ　(2)　ウ　問三　九　問四　あくまで

[二]　問一　非現実の世界　問二　ありもしない姿に見せかけること　問三　X　ウ　Y　イ　Z　エ　問四　気が弱くて，勉強ができなかったから。
問五　A　ウ　問六　エ

[三]　問一　X　首　Y　唱　Z　下　問二　ウ　問三　擬人法　問四　わたしたちを強い視線で見据えて言った　問五　オ　問六　エ

[四]　問一　ア　問二　a　かたい　b　うるわしき　問三　エ　問四　ウ　問五　イ

○推定配点○

［一］　各2点×10　　［二］　問三・問五　各2点×4　　問四　9点　　他　各5点×3

［三］　問一～問三　各3点×3　　他　各6点×3

［四］　問一・問二　各2点×3　　他　各5点×3　　　計100点

＜国語解説＞

［一］（漢字の読み書き，故事成語，単語分け，品詞）

問一　(1)「遂」を使った熟語はほかに「完遂」「未遂」など。訓読みは「と(げる)」「つい(に)」。(2)「滞」の音読みは「タイ」。熟語は「滞在」「渋滞」など。　(3)「乏」の音読みは「ボウ」。熟語は「窮乏」「欠乏」など。　(4)　同音の「対象」「対照」と区別する。「称」を使った熟語はほかに「称号」「名称」など。訓読みは「たた(える)」。　(5)「栽」を使った熟語はほかに「盆栽」など。字形の似た「裁」と区別する。　(6)「著」の訓読みは「いちじる(しい)」「あらわ(す)」。音読みは「チョ」。熟語は「著者」「著名」など。

問二　(1)「蛇足」は，余計なもの，無用のもの，という意味。　(2)「塞翁が馬」は，人生は，思いがけないことが幸福を招いたり，不幸につながったりして，だれにも予測がつかないということ。アは「矛盾」，イは「蛍雪の功」，エは「画竜点睛を欠く」，オは「杞憂」，カは「孤立無援」。

問三「いくら(副詞)・話し(動詞)・ても(助詞)，・信頼(名詞)・を(助詞)・得(動詞)・られ(助動詞)・なかっ(助動詞)・た(助動詞)」と9単語に分けられる。

問四「活用のない自立語で主語とならず，主に連用修飾語となる品詞」にあてはまるのは「副詞」。「A君(名詞)・の(助詞)・意見(名詞)・の(助詞)・長所(名詞)・は(助詞)・よく(形容詞)・わかっ(動詞)・て(助詞)・い(動詞)・た(助動詞)。・しかし(接続詞)，私(名詞)・は(助詞)・あくまで(副詞)・反対(名詞)・の(助詞)・意志(名詞)・を(助詞)・表明し続ける(動詞)・つもり(名詞)・で(助詞)・い(動詞)・た(助動詞)。」と分けられる。

［二］（随筆－文脈把握，内容吟味，脱語補充，接続語，要旨）

やや難　問一「ファンタージェンの国」については，「愛されようとして……」で始まる段落に「それらの願いがかなうところは所詮ファンタージェンの国，ファンタジー(空想)の国でしかなく」とあり，願いがかなうことについては，「一つの“ありもしない姿”になる」と表現されている。「一つのありもしない姿になる度に，……現実から遠ざかってゆくのであった」とあり，「現実から遠ざかってゆく」ことを「非現実の世界」としているので，「ファンデージェンの国」を言い換えたものとして「非現実の世界(6字)」を抜き出す。

やや難　問二「美少年になること」については，「愛されようとして……」で始まる段落に「愛されようとして，ありもしない姿に見せかけることがある。バスチャンも，愛されたい一心で，美少年になること，強く，賢くなることを願った」と説明されている。「小さくて太っちょのバスチャン」が「美少年」になりたいと願うのは，「ありもしない姿に見せかけること(15字)」にすぎないと説明されている。

問三　X　直前に「それらの願いは一つひとつかなえられてゆく」とあるのに対し，直後には「一つの望みをかなえるごとに一つの記憶を奪う」とあるので，逆接を表す「ところが」が入る。

Y　直前に「一人の男の子が“自分自身を悦びとする”」とあり，直後で「ありのままの自分が愛せるようになる」と説明されているので，説明・言い換えを表す「つまり」が入る。　Z　直前に「愛がいかに現実的なものであるかを教え」とあり，直後で「自分自身を愛することこそが，人間であることの根本的な条件であることを教えてくれる」と付け加えているので，累加を表す「しかも」が入る。

問四　「強いもの，賢いものでありたい」という願望については，「さて，……」で始まる段落に「気の弱い，いじめられてばかりいた少年は，ライオンはおろか騎士たちを従える勇者になることを願い，勉強のできなかった彼は，どんな難しい事態も解決する賢者になることを願う」と説明されている。「気の弱い」「勉強のできなかった」彼は，「強いもの，賢いものでありたい」と願った，とする文脈なので，「気が弱くて，勉強ができなかったから。(18字)」などとする。

やや難　問五　直前に「その姿は」とあり，直後で「一つの“ありもしない姿”になる」と言い換えられているので，「虚構」が入る。「虚構」は，実際にはないことを，いかにもあるように作ったもの，つくりごと，という意味。

問六　筆者の考えは，「優しさということを……」で始まる段落に「他人に優しくできるためには，まず自分自身に優しくならなければならないのだ。……それはどんなに惨めな自分も，それを受け容れてゆくということである」と述べられているので，「人間は理想的でない自分を受け容れることで初めて，他人にも優しくなれる」とするエが適切。

［三］（小説－脱語補充，表現技法，情景・心情，内容吟味）

問一　X「首をすくめる」は，首を縮ませることで，気まずさやきまりの悪さを感じている時のしぐさである。　Y　直前に「呪文を」とあるので，「唱える」が入る。「唱える」は，声を出して読む，大声で言う，という意味。　Z　直後に「足下を見ると」とあるので，「(眼)下」とするのが適切。「眼下(がんか)」は，目の下のこと。

問二　Aは，直前に「蔵のなか」とあり，「気持ちよかった」とあるので，「ひんやりと」が入る。Bは，直前に「乾いた土に水が染みこんでいくように」とあるので，「じんわりと」が入る。四葉の声が心にしみてくる様子である。Cは，直前に「天井付近に霧がかかっていた」とあり，直後には「白い煙みたいなものが漂っている」とあるので，「もやもやと」が入る。Dは，直後に「抱え込む」とあるので，「ぎゅうっと」が入る。

問三　人間ではないものを人間に見立てて表現する技法を「擬人法」という。ここでは，「蔵」がまるで生きているようだ，として，自ら音を鳴らしている，と，人間の動作にたとえて表現している。

問四　四葉の真剣な表情は，この後さらに「わたしたちを強い視線で見据えて言った(18字)」とあるので，この部分を抜き出す。

問五　本文の前に「自らを責める美音に，四葉は慰めの言葉をかける。しかし，その言葉を適当な慰めの言葉だと受け取った美音は，四葉に怒りをぶつけながら取り乱す」とあることをおさえる。四葉に連れられて古い蔵に入った美音は，「『……こんなところに連れてきてなによ』」「『こんなほこりっぽいところに座るのいやだ』」などと言う。この時の美音の様子は，「さっきの怒りの続きなのか，言い過ぎたことへの照れ隠しなのか，つっかかった言い方だった」とあり，直前には「『いいかげんにしなよ』と，心の中で言いながら，それが伝わるといいなと思って見つめた」と遼子の心情が描かれている。言い過ぎたことへの照れ隠しと，遼子に反発しながらも自分の非を認める様子などが読み取れるので，オが適切。

問六　直前に「美音がずっと会いたかったに違いない，大好きな弟の理央斗くん。たとえ，ここにいる理央斗くんが幽霊だってお化けだって，美音は理央斗くんに会いたかったのだ。理央斗くんを怖がったわたしは，もしかしたら，とても浅い人間なのかもしれない。『そんなことないよ，遼子ちゃん』 四葉ちゃんは，わたしが考えていたことがわかったみたいにそう言って」とあるので，エが適切

[四]　**(古文・和歌－文学史，仮名遣い，口語訳，文脈把握，歌意)**

問一　『徒然草』は鎌倉時代末期に成立した兼好法師による随筆。『竹取物語』は平安時代前期に成立した作り物語。『枕草子』は平安時代中期に成立した清少納言による随筆。『今昔物語集』は平安時代も末期に成立した説話集。『源氏物語』は平安時代中期に成立した長編物語。

問二　a　「ゐ」は「い」と読むので，現代仮名遣いでは「かたい」となる。　b　語頭以外の「はひふへほ」は，現代仮名遣いでは「わいうえお」となるので，「は」は「わ」に直して「うるわしき」となる。

問三　「え～ぬ」は，＝することができない，という意味。「現代語訳」を参照すると，直前に「『今日風や雲の様子が非常に悪い。』と言って，船を出さないことになってしまった。それなのに，一日中，波も風も立たない」とあることから，天候を予測できないことを「日もえはからぬ」と言っているとわかるので，「天気も予測できない」とするエが適切。

問四　A・Bの歌の前に「ただ昔の人をのみ恋ひつつ，船なる人の詠める」とあり，「白珠を恋ふる」とあるので，「白珠」は「昔の人」を指すとわかる。

やや難　問五　A・Bの歌の直前に「ひたすら亡くなった女の子のことだけを恋しく思い出しては」とある。Aの歌には，「私の恋しがっている人(亡くなった女の子)を忘れることができない」とあり，Bの歌には，「(亡くなった女の子を)恋い慕う気持ちだけでも残してくれた形見として大事に思おう」とある。ともに深い悲しみが読み込まれているので，「二つの歌に共通する心情として，死んでしまった女の子を決して忘れることができない悲しみが込められている」とするイが適切。

★ワンポイントアドバイス★

現代文は，本文を精読し，細部にまで目を配って解答する練習をしておこう！　古文は，和歌の解釈も含め，基礎知識を充実させておこう！

MEMO

大切なことはメモしておこうネ！

解答用紙集

○月×日 △曜日 天気(合格日和)

◆ご利用のみなさまへ
＊解答用紙の公表を行っていない学校につきましては、弊社の責任において、解答用紙を制作いたしました。
＊編集上の理由により一部縮小掲載した解答用紙がございます。
＊編集上の理由により一部実物と異なる形式の解答用紙がございます。

人間の最も偉大な力とは、その一番の弱点を克服したところから生まれてくるものである。——カール・ヒルティ——

※データのダウンロードは 2024 年 3 月末日まで。

東京学参株式会社

岐阜東高等学校　2023年度

◇数学◇

※解答欄は実物大になります。

	(1)	(2)	(3)	(4)
[1]				

	(1)	(2)	(3)	(4)
[2]	$x=$		$a=$	

		ア	イ
[3]	(1)		
	(2)	$x=$	$y=$

[4]	(1)	$b=$	(2)	
	(3)	(,)	(4)	

	(1)	(2)
[5]		

	(1)	(2)
[6]	cm^3	cm^2

岐阜東高等学校　2023年度

◇英語◇

※ 120%に拡大していただくと，解答欄は実物大になります。

〔1〕	1				2		3	
	4	I want to join ‘( )’						
		because ( ).						
	5	(1)		(2)				

〔2〕	1		2	

〔3〕	1	ア		イ		ウ	
	2	①		②		③	
		④					
	3	2番目	5番目				
	4						
	5						

〔4〕	1		2		3	
	4		5		6	

〔5〕	1		2		3		4		5	

〔6〕	①	h	②	f	③	A
	④	b	⑤	f		

〔7〕	1		2		3		4		5	

◇理科◇

※ 128％に拡大していただくと，解答欄は実物大になります。

［1］

問1	問2	問3
		倍
問4	問5	問6 ①
W		
問6 ②	問6 ③	問6 ④
問7	問8	問9

［2］

問1	問2	
問3	問4	問5（1）
問5（2）		
問6	問7（1）	問7（2）
	mL	mL

［3］

問1	問2	問3
g		
問4	問5	問6
問7	問8	問9
	g	

［4］

問1	問2	問3
問4 ①	問4 ②	問5
問6	問7	問8
問9	問10	

岐阜東高等学校　2023年度　　◇社会◇

※ 132%に拡大していただくと，解答欄は実物大になります。

[1]

問1		問2	問3	問4
発電				(a)

問5	問6	問7
法		

[2]

問1 (完答)		問2
(ア)	(イ)	①

[3]

問1		問2	問3		
説明文	地域		(A)	(B)	(C)

問4			
A	B	C	D
E　　の乱	F	G	

[4]

問1	問2		問3		問4	問5
	①	②	①	②		

[5]

問1	問2	問3	問4	問5

[6]

問1	問2	問3

問4	問5
ゴミ	マップ

問6	問7	問8	問9
			マップ

問10	問11	問12
権	学習	

問13

※														15
														30
														45
				50										

※注意　問13　**横書き**で左上のマス目から**マスを空けず**に、書き始めて下さい。**句読点も1字**とします。

◇国語◇

岐阜東高等学校　２０２３年度

※１３０％に拡大していただくと、解答欄は実物大になります。

［一］

一	(1)	(2)	(3)
	(4)	(5)	(6)
二			
三			
四	(1)	(2)	

［二］

一	だから。		
二	X	Y	Z
三			
四	②	④	
五	だと考えている。		

［三］

一	X	Y	Z
二			
三			
四			
五	ため。		
六			

［四］

一	
二	～
三	
四	

岐阜東高等学校　2022年度

◇数学◇

※解答欄は実物大になります。

	(1)	(2)	(3)	(4)
[1]				

	(1)	(2)	(3)	(4)
[2]		個		

[3]	(1)	ア	イ
	(2)	x	y
		g	g

	(1)	(2)		(1)	(2)
[4]	cm^3	cm^2	[5]	AD=	∠EAO=　°

[6]	(1)	(2)
	(　　,　　)	
	(3)	(4)
		$c=$

※ 133％に拡大していただくと，解答欄は実物大になります。

〔1〕	1	①		⑥		⑦	
	2	ア		イ		ウ	
	3	③					
		④					
		⑧					
	4						
	5						
	6						
	7						

〔2〕	1	美樹		ジミン		ベン	
	2						
	3						
	4						
	5						

〔3〕	1		2		3		4		5	

〔4〕	1		2		3		4		5	

〔5〕	1	2番目	5番目	2	2番目	5番目	3	2番目	5番目
	4	2番目	5番目	5	2番目	5番目			

〔6〕	1		2		3	
	4			5		

〔7〕	1		2		3		4		5	

岐阜東高等学校　2022年度

◇理科◇

※ 130％に拡大していただくと，解答欄は実物大になります。

［1］

問1				
①	②	③	④	⑤

問2													

問3	問4
mm	

問5		問6

問7		
(1)	(2)	(3)

［2］

問1	問2		問3
	亜鉛板	銅板	

問4	問5			
	④	⑤	⑥	⑦

問6			問7	問8
⑧	⑨	⑩		

問9
→

問10
→

問11
→

［3］

問1		問2	問3	問4
A　N	B　N		N	N

問5	問6	問7	問8	問9
	cm			J

［4］

問1			
①X	①Y	②	③　km/s

④	⑤	⑥
時　分　秒	時　分　秒	秒

問2	問3	問4
		回

問5		
①	②	③
④	⑤	

岐阜東高等学校　2022年度　　◇社会◇

※ 132%に拡大していただくと，解答欄は実物大になります。

[1]

問1	問2	問3	問4	問5
	文化財		市	

[2]

問1	問2	問3				問4
		A混合農業		B地中海式農業		

[3]

問1				問2
①	②	③	④	

問3	問4

[4]

問1	問2	問3	問4		問5
			文明	記号	

[5]

問1	問2	問3	問4
			法

問5　※注意　**横書き**で左のマス目から**マスを空けず**に、書き始めて下さい。**句読点も1字**とします。

														15

問6	問7	問8	問9	問10

問11

[6]

問1				
①	②	③	④	⑤
⑥	⑦	⑧	⑨	⑩

問2	問3

問4　※注意　**横書き**で左上のマス目から**マスを空けず**に、書き始めて下さい。**句読点も1字**とします。

																			40
									50										

◇国語◇

岐阜東高等学校　２０２２年度

※１３３％に拡大していただくと、解答欄は実物大になります。

［一］

一	(1)	(2)	(3)
	(4)	(5)	(6)
二			
三			
四	(1)	(2)	

［二］

一	X	Y	Z
二			
三			
四			
五	A　～		
	B		
六			

［三］

一	X	Y	Z
二			
三			
四			
五			
六			

［四］

一	
二	
三	
四	～

岐阜東高等学校　2021年度

◇数学◇

※解答欄は実物大になります。

	(1)	(2)	(3)	(4)
[1]				

	(1)	(2)	(3)	(4)
[2]	$x =$			個

		ア	イ
[3]	(1)		
	(2)	電車の速さ	鉄橋の長さ
		秒速　m	m

		Aの式	Bの式	
[4]	(1)			
	(2)	(　　,　　)	(3)	

	(1)	(2)		(1)	(2)
[5]			[6]		cm

◇英語◇

※ 135％に拡大していただくと，解答欄は実物大になります。

〔1〕	1	a		b		c					
	2	ア		イ		ウ		エ		オ	
	3	ア		イ		ウ		エ		オ	
	4										
	5										.

〔2〕	1	a		b		c	
	2						
	3						

〔3〕	1		2		3		4		5	

〔4〕	1		2		3		4		5	

〔5〕	

〔6〕	1	2番目	5番目	2	2番目	5番目	3	2番目	5番目
	4	2番目	5番目	5	2番目	5番目			

〔7〕	1		2		3	
	4		5			

〔8〕	1		2		3		4		5	

岐阜東高等学校　2021年度　◇理科◇

※ 122%に拡大していただくと，解答欄は実物大になります。

［1］

問1
→　→　→

問2		問3	
②	③	④	⑤

問4	問5	問6	問7

問8	問9	問10	問11	問12
		mg	mg	倍

［2］

問1	問2
	→
問3	問4
	→
問5	問6
	→
問7	問8
	→
問9	問10
個	→

［3］

問1	問2	問3	問4
m/s	m/s	m	

問5	問6	問7

［4］

問1	問2	問3	問4		問5
			記号		

問6	問7		問8
	① g	② m	kg

問9	問10

岐阜東高等学校　2021年度

◇社会◇

※ 133％に拡大していただくと，解答欄は実物大になります。

［1］

問1	問2	問3		問4	問5
		（1）	（2）		

［2］

問1	問2	問3	
		（1）	（2）

［3］

問1	問2	問3	問4	問5	問6	
					人物名	建物

問7		問8		
作品	作者名	（A）	（B）	（C）

［4］

問1	問2（順不同）		問3		問4①
			記号		（a）

問4①	問4②	問5	問6	問7
（b）				

問8	問9
条約	

［5］

問1	問2	問3	問4	問5

問6	問7			問8
	（1）	（2）	（3）	

問9	問10

問11（左上から書き始める、横書き）

									10								
	20										30						
			40										50				

◇国語◇

岐阜東高等学校　２０２１年度

※１３５％に拡大していただくと、解答欄は実物大になります。

［一］

一	(1)	(2)	(3)
	(4)	(5)	(6)
二			
三			
四	(1)	(2)	

［二］

一	X	Y	Z
二			
三			
四			
五			
六			
七			

［三］

一	X	Z
二		
三		
四		
五		
六		
七		

［四］

一		
二		
三		
四	誰が	何を
五		
六	1	2
七		

岐阜東高等学校　2020年度　　◇数学◇

※解答欄は実物大になります。

	(1)	(2)	(3)	(4)
[1]				

	(1)	(2)	(3)	(4)
[2]	通り	$x =$		

	(1)	(2)	(3)	(4)
[3]				

	(1)		(2)	
[4]	(ア)	(イ)	昼間　kWh	夜間　kWh

[5]	度

[6]	cm^2

	(1)	(2)
[7]	cm	の方が　cm^2だけ大きい。

岐阜東高等学校　2020年度

◇英語◇

※127％に拡大していただくと，解答欄は実物大になります。

〔1〕	1	(ア)		(イ)		(ウ)	
	2	①		⑤			
	3		4				
	5						
	6	.					
	7						

〔2〕	1	(1)		(2)		(3)		(4)	
	2								

〔3〕	1		2		3		4		5	

〔4〕	1		2		3		4		5	

〔5〕	1	3番目	5番目	2	3番目	5番目	3	3番目	5番目
	4	3番目	5番目	5	3番目	5番目			

〔6〕	1		2		3		
	4		5				

〔7〕	①		②		③		
	④		⑤				

〔8〕	1		2		3		4		5	

◇理科◇

※125％に拡大していただくと，解答欄は実物大になります。

[1]

問1		問2
管X	器官Y	

問3	
①	②

問4		
① cm^3	② cm^3	③

[2]

問1	問2

問3			
①	②記号	②	③

問4		
記号	C	D

問5
化学反応式　→

問5	問6	
反応名	器具の名称	記号

[3] I

問1	問2	問3
cm/s	cm/s	倍

問4	問5
倍	cm

II

問1	問2	問3
kg	J	W

[4]

問1	問2			
	①	②ア	イ	ウ

問3		問4	問5	問6

問7	問8	問9

岐阜東高等学校　2020年度　　◇社会◇

※132%に拡大していただくと，解答欄は実物大になります。

[1]

問1		問2		
(1)	(2)	(1)	(2)	(3)

問3			問4
(1)	(2)	(3)	

[2]

問1		問2	問3		問4
		現象	農業		

[3]

問1	問2	問3	問4		問5
			C	記号	

問6		問7	問8	問9	
H	I			資料Ⅰ	資料Ⅱ

[4]

問1		問2		問3
革命	(記号)	条約	(記号)	戦争

問4		問5	
	運動	(記号)	

問6	問7	問8	
	(記号)	宣言	

[5]

問1			問2
(A)	(B)	(C)	

問3	問4	問5

問6（完答）	問7	問8
(　　　　　)と(　　　　　)		

◇国語◇

岐阜東高等学校　２０２０年度

※１３３％に拡大していただくと、解答欄は実物大になります。

［一］

一	(1)	(2)	(3)
	(4)	(5)	(6)
二	(1)	(2)	
三	(1)	(2)	

［二］

一	A
二	B
三	X　Y　Z
四	C
五	
六	〜
七	
八	

［三］

一	
二	A
三	
四	③　⑥
五	点。
六	
七	

［四］

一	a
二	ため。
三	X
四	
五	
六	

岐阜東高等学校　2019年度

◇数学◇

※この解答用紙は，実物大になります。

	(1)	(2)	(3)	(4)
[1]				

	(1)	(2)	(3)	(4)
[2]	$x =$	曜日		

	(1)	(2)	(3)	(4)
[3]			$y =$	回

	(ア)	(イ)	A斜面	B斜面
[4]			m	m

	(1)	(2)
[5]	△	度

	(1)	(2)
[6]		

岐阜東高等学校　2019年度

◇英語◇

※この解答用紙は127%に拡大していただくと，実物大になります。

〔1〕	1	①		⑧		
	2		3		4	
	5	⑤	⑨		6	
	7					
	8	～			9	(　　　) much (　　　)
	10					

〔2〕	1	(1)	(2)	(3)	(4)	(5)
	2	?				
	3		4			

〔3〕	1		2		3		4		5	

〔4〕	1		2		3		4		5	

〔5〕	1	3番目	5番目	2	3番目	5番目	3	3番目	5番目
	4	3番目	5番目	5	3番目	5番目			

〔6〕	1		2		
	3			4	
	5				

〔7〕	1	f	2	p	3	a
	4	S	5	c		

〔8〕	1		2		3		4		5	

※この解答用紙は120%に拡大していただくと，実物大になります。

［1］

問1	問2		
	①	②	③

問3		問4
A	B	

問5	問6	問7	問8

［2］

問1		問2
銅	マグネシウム	

問3
→

問4	問5	問6
	g	g

問7
銅の粉末を加熱した後の物質の質量 ： マグネシウムの粉末を加熱した後の物質の質量 ＝

［3］

問1	問2	問3	問4
A	a ：b＝		V

問5	問6	問7	問8
Ω	J	J	℃

［4］

問1			
①	②	③	④
⑤	⑥	a	

問2	問3	問4		
		①	②	③

岐阜東高等学校　　2019年度　　　　　　　　◇社会◇

※この解答用紙は133％に拡大していただくと，実物大になります。

[1]

問1	問2		問3		問4	
	記号	世界　　　川	(1)	(2)	記号	

問5				問6			
(1)　　　諸島	(2)	(3)　　　すぎ(杉)	(4)	(1)	(2)　　　主義	(3)	(4)

[2]

問1	問2	問3
人		連判状

問4		問5		問6
X　　　暦	Y　　　暦	記号	法律名	

問7		問8	
記号	物語	文字	建国者

[3]

問1	問2	問3	問4

問5	問6	問7		問8
		記号	共通通貨	

問9	問10	問11（完答）	問12
		①　　　％　②　　　％	

[4]

問1	問2	問3			
	歳	(1)	(2)　　　市	(3)	(4)

問4		問5	問6
(A)	(B)		

◇国語◇

岐阜東高等学校　２０１９年度

※この解答用紙は１３２％に拡大していただくと，実物大になります。

［一］

一	(1)	(2)	(3)
	(4)	(5)	(6)
二	(1)	(2)	
三			
四			

［二］

一			
二			
三	X	Y	Z
四			
五	A		
六			

［三］

一	X	Y	Z
二			
三			
四			
五			
六			

［四］

一		
二	a	b
三		
四		
五		

MEMO

大切なことはメモしておこうネ！

MEMO

大切なことはメモしておこうネ！

実力判定テスト10 改訂版

POINT 1 全10回の入試を想定したテスト形式

入試本番を想定した実戦形式　回を重ねるごとに難易度が上がり着実なレベルアップへ

POINT 2 自己採点と合格判定を活用しよう

自分の学力の把握だけではなく　これまでの勉強方法の振り返り・これからの改善へ

POINT 3 最新入試問題に対応

2020年改訂　最新入試問題を厳選して収録

POINT 4 志望校のレベルに合わせて選択できる

最難関校を目指す

▶ 偏差値70シリーズ 数学/国語/英語

偏差値68以上の高校の受験生向け

高度な思考力や**応用力**（数学）

高度な読解力や**語彙　記述力**（国語・英語）

これらを要求される問題が多数収録

定価：¥1,100（税込）

難関校を目指す

▶ 偏差値65シリーズ 数学/国語/英語

偏差値63～68の高校の受験生向け

- 量と質　ともにしっかりとした内容を収録
- **難関校突破に必須の問題**を厳選
- 一定時間内に素早く解く力が問われる

定価：¥1,100（税込）

準難関校を目指す

▶ 偏差値60シリーズ 数学/国語/英語

偏差値58～63の高校の受験生向け

- 標準以上レベルの問題を中心に収録
- 平易な問題は少なく　問題量も比較的多い
- 初めの**力試し**に最適

定価：¥1,100（税込）

東京学参株式会社　〒153-0043　東京都目黒区東山2-6-4
TEL 03-3794-3154　FAX 03-3794-3164

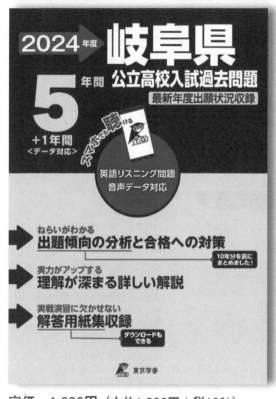

〈リスニング問題の音声について〉

本問題集掲載のリスニング問題の音声は、弊社ホームページでデータ配信しております。

現在お聞きいただけるのは「2024年度受験用」に対応した音声で、2024年3月末日までダウンロード可能です。弊社ホームページにアクセスの上、ご利用ください。

※本問題集を中古品として購入された場合など、配信期間の終了によりお聞きいただけない年度がございますのでご了承ください。

高校別入試過去問題シリーズ

岐阜東高等学校　2024年度

ISBN978-4-8141-2671-2

発行所　東京学参株式会社
〒153-0043　東京都目黒区東山2-6-4
URL　https://www.gakusan.co.jp

編集部　E-mail　hensyu@gakusan.co.jp

※本書の編集責任はすべて弊社にあります。内容に関するお問い合わせ等は、編集部まで、メールにてお願い致します。なお、回答にはしばらくお時間をいただく場合がございます。何卒ご了承くださいませ。

営業部　TEL　03 (3794) 3154
FAX　03 (3794) 3164
E-mail　shoten@gakusan.co.jp

※ご注文・出版予定のお問い合わせ等は営業部までお願い致します。

2023年9月28日　初版